FiNALE
Prüfungstraining

Abitur 2018
Bayern

Deutsch

westermann

FiNALEonline.de

Liebe Abiturientin, lieber Abiturient,

FiNALEonline.de ist die optimale Ergänzung zu diesem Abiturtrainer. Hier finden Sie:

- die Original-Prüfungsaufgaben 2017 nach Eingabe des Codes: **DE3ZQ33**
- eine Abi-Checkliste für die effektive Zeitplanung
- allgemeine Tipps zur Prüfungsvorbereitung

Einfach mal reinschauen: www.finaleonline.de

Autoren: Harald Fischmann, Ansgar Stich sowie sowie Sabine Berkefeld, Marina Dahmen, Katrin Jacobs, Martin Kottkamp, Helmut Lindzus

westermann GRUPPE

Druck A^1 / Jahr 2017
Alle Drucke der Serie A sind im Unterricht parallel verwendbar.

Redaktion: omnibooks, Bielefeld
Kontakt: finale@westermanngruppe.de
Layout: Druckreif! Sandra Grünberg, Braunschweig
Umschlaggestaltung: Janssen Kahlert Design & Kommunikation, Hannover
Satz: KCS GmbH · Verlagsservice & Medienproduktion, Stelle / Hamburg
Druck und Bindung: westermann druck GmbH, Braunschweig

ISBN 978-3-14-**171853**-9

Inhaltsverzeichnis

Aufgabenformat IV: Materialgestütztes Verfassen eines informierenden Textes

Aufgabenformat V: Textbezogenes Argumentieren, auch in freieren Formen

Original-Prüfungsaufgaben 2017

Abitur 2017 unter www.finaleonline.de

Basiswissen

Grundlegende Arbeitstechniken

Literaturgeschichte im Überblick

Umgang mit Texten

Arbeiten mit *Finale*

Das zentrale Abitur in Bayern hat neben dem baden-württembergischen die längste Tradition in Deutschland. Seine Wurzeln gehen (natürlich in deutlich veränderter Form) bis auf die Mitte des 19. Jahrhunderts zurück.
Vor dem Hintergrund der Erfahrungen aus den vorausgegangenen Jahren sowie unter gewissenhafter Beachtung der offiziellen Vorgaben für das Abitur 2018 im Fach Deutsch ist *Finale* speziell für die Vorbereitung auf diese Prüfung konzipiert.

Zur gezielten Vorbereitung auf das Abitur 2018 bietet *Finale*
- präzise und übersichtlich angeordnete Informationen zu den Vorgaben für das Abitur 2018 im Fach Deutsch,
- vielfältige Aufgabenbeispiele mit Textmaterial und Erwartungshorizont (sowie mit ausformulierten Beispiellösungen), die alle Aufgabenarten sowie die inhaltlich-methodischen Schwerpunkte aller Aufgabenformate berücksichtigen,
- eine detaillierte Abi-Checkliste zu diesem *Finale*-Titel, mit der Sie sich einen Überblick darüber verschaffen können, welche Seiten oder Kapitel Sie in *Finale* vorrangig bearbeiten möchten (die Abi-Checkliste finden Sie als Word-Datei und PDF zum Herunterladen unter www.finaleonline.de),
- umfangreiche und klar strukturierte Angebote zur systematischen Wiederholung und zeitökonomischen Vertiefung des erforderlichen Basiswissens und der grundlegenden Arbeitstechniken sowie
- als zusätzliche Onlineverlängerung drei Original-Prüfungsaufgaben aus dem aktuellen Abiturjahrgang 2017 mit ausformulierten Beispiellösungen. Diese Original-Prüfungsaufgaben können Sie, sobald sie zur Veröffentlichung freigegeben sind, zusammen mit den Lösungen kostenlos im Internet herunterladen:
  www.finaleonline.de
  Code: DE3ZQ33

Finale ist so angelegt, dass Sie sich individuell vorbereiten können. Je nach persönlichen Stärken und Schwächen in verschiedenen Lernbereichen, wie z. B. *Texte schreiben* oder *Umgang mit Texten*, kann die Arbeit mit den einzelnen Kapiteln und Teilkapiteln ausgewählt und in der Intensität nach eigenen Bedürfnissen dosiert werden. Das detaillierte Inhaltsverzeichnis, das umfassende Stichwortverzeichnis am Ende des Buches sowie zahlreiche → Querverweise erleichtern dabei die Orientierung in *Finale*.

Der systematische Aufbau und die komprimierte Form fördern eine effektive Abiturvorbereitung. *Finale* empfiehlt sich daher als sinnvolle Begleitung und Ergänzung des Fachunterrichts.

Wir wünschen Ihnen viel Erfolg!

Informationen und Tipps zur Prüfung

Prüfungsvorgaben und Operatoren

Hinweise zur schriftlichen Abiturprüfung im Abitur 2018

Für die schriftliche Abiturprüfung 2018 im Fach Deutsch bilden die „Einheitlichen Prüfungsanforderungen in der Abiturprüfung“ (EPA) vom 24.05.2002 den Rahmen. Die EPA unterscheidet drei grundlegende Erschließungsformen von Texten: das Untersuchen, das Erörtern und das Gestalten. Auf dieser Basis wurden für die schriftliche Abiturprüfung folgende Aufgabentypen entwickelt:

Aufgabenformat I:	Erschließen eines literarischen Textes (Lyrik)
Aufgabenformat II:	Erschließen eines literarischen Textes (Drama)
Aufgabenformat III:	Erschließen eines literarischen Textes (Epik)
Aufgabenformat IV:	Vergleichendes Analysieren von Sachtexten (Schwerpunkt: informierendes Schreiben)
Aufgabenformat V:	Textbezogenes Argumentieren, auch in freieren Formen (Schwerpunkt: argumentierendes Schreiben)

Grundlage für den **Prüfungsinhalt** sind die verpflichtend zu behandelnden Inhalte des Lehrplans für das Gymnasium in Bayern, insbesondere auch Kenntnisse über methodische Zugriffe auf Texte (z. B. hinsichtlich unterschiedlicher Interpretationsmethoden sowie gattungs- und textsortenspezifischer Gestaltungsmittel).
Auf der Grundlage der Paragrafen 54 und 58 der Gymnasialen Schulordnung (GSO) ist als Hilfsmittel nur ein „Rechtschreibewörterbuch, das nach Erklärung des Verlags die Neuregelung der deutschen Rechtschreibung vollständig umsetzt“ (Kultusministerielle Bekanntmachung vom 07.06.2011, Anhang 1 der GSO) erlaubt. „Die Hilfsmittel dürfen Hervorhebungen und Verweisungen, jedoch keine Kommentierungen enthalten.“ (ebd.) Das Wörterbuch darf aber nicht in seiner (evtl. vorhandenen) digitalen Form genutzt werden.

Der Prüfling wählt in der Abiturprüfung aus fünf **Aufgabenvorschlägen** einen zur schriftlichen Bearbeitung aus. Die Bearbeitungszeit beträgt 315 Minuten (einschließlich Einlese- und Auswahlzeit bzw. Konzeptarbeit).
Jede Aufgabenstellung sollte unter folgenden Aspekten genau überprüft werden:
- Auswertung der Aufgabenformulierung unter genauer Beachtung der Operatoren, die verwendet werden
- Bestimmung der Arbeitsschritte, die die Operatoren erfordern
- Gewichtung der Teilaufgaben aus der Aufgabenstellung erschließen
- Einteilung der eigenen Arbeitszeit

Vor dem Niederschreiben der Reinschrift kann das Verfassen eines Konzepts vorgeschaltet werden. Das Konzept muss mit abgegeben werden; Grundlage für die Bewertung der Prüfungsarbeiten ist jedoch in der Regel die Reinschrift.

Im Teilkapitel *Grundlegende Arbeitstechniken* (→ S. 105 ff.) erhalten Sie nützliche Entscheidungshilfen für die Aufgabenauswahl.

Die einzelnen Teilleistungen innerhalb der Klausuren werden folgenden drei **Anforderungsbereichen** (AFB) implizit zugeordnet, ohne dass jeweils eigene Bewertungen ausgewiesen werden:

Anforderungsbereich	Teilleistungen
I	Reproduktionsleistungen
II	Organisations- und Transferleistungen
III	Problemlösung und Urteilsfindung

Abituraufgaben werden so gestellt, dass sie alle drei Anforderungsbereiche umfassen. Der Schwerpunkt der Bewertung liegt in der Regel auf dem Anforderungsbereich II. Beachten Sie deshalb, dass mit einer Klausur, in der nur Leistungen im Anforderungsbereich I erbracht werden, die Note „ausreichend" nicht erreicht wird.
Die Grundform des Schreibens kann zwischen den Teilaufgaben vom eher informierenden zum argumentierenden Schreiben wechseln. Besonders im Zusammenhang mit der Sachtextanalyse (AF IV und V) ist dies akzeptabel, da nicht auf eine analysierende Textsicherung verzichtet werden kann. Die zu verlangende Geschlossenheit der Schülerdarstellung als sinnvolles zusammenhängendes Ganzes entwickelt sich im engen thematischen Zusammenhang zwischen den einzelnen Teilen.

Seit dem Abitur 2017 sollen die Schüler einen frei wählbaren Schreibplan für die Klausurlösung anfertigen und auch abgeben. Dieser sollte die Struktur sowie die wesentlichen Inhalte der Lösung skizzieren und somit die Basis der Ausarbeitung darstellen. Der Schreibplan dient der eigenen Kontrolle des Schülers und fließt nicht in die Notengebung ein. Wie ein hilfreicher Schreibplan aussehen kann, ist bei allen zehn in diesem Buch enthaltenen Klausuren innerhalb der Beispiellösungen übersichtlich dargestellt.
Es wird zudem in verschiedenen Zusammenhängen darauf hingewiesen, dass formale Aspekte bei der Bewertung in angemessener Weise berücksichtigt werden.

Die länderübergreifende Abituraufgabe (LüA) in Bayern

Auch in Bayern wird im Rahmen der Abiturprüfung im Fach Deutsch eine länderübergreifende Abituraufgabe (LüA) mit den Ländern Brandenburg, Bremen, Hamburg, Mecklenburg-Vorpommern, Niedersachsen, Sachsen und Schleswig-Holstein gestellt. Das betrifft für das Abitur 2018 das Aufgabenformat I: Erörterung eines literarischen Textes (Lyrik).
Das Aufgabenformat I wird in der LüA in der zweiten Teilaufgabe um einen aspektorientierten Vergleich mit einem vorgegebenen Gedicht, welches bezüglich des Themas oder Motivs verwandt ist, erweitert. Das zweite Gedicht muss also in der Klausurlösung dabei nicht umfassend interpretiert werden, sondern nur hinsichtlich des in der Themenstellung genannten Vergleichsaspekts.

Als Orientierung für dieses länderübergreifende Aufgabenformat I kann die Abiturprüfung 2018 (Aufgabenformat I, Johann Wolfgang Goethe „Neue Liebe, Neues Leben." und Steffen Jacobs „Begegnung") dienen, die übrigens auch schon für den Abiturjahrgang 2017 galt.
Da in diesem Buch die jeweils fünf Bayern-eigenen Original-Prüfungsaufgaben der Abiturjahrgänge 2015 und 2016 mit Beispiellösungen abgedruckt werden, finden Sie diese länderübergreifende Abituraufgabe mit einer ausformulierten Beispiellösung aus Platzgründen online unter **www.finaleonline.de**.

Unter https://www.isb.bayern.de/download/17915/luea_musteraufgabe_2017.pdf können Sie zudem ein Dokument des ISB (Staatsinstitut für Schulqualität und Bildungsforschung München) herunterladen, in dem die Aufgabenart und der Erwartungshorizont beschrieben werden. Zudem erhalten die Schüler Schreibhinweise für die Klausur.
In der dort dargestellten fachlichen Einführung wird zudem die inhaltliche Ausrichtung der beiden Teilaufgaben der Musterklausur erläutert. Daraus geht hervor, dass die erste Teilaufgabe sich im Grunde nicht von der unterscheidet, die die Schüler sonst im AF I gestellt bekommen. Zudem liegt auch in der LüA-Musterklausur der Schwerpunkt der Gesamtaufgabe auf Teilaufgabe 1.

Anmerkungen zu Teilaufgabe 2:
Dass in der länderübergreifende Abituraufgabe ein konkretes Vergleichswerk (Gedichttext) vorgegeben wird, stellt keine Neuerung oder Erschwernis der Bearbeitung dar, da aspektorientierte Vergleiche mit einem Zweitwerk im AF I auch in früheren Abiturprüfungen gefordert wurden.

Operatoren

Als Operatoren (z. B. analysieren, erörtern usw.) bezeichnet man Verben, die in den Aufgabenstellungen inhaltlich-methodische Arbeitsanweisungen geben. Die Operatoren konkretisieren sich im Rahmen der jeweiligen Aufgabenstellung. Sie sind unterschiedlich komplex und lassen sich nicht immer exakt den unterschiedlichen Anforderungsbereichen zuordnen. Einen Grundstock an Operatoren für das Fach Deutsch erhalten Sie online unter https://www.iqb.hu-berlin.de/bista/abi/deutsch/dokumente (→ Grundstock von Operatoren).

Bewertungskriterien

Grundsätze für die Bewertung (Notenfindung)

Die Bewertung des Prüfungsaufsatzes erfolgt ganzheitlich, d. h., es erfolgt keine Addition von auf die einzelnen Anforderungsbereiche bezogenen Teilnoten, sondern die erbrachte Leistung wird in ihrer Gesamtheit gewürdigt. Dabei werden inhaltliche, sprachliche und formale Kriterien zugrunde gelegt. Neben inhaltlicher Richtigkeit und Vollständigkeit sind also auch die Darstellungsleistung sowie die methodische Leistung maßgeblich für die Gesamtbewertung.

Den Lehrkräften liegen zu den einzelnen Aufgaben Lösungsvorschläge vor, die jedoch keine verbindlichen Musterlösungen darstellen, sondern mögliche Ergebnisse aufzeigen sollen. Alternative Lösungsmöglichkeiten und eigene Schwerpunktsetzungen sind ausdrücklich zulässig, wenn sie der Aufgabenstellung entsprechen und sachlich richtig sind.

Nach den „Einheitlichen Prüfungsanforderungen in der Abiturprüfung" (EPA) vom 24.05.2002 gilt für die Bewertung der Abiturprüfungsleistungen, dass beim Verfassen einer **Textuntersuchung** folgende Kriterien erfüllt sein müssen, damit die Leistung als „ausreichend" bewertet werden kann:
- Zentrale Aussagen und bestimmende sprachliche sowie formale, ggf. medienspezifische Merkmale eines Textes sind in Grundzügen zutreffend erfasst.
- Die Aussagen sind insgesamt auf die Aufgabe bezogen.
- Grundlegende fachspezifische Verfahren und Begriffe werden angewendet.
- Die Darstellung ist verständlich ausgeführt und erkennbar geordnet.
- Die standardsprachlichen Anforderungen sind im Ganzen erfüllt.

Beim Verfassen einer **Erörterung** müssen wiederum folgende Kriterien erfüllt sein, damit die Leistung als „ausreichend" bewertet werden kann:
- Hauptgedanken und -argumente der Textvorlage bzw. wesentliche Aspekte des Themas werden erfasst.
- Eine in ihren Grundzügen zutreffende Auseinandersetzung mit dem Thema findet statt.
- Die Aussagen sind insgesamt auf die Aufgabe bezogen.
- Die Gedankengänge sind nachvollziehbar entwickelt.
- Für die Aufgabe wichtige Fachbegriffe werden richtig verwendet.
- Die Darstellung ist verständlich und erkennbar geordnet, genügt den standardsprachlichen Normen und entspricht grundsätzlich den Bedingungen der in der Aufgabenstellung geforderten Textsorte.

Original-Prüfungsaufgaben 2015

Abitur 2015

Aufgabenformat I: Erschließen eines literarischen Textes (Lyrik)

Conrad Ferdinand Meyer

Aufgabenstellung

1. Erschließen und interpretieren Sie das Gedicht „Stapfen“ von Conrad Ferdinand Meyer! Berücksichtigen Sie dabei auch das Verhältnis von Erleben und Erinnern!

2. Zeigen Sie ausgehend von Ihren Ergebnissen vergleichend auf, wie das Thema „Abschied“ in einem anderen literarischen Text gestaltet wird!

Der Schwerpunkt der Aufgabenstellung liegt auf Teilaufgabe 1.

Materialgrundlage

Conrad Ferdinand Meyer: Stapfen. Aus: Ders., Gedichte. Hrsg. v. Hans Zeller und Alfred Zäch, Bd. 1. Bern: Benteli 1963, S. 210 f.

Stapfen (1882) *Conrad Ferdinand Meyer (1825–1898)*

Text in alter Rechtschreibung

In jungen Jahren war's. Ich brachte dich
Zurück ins Nachbarhaus, wo du zu Gast,
Durch das Gehölz. Der Nebel rieselte,
Du zogst des Reisekleids Kapuze vor
Und blicktest traulich[1] mit verhüllter Stirn.
Naß ward der Pfad. Die Sohlen prägten sich
Dem feuchten Waldesboden deutlich ein,
Die wandernden. Du schrittest auf dem Bord[2],
Von deiner Reise sprechend. Eine noch,
Die längre, folge drauf, so sagtest du.
Dann scherzten wir, der nahen Trennung klug
Das Angesicht verhüllend, und du schiedst,
Dort wo der First[3] sich über Ulmen hebt.
Ich ging denselben Pfad gemach zurück,
Leis schwelgend noch in deiner Lieblichkeit,
In deiner wilden Scheu, und wohlgemut
Vertrauend auf ein baldig Wiedersehn.
Vergnüglich schlendernd, sah ich auf dem Rain[4]

Den Umriß deiner Sohlen deutlich noch
Dem feuchten Waldesboden eingeprägt,
Die kleinste Spur von dir, die flüchtigste,
Und doch dein Wesen: wandernd, reisehaft,
Schlank, rein, walddunkel, aber o wie süß!
Die Stapfen schritten jetzt entgegen dem
Zurück dieselbe Strecke Wandernden:
Aus deinen Stapfen hobst du dich empor
Vor meinem innern Auge. Deinen Wuchs
Erblickt' ich mit des Busens zartem Bug.
Vorüber gingst du, eine Traumgestalt.
Die Stapfen wurden jetzt undeutlicher,
Vom Regen halb gelöscht, der stärker fiel.
Da überschlich mich eine Traurigkeit:
Fast unter meinem Blick verwischten sich
Die Spuren deines letzten Gangs mit mir.

Anmerkungen

1 *traulich:* vertraulich
2 *Bord:* Rand, kleiner Abhang
3 *First:* oberste Kante eines Daches
4 *Rain:* Abhang

Inhaltliche Teilleistungen

Grundlage der Textanalyse sollte in jedem Fall ein Schreibplan sein, der der eigenen Kontrolle dient, aber nicht in die Notengebung einfließt. Er sollte Struktur sowie wesentliche Inhalte skizzieren und stellt die Basis der Ausarbeitung dar.
Die Schüler erfassen die Struktur des Gedichts, die sich in den beiden zeitlichen Ebenen des Erinnerns bzw. im zweigeteilten Weg widerspiegelt. Sie erkennen, dass das lyrische Ich eine in der Vergangenheit liegende Trennung in seiner Erinnerung reflektiert und wirklichkeitsnah vergegenwärtigt.
Ein eigenständiger Gliederungspunkt zur Sprachanalyse fehlt, weil diese idealerweise in die Analyse des Inhalts integriert werden sollte. Dies führt zur Vermeidung unnötiger Wiederholungen, da Sprache und Inhalt stets in einem engen Wirkungsverhältnis zueinander stehen. Eine Sprachanalyse muss aber unbedingt in der Ausarbeitung realisiert sein.
In Teilaufgabe 2 stellen die Schüler eigenständig Zusammenhänge her und legen vergleichend dar, wie das Thema „Abschied" in einem anderen literarischen Werk gestaltet wird. Die Schüler gelangen zu einer angemessenen Gesamtbewertung.
In stilistischer Hinsicht sollte darauf geachtet werden, dass der Text – trotz seiner Untergliederung in Teilaufgaben – als homogenes Textganzes erscheint. Weitere Gütekriterien sind der korrekte Umgang mit Zitaten sowie Gewandtheit und Sicherheit bei der sprachlichen Gestaltung.

Beispielschreibplan

(Hinweis: Seit dem Abitur 2017 soll ein frei wählbarer Schreibplan für Ihre Klausurlösung angefertigt und auch abgegeben werden, der der eigenen Kontrolle dient, aber nicht in die Notengebung einfließt. Das folgende Beispiel zeigt nur eine von vielen Möglichkeiten.)

1 Verwischte Fußspuren im Schlagertext
2 Erschließung und Interpretation des Gedichts „Stapfen“ von Conrad Ferdinand Meyer
  - Formanalyse: Einstrophiges ungereimtes Gedicht im regelmäßigen Blankvers
  - Inhalts- und Aufbauanalyse
    - Rückblick des lyrischen Ichs: Ausgangssituation des Begleitens einer jungen Frau in ihr Gästequartier
    - Andeutung bevorstehender Reisen durch die Frau und kurze Schilderung des Abschieds
    - Rückweg des lyrischen Ichs in emotionaler Erinnerung und Zuversicht auf ein zeitnahes Wiedersehen
    - Freudvolle Vergegenwärtigung der jungen Frau durch die Wahrnehmung ihrer Fußspuren im Wald
    - Stimmungswechsel durch Verlustängste angesichts verwischender Spuren
  - „Stapfen“ als zeitloses Liebesgedicht
    - Die Natur als Katalysator seelischer Zustände
    - Das lyrische Ich zwischen Schwärmerei und melancholischem Pessimismus
      - Vision einer Traumgestalt
      - Bewusstwerdung des Verlusts
    - Das lyrische Ich zwischen Erleben und Erinnern: Vergegenwärtigung des Abschiedserlebnisses
3 Vergleich zwischen der Gestaltung des Themas „Abschied“ in „Stapfen“ und Goethes „Faust I“
  - Endgültige Abschiede
  - Wissen um Abschied gegenüber überraschender Wendung
  - Existenzielle Bedeutung für die Verlassenen
4 Ambivalente Liebesdarstellung zwischen Glück und Leid

Beispiellösung: Teilaufgabe 1

(Hinweis: Die in der Beispiellösung eingeflochtenen Zahlen „[1]“ – „[4]“ dienen lediglich der Anknüpfung an den oben stehenden Beispielschreibplan. In Ihrer Klausurschrift müssen sie natürlich nicht mehr auftauchen.)

Verwischte Fußspuren im Schlagertext

[1] „Deine Spuren im Sand, die ich gestern noch fand, hat die Flut mitgenommen, was gehört nun noch mir? Deine Liebe, sie schwand, wie die Spuren im Sand, was ist mir nur geblieben, nur die Sehnsucht nach dir …“ Kaum eine 1970er-Jahre-Party, auf der Howard Carpendales Schlager nicht mitgegrölt wird – meist wohl allerdings ohne tiefere Reflexion des Textes. Spuren als Erinnerung an einen geliebten Menschen. Eben sind sie noch da, im nächsten Moment hat eine Welle sie fortgerissen. Ähnlich ergeht es dem lyrischen Ich in

Conrad Ferdinand Meyers Gedicht „Stapfen“: Auf dem Hinweg sind die Fußspuren auf dem Waldboden noch deutlich zu erkennen, später verwischen sie immer mehr.

Erschließung und Interpretation des Gedichts „Stapfen“ von Conrad Ferdinand Meyer

[2] Meyers Gedicht weist weder eine Untergliederung in Strophen noch Reime auf. Dadurch wirkt es fast wie eine epischer Text. Durch die Verwendung des Blankverses mit durchgängig männlichen Kadenzen und zahlreicher Enjambements wird allerdings ein einheitlich fließender Rhythmus geschaffen, der dem Rückblick des lyrischen Ichs auf ein Abschiedserleben einen Gestus des Fortschreitens verleiht, der zur dauernden räumlichen Bewegung der Akteure passt, die sich auf einem Waldspaziergang befinden.
Dieser Waldspaziergang ist so aufgebaut, dass nach dem gemeinsamen Hinweg von lyrischem Ich und einer geliebten Frau (vgl. V. 1 – 12) sowie dem kurzen Abschied (vgl. V. 12) das lyrische Ich allein den Heimweg antritt (vgl. V. 14 – 34). Der Schwerpunkt liegt also eindeutig auf der Darstellung des Rückwegs und den nachträglichen Gedanken, die sich das lyrische Ich angesichts der verblassenden Erinnerung an die Verabschiedete macht. Die Nähe zwischen lyrischem Ich und der Frau wird dadurch verstärkt, dass sie immer wieder durch Personal- und Possessivpronomen direkt angesprochen wird, wodurch das Gedicht teilweise den Charakter eines Briefes bzw. einer direkten Ansprache erhält.
Zunächst blickt das scheinbar gealterte lyrische Ich auf seine Jugend zurück (vgl. V. 1) und skizziert kurz die Ausgangssituation des im Gedicht verarbeiteten Erlebnisses: Es begleitet eine mit „du“ (V. 2) angesprochene Frau, die in der Nähe zu Besuch weilt, durch einen nebelverhangenen Wald zurück zu ihrer Unterkunft. Dabei fallen die auf dem feuchten Waldboden hinterlassenen Fußspuren besonders auf.
Im nächsten Sinnabschnitt wird während des Weges durch die Thematisierung der bevorstehenden Reisen durch die Frau die Trennung inhaltlich vorbereitet und der Trennungsschmerz durch eine bemühte Heiterkeit ausgeblendet (vgl. 9 ff.), was dem lyrischen Ich zumindest in der Retrospektive bewusst ist.
Auf dem Rückweg überwiegt zunächst die Vorfreude auf ein baldiges Wiedersehen, weswegen das lyrische Ich nun frohen Mutes durch den Wald schlendert (vgl. V. 18).
Auch die Wahrnehmung der Fußstapfen auf dem Waldboden löst zunächst positive Reflexionen und eine visionäre Vergegenwärtigung der Verabschiedeten aus (vgl. V. 25 – 29).
Erst das durch die Verstärkung des Regens verursachte Verschwimmen der Fußspuren bewirkt den Stimmungswechsel, der durch die Andeutung des Verlusts erreicht wird (vgl. V. 30 ff.).
Gerade mit seinem melancholischen Ende steht „Stapfen“ in der Tradition des Liebesgedichts. Durch seine Verortung in eine regnerische Waldlandschaft trägt es aber auch Züge eines Naturgedichts.
Die Natur ist hier allerdings weit mehr als Kulisse. Sie hüllt das Geschehen ein und wirkt als Katalysator für das Gefühlsleben des lyrischen Ichs. Der Streifzug durchs „Gehölz“ (V. 3) bei rieselndem „Nebel“ (ebd.) schafft eine Atmosphäre, die lyrisches Ich und Geliebte losgelöst von der Außenwelt einander näherbringt. Folglich wird der Blick der Frau als „traulich“ (V. 5) empfunden, verstärkt noch dadurch, dass der Rest des Kopfes bis zur „Stirn“ (ebd.) wegen der Witterung unter einer durch eine Inversion hervorgehobenen „Kapuze“ (V. 4) verschwindet.

Gleichzeitig wird aber auch die bevorstehende Trennung naturräumlich angedeutet. Während die Frau von einer bevorstehenden Reise spricht, wandelt sie bereits am Rande eines Abhangs (vgl. V. 8), der auf dem Rückweg erneut Erwähnung findet (vgl. V. 18). Meyers Gedicht verwirklicht dadurch eine Hauptforderung der Epoche des bürgerlichen Realismus, in der es entstand. Nach den Worten Theodor Fontanes geht es um die „Widerspiegelung alles wirklichen Lebens, [...] im Elemente der Kunst". Die Realitätsebene eines Einzelereignisses wird durch Symbole wie den Abhang kunstvoll auf die Ebene des Menschlichen im Allgemeinen gehoben.
Das Wetter motiviert auch das immer wiederkehrende Zentralmotiv des Gedichts, die Fußspuren oder „Stapfen" (vgl. V. 6 f., 19, 21, 24, 26, 30, 34), wie bereits der Titel lautet. Die Inversion „Naß ward der Pfad" (V. 6) erklärt, warum sich die wandernden „Sohlen" (ebd.) in den Waldboden einprägen konnten. Durch die Personifikation und das Pars pro Toto wird die Bedeutung hervorgehoben, die das lyrische Ich den Spuren der Geliebten beimisst.
Noch deutlicher wird der Zusammenhang von Naturerleben und innerer Stimmung auf dem Rückweg des lyrischen Ichs. Die Erinnerung an das durch den Neologismus „walddunkel" (V. 23) skizzierte und damit wohl geheimnisvolle Wesen der soeben Verabschiedeten wird getrübt: Die Spuren verwischen sich auf der realen Ebene des Waldbodens durch den stärker werdenden Regen (vgl. V. 31), aber auch im lyrischen Ich selbst (vgl. S. 33 f.) bzw. in dessen Erinnerung.
Dass Abschied mit Schmerz und Traurigkeit verbunden ist, zeigt das Gedicht vor allem im Schlussteil. Zuvor ist es recht schwärmerisch verfasst.
Das lyrische Ich scheint sich bewusst dafür zu entscheiden, den Rückweg „gemach" (V. 14), also ohne jede Hast zu gestalten, als ob es so die Gegenwart seiner Geliebten noch länger auskosten könnte, obwohl sich die schon längst verabschiedet hat. Trotzdem schwelgt es auf dem Pfad, den eben noch die Sohlen der jungen Frau berührten, noch „leis" in deren „Lieblichkeit", aber auch deren „wilde[r] Scheu" (15 f.). Synästhesie und Oxymoron verdeutlichen die Unbestimmtheit der Gefühlswelt des lyrischen Ichs, das zu diesem Zeitpunkt noch „wohlgemut" (V. 16) „auf ein baldig Wiedersehn" (V. 17) vertraut und deswegen „vergnüglich" durch den Wald schlendert (V. 18). Die Wartezeit bis zur erneuten Zusammenkunft wird durch zwei Elisionen, „baldig Wiedersehn" (V. 17), sogar sprachlich verkürzt.
Ausgelöst wird die positive Zukunftsprognose durch die gefühlte Gegenwart der Frau, wiederum verursacht durch die Entdeckung der bereits oben thematisierten Fußspuren. Diese werden in zwei Superlativen als klein und flüchtig charakterisiert (vgl. V. 21) und daraus das gesamte Wesen der Verabschiedeten hergeleitet: Zunächst wird die bereits durch das Gespräch über die Reiseplanung angedeutete Reiselust als Wesenszug der jungen Frau thematisiert. Neben der durch das Partizip Präsens angedeuteten Permanenz des Wanderns sticht dabei der Neologismus „reisehaft" (V. 22) als Attribut der Frau hervor. Dass der Hinweis auf ihr Wandern nicht nur als Fortbewegung gedeutet, sondern auch als Wechsel zwischen verschiedenen Charakterzügen begriffen werden kann, wird durch die Fortsetzung der asyndetischen Reihung deutlich: Nach „schlank" und „rein" wird die Geliebte antithetisch als „walddunkel" skizziert und abschließend mit der einzigen Exklamation des Gedichts als „süß" (V. 23) beschrieben. Das einleitende „aber" (ebd.) drückt in dem Ausruf aus, dass das lyrische Ich seine Schlusseinschätzung angesichts der unterschiedlichen Züge der Frau als rational nicht fassbar begreift. Der Rückweg kommt ihm dann wie eine Begegnung mit

ihr vor, was durch die Personifikation der entgegenschreitenden „Stapfen“ (V. 24) unterstrichen wird.
Vollends zur Vision wird die Erfahrung, als das lyrische Ich „vor [s]einem innern Auge“ (V. 27) seine Angebetete gleich einer „Traumgestalt“ (V. 29) sich aus den Fußspuren erhebend „mit des Busens zartem Bug“ erblickt, also mit dem Herzen (V. 28). Die Kombination aus Synästhesie, Alliteration und Inversion unterstreicht die Gefühlsgeladenheit der über das Ereignis reflektierenden Person. Die Wortwahl, die das lyrische Ich durch den „zarte[n] Bug“ (V. 28) der Brust feminin-mädchenhaft zeichnet, lässt bereits hier die zwei Personen des Gedichts imaginativ verschmelzen, zumal nicht klar ist, ob der erwähnte „Busen“ (V. 28) dem Mann oder der Frau zugeordnet werden muss.
Dieses Verschmelzungsmotiv wird dadurch intensiviert, dass einige Verse später durch den doppeldeutigen Satzbau verstanden werden kann, dass sich die Frauenspuren des „letzten Gangs“ (V. 34) mit dem lyrischen Ich fast verwischen (vgl. V. 33). Diesmal wird das allerdings als Verlust empfunden, denn das lyrische Ich überschleicht eine „Traurigkeit“ (V. 32). Dieser Verlust wird bereits vorher angedeutet, da das lyrische Ich den Gang seiner Geliebten als Vorübergehen (vgl. V. 29) interpretiert. Die Hoffnung auf ein Wiedersehen ist also durch das Wissen des gealterten lyrischen Ichs umgewandelt in die Erkenntnis, dass der Hinweg das letztmalige Aufeinandertreffen des Pärchens war.
Seltsam zeitlos wirkt das Gedicht, da von keinem bestimmten Datum die Rede ist. Ganz lapidar wird ausgesagt „In jungen Jahren war's“ (V. 1), was den Rückschluss erlaubt, dass die handelnden Personen ihr Jugendalter längst überschritten haben, zumal das Jugendalter durch die Inversion des Anfangsverses betont wird. Auch die Orte bleiben im Ungefähren. Zielpunkt ist das Nachbarhaus, zu dem das lyrische Ich seine wohl junge Begleiterin bringt. Das Gedicht ist wie eine Erinnerung im Präteritum als Zeitform für Vergangenes verfasst. Durch die häufige Verwendung des Partizip Präsens (vgl. V. 8, 12, 15, 17 f., 22, 25) wird allerdings eine starke Gegenwärtigkeit der Handlung suggeriert – und zwar gerade im Mittelteil des Gedichts, wo die positive Stimmung angesichts der Erinnerung an das letztmalige Treffen dominiert. Der Leser sieht die Entwicklung mit den Augen des Schreibenden und Schreitenden – die Spuren verwischen, sodass klar wird, dass die angesprochene letzte große Reise der Gefährtin kein Wiedersehen mehr ermöglicht. Nicht klar wird im Gedicht, ob die Ahnung der ewigen Trennung bereits am Tag des Abschieds empfunden wurde oder – was naheliegend wäre – ob hier die Lebenserfahrung des gealterten lyrischen Ichs in die Sichtweise auf das vergangene Erleben einfließt beziehungsweise es vielleicht sogar maßgeblich bestimmt.

Beispiellösung: Teilaufgabe 2

Vergleich zwischen der Gestaltung des Themas „Abschied“ in „Stapfen“ und Goethes „Faust I“

[3] Diese Erfahrung von Trennung und Abschied ist für den Verlassenen eine Erfahrung, die oftmals das ganze Leben beeinflusst. In der Literatur ist sie sehr unterschiedlich gestaltet worden. Ganz anders als im bisher besprochenen Gedicht wird das Thema beispielsweise in Goethes Drama „Faust I“ in der berühmten Schlussszene gestaltet.

Doch zunächst zu einer Gemeinsamkeit: In beiden Texten geht es um einen endgültigen Abschied. In Meyers Gedicht ist sich das lyrische Ich dieser Trennung erst in der Rückschau völlig bewusst.
In der Schlussszene aus Goethes „Faust I", die im Kerker spielt, wo Gretchen wegen Mutter- und Kindsmord auf ihre Hinrichtung wartet, will Faust Gretchen mithilfe Mephistos befreien und gemeinsam mit ihr fliehen. In ihrem Wahnsinn hält Gretchen ihren vermeintlichen Retter allerdings für ihren Henker, was symbolisch die Rolle Fausts in ihrem Leben andeutet: Durch seine Verführung hat sie den Pfad der Tugend verlassen und trägt die Schuld am Tod ihrer Mutter, ihres Bruders und vor allem ihres Kindes. Als sie ihren Geliebten in der Kerkerszene erkannt und verstanden hat, dass er immer noch mit dem Teufel im Bunde ist, weigert sie sich, mit ihm zu gehen und akzeptiert ihre Hinrichtung. Als Faust sie auf Drängen Mephistos verlässt, ist der Abschied also ein endgültiger.
Er wird von den Beteiligten auch als solcher empfunden, da Gretchen die Todesstrafe als gerechte Sühne akzeptiert, wodurch ihre Seele laut dem berühmten Schlusswort „gerettet" wird. Dem ehemaligen Liebespaar ist also klar, dass es sich nicht wiedersehen wird – und zwar weil Gretchen die Beziehung bewusst beendet. Im Gedicht „Stapfen" ist den Beteiligten zum Zeitpunkt des Abschieds die Tragweite für ihr zukünftiges Leben noch nicht klar. Vielleicht wird er deswegen recht lapidar in einem halben Vers abgetan: „und du schiedst" (V. 12).
Für das lyrische Ich aus dem Gedicht Meyers besteht auch kein Anlass, ein großes Drama um den Abschied zu machen, da es von Anfang an weiß, dass die junge Frau im Nachbarhaus nur „zu Gast" (V. 2) ist. Die Trennung ist also geplant. Deswegen wird sie von ihm auch auf einem Abschiedsspaziergang zu ebenjenem Nachbarhaus gebracht. Allerdings kann das lyrische Ich zumindest anfangs „auf ein baldig Wiedersehn" vertrauen (V. 17).
Für Faust nehmen die Ereignisse dagegen eine überraschende und tragische Wendung. Er will die geliebte Margarete aus ihrer Zelle befreien und dadurch vor dem Tod retten. Folglich kann er nicht begreifen, warum sich ein junges, scheinbar naives Mädchen gegen den Fluchtversuch und damit gegen ihn, den welterfahrenen Gelehrten, entscheidet. Er hat nicht verstanden, dass Gretchen sich dem Gericht Gottes übergeben hat, weil sie mit ihrer Schuld nicht weiterleben kann. Als er sie beim Namen ruft und sie aus ihrem Wahn erwacht, glaubt sie für kurze Zeit tatsächlich an Rettung, erkennt aber, dass der Einfluss Mephistos Faust zum Negativen verändert hat. Fausts eindringliche Worte können das Herz Margaretes nicht mehr berühren. Zum Symbol dafür wird, dass er laut Gretchen das Küssen verlernt habe. Ihr berühmtes Fazit „Heinrich! Mir graut's vor dir" ist somit auch als Akt der Emanzipation zu werten.
Diese Ablehnung hat wohl auch große Konsequenzen für die eigene Existenz des Angesprochenen. Da das Drama „Faust I" mit der erwähnten Kerkerszene der Gretchentragödie endet, ist nicht klar, welche Auswirkungen der Verlust Gretchens für Heinrich Faust hat. Wenn er nicht völlig gefühlskalt geworden ist, muss ihm jedoch klar sein, dass er Margarete in die aussichtslose Situation einer unverheirateten Schwangeren gebracht und damit den Kindsmord mit den dramatischen Folgen für die junge Mutter provoziert hat. Mit dieser Schuld muss Faust leben, allerdings nur bis Goethe ihn in der Fortsetzung „Faust II" durch einen durch Elfen bereiteten Heilschlaf des Vergessens davon befreit. Die wichtigste Konsequenz ist also, dass die Weltfahrt mit Mephisto an seiner Seite weitergehen kann. Mit

Gretchen an seiner Seite, die in „Faust I“ als Gegenspielerin Mephistos fungierte, wäre das nicht möglich gewesen.
Weitaus weniger dramatisch sind die Konsequenzen des Abschieds im Gedicht „Stapfen“, was auch der Literaturgattung geschuldet ist. Bei Meyer ist die existenzielle Bedeutung des Abschieds dadurch zu spüren, dass sich das lyrische Ich etliche Jahre später noch einmal reflektierend mit dem Vorkommnis auseinandersetzt und wie oben skizziert vergegenwärtigt, als würde es die Gefühlswelten erneut durchleben. Die Erinnerung scheint also in gewisser Weise prägend für das lyrische Ich zu sein, zumal die ebenfalls bereits angesprochene Endgültigkeit des Abschieds am Ende eine Grundstimmung der Traurigkeit hinterlässt. Der im Gedicht beschriebene „Pfad“ (V. 6) könnte deswegen auch als Lebensweg des Sprechers aufgefasst werden, der seinen Wendepunkt beim Abschied einer geliebten Frau erfährt und sich deswegen in Hin- und Rückweg gliedert.

Ambivalente Liebesdarstellung zwischen Glück und Leid

[4] In beiden Texten wird die Liebe zwischen zwei Individuen mit viel Glückempfinden und Lebensfreude, aber auch mit Sehnsucht, Trauer und Schmerz verknüpft. Gerade nach der Trennung von einer geliebten Person wird einem bewusst, welchen Wert die Liebe zu einem anderen Menschen, das zärtliche Miteinander und die vertrauensvolle Gemeinsamkeit für das Leben darstellt. Zum Leben gehören aber wohl beide Seiten der Medaille, mit den Songtextzeilen von Heinz Rudolf Kunze ausgedrückt: „Dein ist mein ganzes Herz. Du bist mein Reim auf Schmerz.“

Abitur 2015

Aufgabenformat II: Erschließen eines literarischen Textes (Drama)

Bertolt Brecht: Leben des Galilei

Aufgabenstellung

1. Erschließen und interpretieren Sie die vorliegende Szene! Arbeiten Sie dabei insbesondere heraus, wie der Papst vom Inquisitor dazu gebracht wird, in dessen Sinne zu entscheiden!

2. Zeigen Sie ausgehend von Ihren Ergebnissen vergleichend auf, wie das Machtgefälle zwischen zwei Figuren in einem anderen literarischen Werk gestaltet wird!

Der Schwerpunkt der Aufgabenstellung liegt auf Teilaufgabe 1.

Materialgrundlage

Bertolt Brecht: Leben des Galilei. Aus: Ders., Werke. Band 5: Stücke 5. Hrsg. v. Werner Hecht u. a., Berlin/Weimar/Frankfurt a. M.: Suhrkamp Verlag 1988, S. 267 – 270

Leben des Galilei (1955/56) *Bertolt Brecht (1898 – 1956)*

Vorbemerkung

Bertolt Brechts Schauspiel „Leben des Galilei" behandelt einen entscheidenden Abschnitt aus der Wissenschaftsgeschichte: Der in Florenz lebende Forscher Galileo Galilei (1564 – 1642) beweist mithilfe des kurz zuvor erfundenen Fernrohrs das heliozentrische Weltbild und stellt damit die kirchliche Lehrmeinung radikal infrage. Die Inquisition – eine kirchliche Behörde, die mit äußerster Härte und auch Folter gegen Abtrünnige vorging – will, dass Galilei seine Lehren widerruft und befiehlt ihm 1633 daher, zum Verhör nach Rom zu kommen.
Vor diesem Hintergrund findet in einem Zimmer des päpstlichen Palastes das folgende Gespräch zwischen dem Inquisitor und Papst Urban VIII., der Naturwissenschaften und Kunst durchaus zugetan ist, statt. Es handelt sich um die zwölfte von insgesamt 15 Szenen.

(Berliner Fassung von 1955/56; Orthografie entsprechend der Werkausgabe von 1988; in der Absatzgliederung geringfügig modifiziert)

12

DER PAPST

Gemach des Vatikans. Papst Urban VIII. (vormals Kardinal Barberini) hat den Kardinal Inquisitor empfangen. Während der Audienz wird er angekleidet. Von außen das Geschlurfe vieler Füße.

DER PAPST *sehr laut:* Nein! Nein! Nein!

DER INQUISITOR So wollen Eure Heiligkeit Ihren sich nun versammelnden Doktoren aller Fakultäten, Vertreter aller Heiligen Orden und der gesamten Geistlichkeit, welche alle in kindlichem Glauben an das Wort Gottes, niedergelegt in der Schrift, gekommen sind, Eurer Heiligkeit Bestätigung ihres Glaubens zu vernehmen, mitteilen, daß die Schrift nicht länger für wahr gelten könne?

DER PAPST Ich lasse nicht die Rechentafel[1] zerbrechen. Nein!

DER INQUISITOR Daß es die Rechentafel ist und nicht der Geist der Auflehnung und des Zweifels, das sagen diese Leute. Aber es ist nicht die Rechentafel. Sondern eine entsetzliche Unruhe ist in die Welt gekommen. Es ist die Unruhe ihres eigenen Gehirns, die diese auf die unbewegliche Erde übertragen. Sie schreien: die Zahlen zwingen uns! Aber woher kommen ihre Zahlen? Jedermann weiß, daß sie vom Zweifel kommen. Diese Menschen zweifeln an allem. Sollen wir die menschliche Gesellschaft auf den Zweifel begründen und nicht mehr auf den Glauben? „Du bist mein Herr, aber ich zweifle, ob das gut ist." „Das ist dein Haus und deine Frau, aber ich zweifle, ob sie nicht mein sein sollen."

Andererseits findet Eurer Heiligkeit Liebe zur Kunst, der wir so schöne Sammlungen verdanken, schimpfliche Auslegungen wie die auf den Häuserwänden Roms zu lesende: „Was die Barbaren Rom gelassen haben, rauben ihm die Barberinis."

Und im Auslande? Es hat Gott gefallen, den Heiligen Stuhl schweren Prüfungen zu unterwerfen.[2] Eurer Heiligkeit spanische Politik wird von Menschen, denen die Einsicht mangelt, nicht verstanden, das Zerwürfnis mit dem Kaiser bedauert. Seit eineinhalb Jahrzehnten ist Deutschland eine Fleischbank[3], und man zerfleischt sich mit Bibelzitaten auf den Lippen. Und jetzt, wo unter der Pest, dem Krieg und der Reformation die Christenheit[4] zu einigen Häuflein zusammenschmilzt, geht das Gerücht über Europa, daß Sie mit den lutherischen Schweden in geheimem Bündnis stehen, um den katholischen Kaiser zu schwächen.

Und da richten diese Würmer von Mathematikern ihre Rohre auf den Himmel und teilen der Welt mit, daß Eure Heiligkeit auch hier, in dem einzigen Raum, den man Ihnen noch nicht bestreitet, schlecht beschlagen sind. Man könnte sich fragen: welch ein Interesse plötzlich an einer so abliegenden Wissenschaft wie der Astronomie! Ist es nicht gleichgültig, wie diese Kugeln[5] sich drehen? Aber niemand in ganz Italien, das bis auf die Pferdeknechte hinab durch das böse Beispiel dieses Florentiners von den Phasen der Venus schwatzt, denkt nicht zugleich an so vieles, was in den Schulen und an anderen Orten für unumstößlich erklärt wird und so sehr lästig ist.

Was käme heraus, wenn diese alle, schwach im Fleisch und zu jedem Exzeß geneigt, nur noch an die eigene Vernunft glaubten, die dieser Wahnsinnige für die einzige Instanz erklärt! Sie möchten, erst einmal zweifelnd, ob die Sonne stillstand zu Gibeon[6], ihren schmutzigen Zweifel an den Kollekten üben! Seit sie über das Meer fahren – ich habe nichts dagegen –, setzen sie ihr Vertrauen auf eine Messingkugel, die sie den Kompaß nennen, nicht mehr auf Gott. Dieser Galilei hat schon als junger Mensch über die Maschinen geschrieben. Mit den Maschinen wollen sie Wunder tun. Was für welche? Gott brauchen sie jedenfalls nicht mehr, aber was sollen es für Wunder sein? Zum Beispiel soll es nicht mehr Oben und Unten geben. Sie brauchen es nicht mehr. Der Aristoteles[7], der für sie sonst ein toter Hund ist, hat gesagt – und das zitieren sie –: Wenn das Weberschifflein von selber webte und der Zitherschlägel

von selber spielte, dann brauchten allerdings die Meister keine Gesellen und die Herren keine Knechte. Und so weit sind sie jetzt, denken sie.
Dieser schlechte Mensch weiß, was er tut, wenn er seine astronomischen Arbeiten statt in Latein im Idiom der Fischweiber und Wollhändler verfaßt.

DER PAPST Das zeigt sehr schlechten Geschmack; das werde ich ihm sagen.

DER INQUISITOR Er verhetzt die einen und besticht die andern. Die oberitalienischen Seestädte fordern immer dringender für ihre Schiffe die Sternkarten des Herrn Galilei. Man wird ihnen nachgeben müssen, es sind materielle Interessen.

DER PAPST Aber diese Sternkarten beruhen auf ketzerischen Behauptungen. Es handelt sich gerade um die Bewegungen dieser gewissen Gestirne, die nicht stattfinden können, wenn man seine Lehre ablehnt. Man kann nicht die Lehre verdammen und die Sternkarten nehmen.

DER INQUISITOR Warum nicht? Man kann nichts anderes.

DER PAPST Dieses Geschlurfe macht mich nervös. Entschuldigen Sie, wenn ich immer horche.

DER INQUISITOR Es wird Ihnen vielleicht mehr sagen, als ich es kann, Eure Heiligkeit. Sollen diese alle von hier weggehen, den Zweifel im Herzen?

DER PAPST Schließlich ist der Mann der größte Physiker dieser Zeit, das Licht Italiens, und nicht irgendein Wirrkopf. Er hat Freunde. Da ist Versailles. Da ist der Wiener Hof. Sie werden die Heilige Kirche eine Senkgrube[8] verfaulter Vorurteile nennen. Hand weg von ihm!

DER INQUISITOR Man wird praktisch bei ihm nicht weit gehen müssen. Er ist ein Mann des Fleisches. Er würde sofort nachgeben.

DER PAPST Er kennt mehr Genüsse als irgendein Mann, den ich getroffen habe. Er denkt aus Sinnlichkeit. Zu einem alten Wein oder einem neuen Gedanken könnte er nicht nein sagen. Und ich will keine Verurteilung physikalischer Fakten, keine Schlachtrufe wie „Hie Kirche! und Hie Vernunft!“ Ich habe ihm sein Buch erlaubt, wenn es am Schluß die Meinung wiedergäbe, daß das letzte Wort nicht die Wissenschaft, sondern der Glaube hat. Er hat sich daran gehalten.

DER INQUISITOR Aber wie? In seinem Buch streiten ein dummer Mensch, der natürlich die Ansichten des Aristoteles vertritt, und ein kluger Mensch, der ebenso natürlich die des Herrn Galilei vertritt, und die Schlußbemerkung, Eure Heiligkeit, spricht wer?

DER PAPST Was ist das jetzt wieder? Wer äußert also unsere?

DER INQUISITOR Nicht der Kluge.

DER PAPST Das ist allerdings eine Unverschämtheit. Dieses Getrampel in den Korridoren ist unerträglich. Kommt denn die ganze Welt?

DER INQUISITOR Nicht die ganze, aber ihr bester Teil.

Pause. Der Papst ist jetzt in vollem Ornat[9].

DER PAPST Das Alleräußerste ist, daß man ihm die Instrumente zeigt.[10]

DER INQUISITOR Das wird genügen, Eure Heiligkeit. Herr Galilei versteht sich auf Instrumente.

Anmerkungen

1 *Rechentafel:* diente der Berechnung der Gestirnsbewegungen und damit als Hilfsmittel zur Navigation, hier stellvertretend für neue Erfindungen

2 Die Autorität des Papsttums hat durch die Folgen der Reformation, den Dreißigjährigen Krieg (1618 – 1648), Auseinandersetzungen mit dem Kaiser in Wien und eine spanienfreundliche Politik sehr gelitten.
3 *Fleischbank:* Schlachtbank
4 *Christenheit:* Gemeint sind hier die katholischen Christen.
5 *diese Kugeln:* die Planeten bzw. die Sonne
6 *Gibeon:* In der Bibel wird der Stillstand der Sonne und des Mondes am Ort Gibeon als ein göttliches Wunder beschrieben.
7 *Aristoteles:* altgriechischer Philosoph (384 – 322 v. Chr.), auf dessen Lehre die Kirche ihr geozentrisches Weltbild u. a. stützte
8 *Senkgrube:* Grube gefüllt mit Abfällen und Fäkalien
9 *Ornat:* feierliche Amtstracht
10 *dass man ihm die Instrumente zeigt:* Das Zeigen der Folterinstrumente galt als Vorstufe eines mit Folter verbundenen Inquisitionsprozesses.

Inhaltliche Teilleistungen

Grundlage der Textanalyse sollte in jedem Fall ein Schreibplan sein, der der eigenen Kontrolle dient, aber nicht in die Notengebung einfließt. Er sollte Struktur sowie wesentliche Inhalte skizzieren und stellt die Basis der Ausarbeitung dar.
Die Schüler erkennen, dass am Ende der argumentativen Auseinandersetzung der Papst zustimmt, Galilei der Inquisition zu übergeben und damit einen Widerruf seiner auf wissenschaftlichen Erkenntnissen beruhenden Lehre zu erzwingen.
Ein eigenständiger Gliederungspunkt zur Sprachanalyse fehlt, weil diese idealerweise in die Analyse des Inhalts integriert werden sollte. Dies führt zur Vermeidung unnötiger Wiederholungen, da Sprache und Inhalt stets in einem engen Wirkungsverhältnis zueinander stehen. Eine Sprachanalyse muss aber unbedingt in der Ausarbeitung realisiert sein.
In stilistischer Hinsicht sollte darauf geachtet werden, dass der Text – trotz seiner Untergliederung in Teilaufgaben – als homogenes Textganzes erscheint.

Beispielschreibplan

(Hinweis: Seit dem Abitur 2017 soll ein frei wählbarer Schreibplan für Ihre Klausurlösung angefertigt und auch abgegeben werden, der der eigenen Kontrolle dient, aber nicht in die Notengebung einfließt. Das folgende Beispiel zeigt nur eine von vielen Möglichkeiten.)

1 „Sapere aude“ als Wahlspruch des aufgeklärten Menschen
2 Erschließung und Interpretation des Dramenausschnitts aus „Leben des Galilei“ von Bertolt Brecht
  – Aufbau des Dramenausschnitts: Einteilung in Sinnabschnitte
    • Kontroverser Einstieg in die Audienz des Inquisitors beim Papst vor dem Hintergrund eines hohen Besucherandrangs
    • Argumentationskette des Inquisitors: Ausmalen der negativen Auswirkungen der Lehre Galileis für die katholische Kirche
      o Erschütterung religiös-moralischer Normen durch den Zweifel als Basis naturwissenschaftlichen Denkens

    - Beispiele für Machtverfall des Papsttums
    - Vermeintliche Respektlosigkeit der Wissenschaft gegenüber Papsttum
    - Warnung vor weiterem Machtverfall in einer vernunft- und technikbasierten Welt
    - Volksnahe Vermittlung wissenschaftlicher Inhalte als gezielte Intrige Galileis
  - Fortsetzung des Streitgesprächs
    - Disput über Inkonsequenz des Inquisitors hinsichtlich des materiellen Nutzens der neuen Erkenntnisse
    - Angst des Papstes vor Imageverlust der katholischen Kirche bei Vorgehen gegen Galilei
  - Erfolg des Inquisitors: Androhung von Folter wegen Herabwürdigung kirchlicher Positionen in Schrift Galileis
- Figurenkonstellation und Gesprächstaktik der Protagonisten
  - Der getriebene Papst: Rhetorische Hilflosigkeit trotz hierarchischer Dominanz
    - Anfänglicher Widerstand gegen Ansinnen des Inquisitors aus innerer Überzeugung
    - Aufgabe des ursprünglichen Standpunkts wegen fehlendem Durchsetzungsvermögen
  - Der rhetorisch dominante Inquisitor: Zwischen Dramatisierung und Beschwichtigung
    - Eloquente Warnung vor Machtverlust der Kirche
    - Beschönigung der Maßnahmen gegen Galilei
    - Spiel mit Eitelkeit des Papstes

3 Die Darstellung des Machtgefälles im Schiller-Drama „Maria Stuart“ im Vergleich zum analysierten Dramenausschnitt
- Machtgefälle als Konfliktpotenzial
  - Durchsetzung von Raffinesse gegenüber hierarchischer Macht in vorliegender Szene
  - Widerstreit zwischen struktureller und moralischer Macht in „Maria Stuart“
- Auswirkungen auf handelnde Figuren
  - Uneinsichtigkeit und Fehleinschätzung als Ursache von Tod und Einsamkeit bei Schiller
  - Nachgiebigkeit des Papstes als Problem für Galilei
- Entlarvung der Ohnmacht politischer Spitzenakteure in beiden Dramen

4 Problem der Verantwortlichkeit politischer Akteure generell

Beispiellösung: Teilaufgabe 1

(Hinweis: Die in der Beispiellösung eingeflochtenen Zahlen „[1]“ – „[4]“ dienen lediglich der Anknüpfung an den oben stehenden Beispielschreibplan. In Ihrer Klausurschrift müssen sie natürlich nicht mehr auftauchen.)

„Sapere aude“ als Wahlspruch des aufgeklärten Menschen

[1] Seit Kants Wahlspruch „sapere aude“ ist in aller Munde, was einen aufgeklärten Menschen ausmachen soll: Sein Mut, sich des eigenen Verstandes zu bedienen. Was die An-

wendung von Vernunft mit Mut zu tun haben soll, wird klar, wenn man weiß, dass von den Mächtigen in vielen Geschichtsepochen alles getan wurde, um aus Gründen des Machterhalts die Bevölkerung in Unwissenheit zu lassen. Ein gutes Beispiel hierfür ist der Umgang der katholischen Kirche und ihres Instruments der Inquisition mit Wissenschaftlern, wie ihn Bertolt Brecht in seinem Drama „Leben des Galilei“ thematisiert. Die Titelfigur soll in einem Verhör ihre Lehre vom sonnenzentrischen Weltbild widerrufen. Über dieses Ansinnen diskutieren im vorliegenden Dramenausschnitt Papst Urban VIII. und der Chef der Inquisitionsbehörde.

Erschließung und Interpretation des Dramenausschnitts aus „Leben des Galilei“ von Bertolt Brecht

[2] Vor der Interpretation der zwölften Szene gilt der erste Blick dem Inhalt und Aufbau des Ausschnitts.
Der Dramenausschnitt beginnt mit einem kontroversen Einstieg in die Audienz des Inquisitors beim Papst, während sich vor dem Audienzraum weitere Besucher drängen. Urban scheint fest entschlossen, die neuen, auf wissenschaftlichen Erkenntnissen basierenden Lehren nicht verbieten zu lassen, während der Inquisitor darin die Aufgabe des Wahrheitsanspruchs der Heiligen Schrift sieht.
Zur Untermauerung seiner Auffassung malt er die negativen Auswirkungen der Lehre Galileis für die katholische Kirche monologisch aus.
Er sieht die religiös-moralischen Normen durch den Zweifel als Basis naturwissenschaftlichen Denkens erschüttert.
Als Beispiele für den Machtverfall des Papsttums benennt er papstfeindliche Graffiti auf römischen Hauswänden und Kritik am Krisenmanagement nach Reformation, Dreißigjährigem Krieg und Pestepidemien, insbesondere am Zerwürfnis mit dem katholischen Kaiser.
Der Inquisitor übt nun seinerseits Kritik an der vermeintlichen Respektlosigkeit der Wissenschaft gegenüber dem Papsttum, weil man dem Papst sozusagen die Kernkompetenz über den Himmel streitig mache. Er stellt dabei die Wichtigkeit einer Disziplin wie Astronomie grundsätzlich infrage.
Gleichzeitig warnt er ausdrücklich vor einem weiteren Machtverfall des Heiligen Stuhls in einer auf Vernunft und Technik basierenden Welt, in der Maschinen die Wunder tun, für die bisher Gott benötigt worden sei, und in der die Unterschiede zwischen Herr und Untertan verwischt würden.
Die volksnahe Vermittlung der neuen wissenschaftlichen Inhalte sieht der Inquisitor als gezielte Intrige Galileis.
Nach diesen Denkanstößen entspinnt sich das Streitgespräch erneut.
Zunächst kommt es zum Disput über die Inkonsequenz des Inquisitors hinsichtlich des materiellen Nutzens der neuen Erkenntnisse: Er will nämlich die Lehren Galileis verbieten, die zur Navigation der Handelsschiffe nötigen Sternkarten, die auf dieser Lehre basieren, aber verwenden.
Als der Inquisitor diesen beschriebenen Zwiespalt als einzige Handlungsmöglichkeit bezeichnet, weist Urban auf den drohenden Imageverlust der katholischen Kirche hin, sollte er als Papst gegen das anerkannte Genie Galilei vorgehen. Er will dessen Leib und Leben deswegen und weil er ihm unter der Voraussetzung, dass die Kirche das letzte Wort behalten dürfe, versprochen habe, sein Buch zu veröffentlichen, ausdrücklich unangetastet lassen.

Schließlich setzt sich der Inquisitor trotzdem durch, weil er dem Papst offenbart, dass in Galileis Schrift kirchliche Positionen herabgewürdigt würden, da darin die Positionen des Papstes durch einen dummen Menschen vertreten würden. Allerdings will der Papst mit Zusicherung des Inquisitors die Folter nur androhen und nicht durchführen.
Warum der Inquisitor gegenüber Papst Urban sein Ziel, Maßnahmen gegen Galilei ergreifen zu dürfen, erreichen konnte, offenbart die Analyse der Personenkonstellation und der Gesprächstaktik der handelnden Figuren.
Der Papst wird in Brechts Prosadrama von Anfang an als Getriebener dargestellt. Dies scheint bereits unter dem zeitlichen Aspekt so zu sein, denn der Papst wird laut Regieanweisung am Anfang „[w]ährend der Audienz [...] angekleidet“ (Z. 4 f.), eine Prozedur, die erst am Ende der Szene abgeschlossen wird, wenn Urban „in vollem Ornat“ (Z. 180) erscheint. Neben diesem augenscheinlichen Zeitdruck existiert noch ein weiterer Grund für die Anspannung des Papstes, der laut eigenem Bekunden „nervös“ (Z. 134) auf das „Geschlurfe“ (Z. 133) der vielen wartenden Audienzbesucher „horch[t]“ (Z. 135), das sich in seiner Wahrnehmung bis zum Ende zum unerträglichen „Getrampel“ (Z. 175) steigert. Trotz seiner hierarchischen Dominanz über den Kardinal Inquisitor wirkt das Oberhaupt der katholischen Kirche in der Szene rhetorisch hilflos. Dies zeigt sich bereits eingangs durch die fehlende Befolgung der zweifachen Wiederholung der als Befehl zu verstehenden Verneinung (vgl. Z. 7), der sogar noch ein viertes „Nein!“ (Z. 20) folgt, insgesamt aber auch durch den deutlich geringeren Redeanteil.
Anfänglich leistet Urban aus persönlicher Überzeugung heraus noch aktiven Widerstand gegen das Ansinnen des Inquisitors, indem er, eingeleitet durch das Pars pro Toto „die Rechentafel“ (Z. 19 f.), äußert, die Wissenschaft nicht zerstören zu wollen. Nachdem er dem Inquisitor in einem Gutteil der Szene die Bühne überlassen hat, wirken seine Einwände gegen die Auslassungen seines Dialogpartners fast schon naiv: Die fehlende Verwendung Lateins für die Schriften Galileis bezeichnet er als „schlechten Geschmack“ (Z. 114 f.), die pragmatische Sichtweise des Inquisitors hinsichtlich der „materielle[n] Interessen“ (Z. 121 f.) oberitalienischer Städte lehnt er aus Prinzip ab. Seinen metaphorischen Hinweis auf Galilei als „Licht Italiens“ (Z. 141 f.), dem er antithetisch die Gefahr gegenüberstellt, dass das Papsttum dagegen wie eine „Senkgrube“ (Z. 145) wirke, beendet er elliptisch zwar mit einem Imperativ: „Hand weg von ihm!“ (Z. 146) Allerdings belegt die Andeutung, man werde „nicht weit gehen müssen“ (Z. 148), dass der Inquisitor den Befehl des eigentlich übergeordneten Papstes nicht ernst nimmt.
Am Ende des Dialogs lenkt Urban schließlich ein. Obwohl er den durch einen Parallelismus elliptisch dargestellten und durch zwei Ausrufezeichen betonten Gegensatz zwischen „Hie Kirche! und Hie Vernunft!“ (Z. 158) immer noch verhindern möchte, gibt er seinen ursprünglichen Standpunkt einerseits wohl aus gekränkter Eitelkeit, grundsätzlich aber wegen seines fehlenden Durchsetzungsvermögens auf. Er glaubt sehr rasch an einen Wortbruch Galileis, den sein rhetorischer Gegenspieler mit einer Litotes bekräftigt (vgl. Z. 173). In dem Moment, in dem der Papst die Zeichen seiner Macht „in vollem Ornat“ (Z. 180) zur Schau stellt, belügt er sich selbst, indem er – durch einen Superlativismus betont – den Scheinbefehl gibt, Galilei nicht physisch zu foltern, sondern ihm nur als „Alleräußerste[s] [...] die Instrumente“ (Z. 181 f.) zu zeigen, den Wissenschaftler damit aber in der Konsequenz doch an die Inquisition ausliefert.

Der rhetorisch dominante Inquisitor oszilliert dabei geschickt zwischen Dramatisierung und Beschwichtigung.
Zunächst versucht er, die Probleme mit Galileis Ansichten aufzubauschen, indem er eloquent und eindringlich vor dem Machtverlust der Kirche warnt. In der neuen Lehre sieht er den personifizierten „Geist der Auflehnung und des Zweifels“ (Z. 22 f.) wirken. Der letzte der beiden Schlüsselbegriffe wird danach als Nomen und Verb fünfmal wiederholt (vgl. Z. 32 ff.), um Urban die Gefährlichkeit begreiflich zu machen. Dazu dienen auch weitere Wiederholungen (vgl. Z. 35 ff.), die Antithese zwischen der „Unruhe [des] Gehirns“ und der „unbewegliche[n] Erde“ (Z. 26 ff.), die Personifikation der zwingenden „Zahlen“ (Z. 29 f.) bzw. ein als Zitat eingesetzter Parallelismus, der bestehende Herrschafts- und Besitzverhältnisse infrage stellt (vgl. Z. 36 ff.). Persönlich wird die Kritik am Papst, wenn der Inquisitor ein Graffito zitiert, das im Rahmen eines Wortspiels dessen Familiennamen „Barberini“ mit „Barbaren“ (Z. 45 f.) assoziiert. Aber auch international, nämlich als Gegenspieler des Kaisers, sieht der Kardinal Urban rufschädigenden „Gerücht[en]“ (Z. 60) ausgesetzt – und das vor dem Hintergrund einer durch das Trikolon „Pest, [...] Krieg und [...] Reformation“ (Z. 57 f.) skizzierten Krisensituation in Europa. Geschickt setzt er dieser Gesamtschau die scheinbar fehlende Bedeutung einer „abliegenden Wissenschaft wie der Astronomie“ (Z. 71 f.) entgegen. Deren Vertreter bezeichnet er in einer Antithese zwischen unten und oben abfällig als „Würmer“ (Z. 64), die ihre Fernrohre „auf den Himmel“ (Z. 65 f.) richten. Die Warnung des Inquisitors endet mit der Frage nach den Folgen des Glaubens an die eigene Vernunft, die er selbst beantwortet: Wichtiger als die Tatsache, dass die Menschen Gott nicht mehr bräuchten (vgl. Z. 93 f.), scheint für ihn die durch einen Parallelismus und den Gebrauch zweier Antithesen betonte Horrorvorstellung der Verschiebung des bisherigen ökonomischen und politischen Machtgefüges, wenn „die Meister keine Gesellen und die Herren keine Knechte“ mehr brauchen (Z. 107 f.).
Neben solchen Argumentationsketten bedient sich der Inquisitor der Taktik, die von ihm gewünschten Foltermaßnahmen gegen Galilei zu beschönigen. Als Urban die Folter ablehnt, bleibt er im Ungefähren, behauptet aber mit einem Pars pro Toto bei einem „Mann des Fleisches“, also einem Lebemann wie Galilei, „nicht weit gehen [zu] müssen“ (Z. 148). Am Ende geht Urban darauf ein, wenn er fordert, die Folter nur anzudrohen, worauf sein Gegenüber ihn diesbezüglich in falscher Sicherheit wiegt (vgl. Z. 183 ff.).
Letztendlich übertölpelt der Inquisitor Papst Urban durch ein Spiel mit dessen Eitelkeit. Seine Heiligkeit ist stolz darauf, mit Galilei ausgehandelt zu haben, dass dessen Buch am Ende „die Meinung wiedergäbe, daß das letzte Wort nicht die Wissenschaft, sondern der Glaube“ (Z. 160 ff.) habe, was im Grunde ein Paradoxon darstellt, denn dies wäre dann auch „das letzte Wort“ in einer Wissenschaftspublikation. Als der Inquisitor Urban mit einer elliptischen Litotes (vgl. Z. 164 ff.) darüber aufklärt, dass sich Galilei prinzipiell an die Abmachung gehalten habe, die Schlussbemerkung aber einem dummen Menschen (vgl. Z. 169 f.) vorbehalten geblieben sei, hält das der Papst schlichtweg für eine „Unverschämtheit“ (Z. 175). Durch das „Getrampel“ (ebd.) auf den Fluren zusätzlich entnervt, gibt er seine bisherige Position auf – trotz des Machtgefälles zwischen ihm und dem unter ihm stehenden Kardinal.

Beispiellösung: Teilaufgabe 2

Die Darstellung des Machtgefälles im Schiller-Drama „Maria Stuart" im Vergleich zum analysierten Dramenausschnitt

[3] Ein solches Machtgefälle spielt auch in Schillers „Maria Stuart" eine besondere Rolle. In beiden Dramen, also bei Schiller und bei Brecht, bildet das Machtgefälle ein enormes Konfliktpotenzial, allerdings aus unterschiedlichen Gründen.
Wie gesehen ist der Kardinal als radikaler Vertreter des alten Weltbildes aufgrund seiner Abhängigkeit vom ranghöheren, aber den neuen Ideen aufgeschlosseneren Papst in der vorliegenden Szene darauf angewiesen, den Stellvertreter Christi zu umgarnen bzw. auf dessen Schwächen zu lauern. Damit setzt sich seine Raffinesse durch, die Schwachpunkte des Papstes auszunutzen, hier vor allem die Eitelkeit, aber auch die fehlende Beharrlichkeit und das mangelnde Selbstvertrauen gegenüber der Menge an Audienzwilligen, die er fragend in einer Hyperbel mit der „ganze[n] Welt" (Z. 177) gleichsetzt.
In Schillers Historiendrama „Maria Start" geht es auch um ein strukturelles Machtgefälle. Die Titelfigur sitzt nämlich als entmachtete Königin von Schottland bei ihrer englischen Amtskollegin und Kontrahentin Elisabeth in Haft: wie es sich für eine Monarchin gehört in einem Schloss namens Fotheringhay. Dieser auf strukturellen Hierarchien basierende Konflikt ist also schnell entschieden – zugunsten Elisabeths, die ihre Gegnerin am Ende hinrichten lässt. Allerdings setzt Schiller diesem Streit auch einen moralischen Konflikt entgegen: Elisabeth, die um Gnade für Maria gebeten wird, verweigert diese aus eher privat-menschlichen als aus juristisch-machtpolitischen Gründen. Sie scheint nämlich auf die Liebschaften der attraktiven Katholikin neidisch zu sein, obwohl sie ansonsten ihre Tugendhaftigkeit zur Schau trägt. Als sich die Monarchinnen in einem als zufällig fingierten Treffen im Park zu Fotheringhay das erste und einzige Mal begegnen, wird aus der ursprünglichen Bittstellerin Maria die moralisch dominante und mit sich selbst im Einklang stehende Person, die Elisabeth in ihrer Argumentation haushoch überlegen ist und am Ende Forderungen stellt, die Elisabeth nur durch einen panikartigen Abbruch des Gesprächs mit anschließender Flucht aus dem Park unbeantwortet lassen kann. In den Augen der Leser geht Maria trotz ihrer Hinrichtung als Siegerin aus dem Konflikt hervor, weil sie als „schöne Seele" stirbt. Dies ist möglich, indem sie ihrem Priester Melvil gegenüber Taten gesteht, für die sie in England gar nicht angeklagt war, aber in der Beichte zugleich die Unschuld bezüglich der Anklagepunkte belegen kann. In diesem Zwiespalt akzeptiert sie ihre Schuld, welche sie tatsächlich auf sich geladen hat, und rebelliert nicht mehr gegen die vorgebrachten Falschaussagen, da sie ihre Strafe akzeptiert und bei ihrer Hinrichtung mit sich selbst im Reinen ist. Das kann man von der am Ende von aller Welt verlassenen und mit ihrem Schicksal als Monarchin hadernden Elisabeth nicht sagen.
Überhaupt stellt sich die grundsätzliche Frage, was das Machtgefälle für konkrete Auswirkungen auf die handelnden Figuren hat.
Bei Schiller sind die Konsequenzen für beide Kontrahentinnen verheerend. Durch ihre Uneinsichtigkeit und Fehleinschätzungen werden Chancen verpasst, sich gütlich zu einigen und damit die Hinrichtung Marias zu verhindern sowie die Einsamkeit Elisabeths in ihrem Amt zu durchbrechen. Dabei stellt sich Schiller bei der Figurenzeichnung allerdings eindeutig auf die Seite Marias. Im bereits erwähnten Aufeinandertreffen der Königinnen erliegt Maria

aufgrund ihrer Naivität in einem Gutteil der Szene der irrigen Annahme, ihre königliche „Schwester" sei gekommen, um sie zu begnadigen. Elisabeth will die Konkurrentin um den Thron allerdings gedemütigt sehen, schießt über das Ziel hinaus und verstrickt sich in Intrigen, die sie am Ende noch weiter in die private Isolation treiben.
In dem Auszug aus Brechts „Leben des Galilei" dagegen stellt die Nachgiebigkeit des Papstes kein konkretes Problem für die Kontrahenten, sondern für den am Gespräch unbeteiligten Galilei dar. Die Kirchenmänner verhandeln über das unmittelbare Schicksal Dritter, übrigens ohne dieses konkret zu benennen, da das Wort „Folter" bzw. das Ziel des Widerrufs der neuen Lehre durch Galilei nirgendwo ausdrücklich genannt werden. Dabei ist das Ende an Sarkasmus nicht zu überbieten, wenn der Inquisitor auf den Hinweis des Papstes hin, das Zeigen der Folter-„Instrumente" (Z. 182) solle ausreichen, das Wortspiel treibt, Galilei kenne sich mit „Instrumente[n]" (Z. 185), in dem Fall wissenschaftlichen, aus. So wird klar, dass der Inquisitor trotz der vermeintlichen Einschränkung seines Handlungsspielraums de facto einen Persilschein für sein weiteres Vorgehen erhalten hat.
Damit entlarvt dieser Vorgang genauso wie die Handlung des Schiller-Dramas die Ohnmacht politischer Spitzenakteure wie Papst Urban und Königin Elisabeth. Beide handeln nicht autonom, sondern befinden sich in einer großen Abhängigkeit von ihren Beratern: bei Urban der skrupellose Kardinal Inquisitor, bei Elisabeth Mitglieder des Kronrates wie der intrigante Burleigh oder der verräterische Leicester. Aus Unsicherheit bzw. Opportunismus geben Menschen, die im Machtgefüge ganz oben stehen, einen Teil ihrer Macht also dadurch ab, dass sie sich auf Aussagen von Beratern verlassen. Es gibt aber noch andere Abhängigkeiten, die in beiden Dramen deutlich werden und die Macht einschränken: die vom Willen der Katholiken bzw. des Volkes, die von den Anforderungen des König- bzw. Papsttums und die von den Rollenerwartungen, die an Elisabeth als weibliche Monarchin bzw. Urban als katholischen Papst gestellt werden.

Problem der Verantwortlichkeit politischer Akteure generell

[4] Man erkennt an obigen Ausführungen, dass es Lobbyismus schon in früheren Jahrhunderten gab. Dies führt zur Frage nach der politischen Verantwortlichkeit der politischen Akteure generell. In einer immer komplexer und vernetzter werdenden Welt, sind sie auch zunehmend auf Beratung angewiesen, von der sie ihre Entscheidung abhängig machen. Aufgrund ihrer Funktion und Position bleibt die Verantwortung aber trotzdem bei ihnen hängen, ob sie das wollen oder nicht. Zudem gilt: Augen auf bei der Auswahl der Berater!

Abitur 2015

Aufgabenformat III: Erschließen eines literarischen Textes (Epik)

Uwe Tellkamp: Der Turm

Aufgabenstellung

1. Erschließen und interpretieren Sie folgenden Ausschnitt aus Uwe Tellkamps Roman „Der Turm“! Gehen Sie dabei insbesondere auf Verenas verändertes Verhalten am Ende des Textausschnitts ein! M2 und M3 liefern Ihnen wichtige Hilfen und Hintergrundinformationen.

2. Zeigen Sie ausgehend von Ihren Ergebnissen vergleichend auf, wie eine Verhaltensänderung in einem anderen literarischen Werk gestaltet wird!

Der Schwerpunkt der Aufgabenstellung liegt auf Teilaufgabe 1.

Materialgrundlage

- Uwe Tellkamp: Der Turm. Frankfurt a. M.: Suhrkamp Taschenbuch Verlag 2012, S. 196–200
- Jürgen Wolf: Besondere Vorkommnisse. Aus: Stasi auf dem Schulhof. Hrsg. v. Klaus Behnke, Jürgen Wolf. Bonn: CEP Europäische Verlagsanstalt 2012, S. 145 f.
- Stefan Wolle: Die heile Welt der Diktatur. Berlin: Christoph Links Verlag 2009, S. 162 f.

M1 Der Turm (2008) *Uwe Tellkamp (*1968)*

Vorbemerkung

Uwe Tellkamp wuchs in Dresden auf. Für seinen Roman „Der Turm“ erhielt er 2008 den Deutschen Buchpreis. Im Oktober 2012 zeigte die ARD eine zweiteilige Verfilmung des Romans. Der 17-jährige Christian Hoffmann ist Schüler der Abiturklasse an einer Erweiterten Oberschule (EOS) in der DDR. Um studieren zu können, durften keine Zweifel an der Ideologietreue bestehen, die auch in Form von Klassenarbeiten abgeprüft wurde. Während einer solchen Prüfung in Christians Klasse zur Frage, woran sich die Überlegenheit des Sozialismus über den Kapitalismus erkennen lasse, schreibt seine Mitschülerin Verena nichts, sondern starrt aus dem Fenster und gibt ein leeres Blatt ab. Bei der Herausgabe der Arbeiten geht der Geschichtslehrer, Herr Schnürchel, wohlwollend davon aus, dass sich Verena unwohl gefühlt habe, und bietet ihr ein Gespräch nach der Stunde an. Der folgende Textauszug setzt ein, nachdem Verena zum ersten Mal vor den anwesenden Mitschülern betont hat, sie habe sich nicht unwohl gefühlt.

Orthografie entsprechend der Ausgabe von 2012

[...] „Vielleicht wollen Sie es mir nachher sagen." Schnürchel sprach nun bestimmt und abschließend. Seine Ringelsocken, dachte Christian, die übereinandergelegten Füße – gar nicht komisch.

„Ich habe mich nicht unwohl gefühlt." Verenas Stimme war schartig[1], sie mußte sich räuspern.

„Verena." Diesmal antwortete Schnürchel schnell, Christian spürte die Überraschung in der Klasse bei diesem Ton verhaltener Wärme. „Dann muß ich eine FDJ[2]-Leitungssitzung einberufen und den Klassenlehrer[3] informieren." Verena schwieg, und Christian verstand sie nicht, wandte den Kopf zur Tür und flüsterte „Warum, warum?" mit einer nutzlosen Intensität. Das Mißtrauen stach wieder auf[4], und er glaubte es auch auf Jens Ansorges Zügen lesen zu können, auf Siegbert Fügers dünnem Lächeln, Reina Kossmanns jetzt kalkweißem Gesicht.

Die FDJ-Leitungssitzung wurde für fünfzehn Uhr, nach der letzten Unterrichtsstunde, anberaumt, im Russischzimmer unter Sputnik- und Pionierlager Artek-Wandtafeln, Patenbriefen der befreundeten Komsomol-Organisation und einer Maxim-Gorki-Büste aus Gips.[5] Der Rest der Klasse wartete draußen.

Tagesordnung, Schriftführung – Falk Truschler nahm Stift und Papier –, Dr. Franks sommersprossige Hand, die sich öffnete und schloß. „Bitte." Er nickte Verena zu, die zur Seite starrte, vor sich das weiße Blatt mit ihrem Namen und der Aufgabe darunter. „Ich wußte nicht, was ich schreiben sollte." Ihre Stimme war klar, der Ton kurz angebunden, mit ein wenig Verächtlichkeit; Christian sah auf, traf aber nur Franks Blick, dessen helles Braun ihm jetzt unerklärlich unangenehm war, ebenso die sich hilflos öffnende und schließende Hand. „Dann hatten Sie einen Blackout." Frank stellte es nuschelnd fest, es war keine Frage. „Das kann vorkommen."

„Wir müssen in diesem Fall die Arbeit mit Ungenügend bewerten." Schnürchel hatte zögernd gesprochen, aber noch in Franks Satz hinein. Wieder blieb das Schweigen, wie etwas, das nicht zu löschen war. Christian trug das FDJ-Hemd, wie auch Falk Truschler und Siegbert Füger und Swetlana Lehmann: Herr Schnürchel hatte alle Schüler der Klasse, die im Internat wohnten, gebeten, es anzuziehen.

„Ich bin nicht damit einverstanden, wie wir hier diskutieren. Ich bin der Meinung, daß Verena eine ablehnende Haltung zur gestellten Frage einnimmt und sie deshalb nicht beantwortet hat. Das wäre nicht das erste Mal."

Verena hob den Kopf und musterte Swetlana mit erschrockener Faszination.

„Ja, du hast dir solche Sachen schon auf der POS[6] geleistet. Genau wie deine Schwester."

„Swetlana –"

„Nach meiner Meinung handelt es sich um eine vorsätzliche Provokation, Herr Dr. Frank."

„Das glaube ich nicht." Reina Kossmann, die Kassiererin im FDJ-Rat war, schüttelte den Kopf. „Mir hat sie nämlich vorher etwas gesagt." Verena sei es schlecht gewesen, einer Sache wegen, die einmal im Monat –.

„Sie hat gesagt, sie hat sich nicht krank gefühlt", beharrte Swetlana. „Ich möchte eure Standpunkte wissen. Ich bin dafür, daß der FDJ-Rat einen Beschluß faßt und ihn dem Direktor vorlegt." Swetlana überlegte kurz, tippte mit dem Finger auf die Lippen. „Beiden Direktoren. Und der Grundorganisationsleitung."

Hier mischte sich Siegbert Füger ein: Swetlana könne nicht einfach „Ich glaube ihr nicht“ sagen, nicht nur Verena, sondern auch Reina stünden dann unter dem Verdacht der Schwindelei, er persönlich kenne Verena nicht von der POS, aber vom Sportunterricht bei Herrn Schanzler hier, beim Völkerball sei man zusammengestoßen, ihre Lippe habe geblutet, doch sei das ohne Ohnmacht, wie sonst üblich, abgegangen, Verena sei seiner Meinung nach eine, die die Zähne zusammenbeiße, und also auch vor der Geschichtsarbeit.

Was er unter „wie sonst üblich“ verstehe, fragte Reina, den Rücken aufrichtend, es seien eher die Jungen, die am schnellsten herumjammerten, zum Beispiel bei der Kartoffellese. Christian schwieg, weil er das schmerzverzerrte Gesicht Verenas nach dem fehlgegangenen Hammerschlag vor sich sah, aber da auch Falk Truschler schwieg, er mußte Protokoll führen, hefteten sich Swetlanas Augen auf ihn, während Dr. Frank einen Zettel kleinkniffte und Schnürchel eine Cremetube aus seiner Aktentasche zog, eine durchsichtige zollbreite Walze ausdrückte und seine Hände einrieb. Es roch angenehm nach Kräutern.

„Deine Position, Christian?“ Er mußte in diesem Moment an Swetlanas lockiges Haar denken. Es war schön und von einem Braun, das er nicht genau bezeichnen konnte. „Sie ist nicht in der Lage, eine Arbeit zu schreiben, wenn ihr schlecht ist.“

„Sie hätte es natürlich vorher sagen müssen. – Das war Ihr Fehler, Verena“, sagte Schnürchel nachdenklich. „Das Ungenügend können wir nun nicht mehr zurücknehmen. Kein guter Start, aber ich denke, das wird bei Ihnen ein Ausrutscher gewesen sein. Es gibt ja mündliche Vorträge, und sonst stehen Sie doch gut bis sehr gut.“

„Mehr hast du nicht zu sagen?“ An Swetlana schien Schnürchels Einwurf vorbeigeflogen zu sein wie ein Insekt, dem man keine Beachtung schenkt, da man sich auf etwas konzentriert. Sie fixierte Christian, es schien ihm, als ob es sie Kraft kostete, die Lider zitterten kaum merklich, der Blick war nicht stet. „Schade, daß die schönen Posten schon weg waren, hm? Der stellvertretende FDJ-Sekretär, der Schriftführer und der Kassierer. Das hätte ja fürs Medizinstudium gereicht? Aber so ... Als Agitator[7] – da muß man ja wirklich Engagement zeigen, stimmt's? Farbe bekennen!“

„Swetlana, Sie werden unsachlich. So kann man nicht miteinander arbeiten.“ Das sagte Dr. Frank, mit grauem Mund, und Reina Kossmann fauchte: „Mir zu unterstellen, ich hätte nur einen Duckposten angenommen, für ein paar Pluspunkte in der Kaderakte[8] –“

„Ist doch die Wahrheit! Das wichtigste für euch ist das Studium, die Karriere, und dafür geht man auch in die FDJ-Leitung! Freilich nicht als Sekretär oder Agitator, also worauf's ankommt ... Wärt ihr denn auch dabei, wenn es dafür keine Pluspunkte gäbe? Was in diesem Land verwirklicht werden soll, ist euch doch völlig egal!“

„Swetlana! So kommen wir nicht weiter. Dr. Frank hat recht, das ist unsachlich. Es ist nicht korrekt. Nicht korrekt. Wir sollten abschließend auch hören, was Verena zu sagen hat. Beruhigen Sie sich.“ Merkwürdig, wie behutsam Schnürchel sein konnte, väterlich, als müßte er seine ungebärdige Lieblingstochter vor sich selbst schützen; seine linke Hand, die vorgeschnellt war: als ob er etwas einfangen wollte, dachte Christian. Vielleicht kannte er die Situation, erkannte sie wieder.

„Es stimmt, was Reina gesagt hat. Ich ... hatte Probleme.“ Verena war blaß jetzt, sie hatte leise gesprochen, mit abgewandtem Gesicht. [...]

Anmerkungen

1 *schartig:* von sprödem Klang, brüchig
2 *FDJ:* Freie Deutsche Jugend, die einzige staatlich anerkannte und geförderte sozialistische Jugendorganisation in der DDR
3 *Klassenlehrer:* Gemeint ist der Klassenleiter, Dr. Frank.
4 Christians Misstrauen beruht darauf, dass er sich Verenas Verhalten nicht erklären kann.
5 *Sputnik, Pionierlager Artek, Komsomol, Maxim Gorki:* Symbole für das sowjetische Selbstverständnis als überlegener kommunistischer Gegenentwurf zum kapitalistischen Westen
6 *Polytechnische Oberschule (POS)*: einheitliche Gemeinschaftsschule in der DDR, die zehn Jahrgangsstufen umfasste; zum Erreichen des Abiturs ging man danach auf die EOS
7 *Agitator:* An jeder Schule gab es einen Agitator der FDJ, der die Jugendlichen zu regimekonformem Verhalten anzuhalten hatte. Christian ist Agitator.
8 *Kaderakte:* Die Kaderakte war eine vertrauliche Sammlung von Dokumenten, die sowohl dienstliche als auch private Leistungen, Verhaltensweisen und Verfehlungen jedes Einzelnen vermerkte und für das Weiterkommen im Berufsleben wichtig war.

Vorbemerkung

Bei den folgenden Materialien handelt es sich um Auszüge aus geschichtswissenschaftlichen Publikationen.

M2 Besondere Vorkommnisse (2012) *Jürgen Wolf (*1955)*

[...] Aus Sicht der SED hatte die sozialistische Gesellschaft zwei Stützen: die Arbeiterklasse und die Jugend. Die Generationen, die ihr Leben bereits vollständig in der DDR geführt hatten, waren Hoffnungsträger, weil sie als gleichsam unbeschriebene, formbare Masse gesehen wurden. Die Erziehungsinstitutionen sollten sicherstellen, dass „negative" Einflüsse kleingehalten und korrigiert werden. [...] Um dieses Projekt zu verwirklichen, war die Schule durchdrungen vom Staats- und Parteiapparat, ja sie wurde als ein Teil von ihm verstanden, als ausführendes Organ von Parteibeschlüssen. Neben der Schulverwaltung hatte sich eine Parallelorganisation aus den Untergliederungen der Partei etabliert. [...] Jede Schulklasse bildete eine FDJ-Gruppe, die sich eine „Klassenorganisationsleitung" (KOL) aus sechs Schülern wählte: einen Sekretär mit Stellvertreter, einen Agitator, einen Beauftragten für Kultur und Sport, einen Berater für Wehrerziehung und Studium und einen Kassierer. Die FDJ-Leitung an der Schule, die „Grundorganisationsleitung" (GOL), wurde von den Leitern der Klassenorganisationen gewählt. Die GOL-Sekretäre hatten regelmäßige Besprechungstermine mit dem Schuldirektor, die Agitatoren mit dem Parteisekretär. [...]

M3 Die heile Welt der Diktatur (2009) *Stefan Wolle (*1950)*

[...] Zwischen 1945 und 1989 gab es in der Sowjetzone beziehungsweise in der DDR keinen angstfreien öffentlichen Dialog über öffentliche Angelegenheiten. Ein gigantischer Überwachungs- und Repressionsapparat verhinderte jede Abweichung von der ideologischen oder begrifflichen Norm. Er verfügte über ein ausbalanciertes und hoch perfektioniertes System von Vor- und Nachkontrollen, von Strafen und Strafandrohungen sowie von Belohnung und Privilegierung der folgsamen Mitläufer und aktiven Mittäter. Die Sanktionen reichten von Einschränkungen in den Bildungs- und Berufschancen bis hin zu Zuchthausstrafen. Zudem herrschte eine Art Sippenhaft. Von der Kinderkrippe bis zum Altersheim wurde der Einzelne von Fragebögen und Beurteilungen begleitet, die stets auch die Eltern, Geschwister, Ehegatten und Kinder betrafen [...].

Inhaltliche Teilleistungen

Grundlage der Textanalyse sollte in jedem Fall ein Schreibplan sein, der der eigenen Kontrolle dient, aber nicht in die Notengebung einfließt. Er sollte Struktur sowie wesentliche Inhalte skizzieren und stellt die Basis der Ausarbeitung dar.
Die Erschließung und Interpretation eines Romanausschnitts verlangt eine Aufbauanalyse mit Inhaltswiedergabe und die Analyse der Figurenkonstellation sowie Erzähl- und Zeitstruktur. Beim vorliegenden Text sollte ein wichtiger Gesichtspunkt der Analyse auf der Interpretation der Gründe für Verenas Verhaltensänderung am Ende des Textausschnitts liegen. Zudem stellen die Schüler in der Zusatzaufgabe vergleichend Zusammenhänge her, wie eine Verhaltensänderung in einem anderen literarischen Werk gestaltet wird. Dabei sollten nachvollziehbare Vergleichskriterien gefunden werden.
Ein eigenständiger Gliederungspunkt zur Sprachanalyse fehlt, weil diese idealerweise in die Analyse des Inhalts integriert werden sollte. Dies führt zur Vermeidung unnötiger Wiederholungen, da Sprache und Inhalt stets in einem engen Wirkungsverhältnis zueinander stehen. Eine Sprachanalyse muss aber unbedingt in der Ausarbeitung realisiert sein.
In stilistischer Hinsicht sollte darauf geachtet werden, dass der Text – trotz seiner Untergliederung in Teilaufgaben – als homogenes Textganzes erscheint.

Beispielschreibplan

(Hinweis: Seit dem Abitur 2017 soll ein frei wählbarer Schreibplan für Ihre Klausurlösung angefertigt und auch abgegeben werden, der der eigenen Kontrolle dient, aber nicht in die Notengebung einfließt. Das folgende Beispiel zeigt nur eine von vielen Möglichkeiten.)

1 Verklärung der DDR-Diktatur durch „Ostalgie“
2 Erschließung und Interpretation des Romanausschnitts aus „Der Turm“ von Uwe Tellkamp
  - Aufbau des Romanausschnitts: Einteilung in Sinnabschnitte
    - Nachfragen wegen Verenas Leerabgabe bei einer Geschichtsarbeit

    - Versuch der bequemen Abwicklung des Falls auf der FDJ-Leitungssitzung
    - Eskalation der Besprechung durch Anschuldigungen Swetlana Lehmanns gegen Verena
    - Verschärfung der Auseinandersetzung durch Ausweitung des Vorwurfs der mangelnden Ideologietreue auf Mitschüler
    - Beendigung des Konflikts durch Einlenken Verenas
  - Analyse der Figurenkonstellation mit Interpretation des Inhalts
    - Klassenleiter Dr. Frank und Geschichtslehrer Schnürchel im Versuch der opportunistischen Deeskalation
    - Anpassung der Schülermehrheit an die Lehrertaktik
    - Swetlana als ideologisch geimpfte Hardlinerin
    - Verena im Zwiespalt zwischen Rebellion und Anpassung
  - Analyse von Erzählverhalten und Erzählstruktur
    - Er-Erzählung aus der Perspektive Christians mit verschiedenen Formen der Figurenrede
    - Grundsätzlich lineare Erzählstruktur mit weitgehender Zeitdeckung

3 Vergleich mit der Gestaltung der Verhaltensänderung der Titelfigur am Ende des Romans „Fabian“ von Erich Kästner
  - Enflussnahme von außen bei Verena versus Fabians individueller Entscheidung
  - Anpassung bei Tellkamp versus Moralismus bei Kästner
  - Verenas Chance auf eine Zukunft versus Fabians Tod

4 Unmoral des Wegschauens

Beispiellösung: Teilaufgabe 1

(Hinweis: Die in der Beispiellösung eingeflochtenen Zahlen „[1]“ – „[4]“ dienen lediglich der Anknüpfung an den oben stehenden Beispielschreibplan. In Ihrer Klausurschrift müssen sie natürlich nicht mehr auftauchen.)

Verklärung der DDR-Diktatur durch „Ostalgie“

[1] Im ersten Jahrzehnt nach der Wiedervereinigung hatten Romane und Filme Erfolg, die auf einer „Ostalgie“-Welle mitritten, also im Rahmen einer nostalgischen Sehnsucht vieler ehemaliger DDR-Bürgerinnen und -Bürger die gesellschaftspolitischen Zustände des Ostens, also der DDR, verdrängt oder schöngeredet haben. Uwe Tellkamps 2008 erschienener Roman „Der Turm“ gehört nicht dazu, da er die Perfidie der Einparteiendiktatur am Beispiel der Einflussnahme auf die Schule aufzeigt. Besonders deutlich wird dies in einem Abschnitt, der die Reaktion von Lehrerschaft und Schülern auf das nonkonforme Verhalten der Schülerin Verena zum Inhalt hat. Diese hat am Ende einer Klassenarbeit zum Thema „Überlegenheit des Sozialismus über den Kapitalismus“ ein leeres Blatt abgegeben.

Erschließung und Interpretation des Romanausschnitts aus „Der Turm“ von Uwe Tellkamp

[2] Der zu analysierende Abschnitt setzt ein, als Verena die goldene Brücke eingerissen hat, die ihr vom Geschichtslehrer gebaut worden ist, indem sie vor den anwesenden Mitschülern betont hat, sie habe sich gar nicht unwohl gefühlt.

Dies hat natürlich zusätzliche Nachfragen wegen Verenas Leerabgabe zur Folge. Doch die Schülerin bleibt zunächst stur und wiederholt ihre Aussage, was zu sichtlicher Nervenanspannung bei den Mitschülern und der Ankündigung einer FDJ-Leitungssitzung führt.
Auf dieser wird versucht, den Fall bequem abzuwickeln: Obwohl Verena doppeldeutig mit der Behauptung provoziert, ihr sei nichts eingefallen, versuchen die Lehrer Dr. Frank und Schnürchel, die Sache kleinzureden, indem sie von einer plötzlichen Gedächtnisstörung sprechen, die man allerdings mit einer schlechten Note ahnden müsse.
Diese Taktik macht allerdings die Mitschülerin Swetlana Lehmann mit ihren Anschuldigungen zunichte. Sie sieht im Verhalten Verenas eine absichtliche politische Provokation und besteht auf ihrer Sicht der Dinge auch dann, als andere Mitschüler Verena verteidigen. Zudem fordert sie, die Angelegenheit an höherer Stelle weiter zu behandeln.
Der Disput verschärft sich durch die Ausweitung der Vorwürfe Swetlanas auf alle ihre Mitschüler, nicht aus ideologischer Überzeugung in der FDJ-Leitung mitzuarbeiten, sondern nur aus Anpassung, um leichter die Erlaubnis fürs Studium zu erhalten.
An dieser Stelle wird es Geschichtslehrer Schnürchel zu heikel und er fordert Verena auf, abschließend Stellung zu beziehen. Da gibt die Schülerin endlich nach und übernimmt die von ihren Lehrern und Mitschülern konstruierte Begründung: Körperliches Unwohlsein sei der Grund für die Abgabe des leeren Blattes gewesen.
Verena ist zusammen mit ihrer Kontrahentin Swetlana wohl auch die Hauptfigur des Romanabschnitts, selbst wenn der Gesamtroman aus der Perspektive des 17-jährigen EOS-Schülers Christian Hoffman verfasst ist. Die Analyse der Personenkonstellation belegt aber, dass man Christian und seine Einstellung im vorliegenden Fall zusammen mit seinen Mitschülern betrachten kann.
Doch zuerst zu den zwei Lehrern, die im Romanabschnitt auftauchen: Sowohl Klassenleiter Dr. Frank als auch Geschichtslehrer Schnürchel sind sehr um Schadensbegrenzung bemüht. Dass sie Verena in eine bestimmte, für alle günstige Richtung lenken wollen, wird gleich durch den ersten Satz des Romanausschnitts klar, der eine wörtliche Rede Schnürchels beinhaltet. Statt Verena direkt zu fragen, ob sie später eine Aussage zu ihrem Verhalten machen wolle, übt er vorsichtig Druck auf sie aus, indem er durch das vorangestellte „Vielleicht" (Z. 1) eine recht unbestimmte Absicht dazu suggeriert (vgl. Z. 1 f.). Dass der Lehrer bereits mit einem Erfolg rechnet, wird durch die Beschreibung seines Einwands mit dem Adverb „abschließend" betont. Er überspielt seine Enttäuschung nach Verenas Einlassung, indem er synästhetisch ausgedrückt mit einem „Ton verhaltener Wärme" (Z. 11 f.), aber auch mit Aufforderungscharakter einfach nur deren Namen ausspricht (vgl. Z. 9), um ihr schließlich mit der Einberufung einer FDJ-Leitungssitzung und der Informierung des Klassenlehrers (vgl. Z. 12 f.) zu drohen. Das Modalverb „muß" (Z. 12) deutet an, dass er gerne anders handeln würde, was Vertrauen schaffen soll.
In der Sitzung selbst ändert sich die Taktik nicht. Auch hier wird keine Frage an Verena gerichtet, was belegt, dass man an der Wahrheit gar nicht interessiert ist. Dr. Frank leitet eine Reaktion Verenas mit einem freundlich auffordernden „Bitte" (Z. 34) ein. Ihre Aussage wird von ihm gleich in die Richtung interpretiert, die für alle am günstigsten erscheint: „Dann hatten Sie einen Blackout" (Z. 44), lautet die Erklärung – pikanterweise mit einem Anglizismus, also in der Sprache des Klassenfeinds. Schnürchel greift dies auch sofort auf, wenn er in den Satz seines Vorredners hinein die aus dem Vorfall zu ziehende Konsequenz

mit einer schlechten Note begrenzen will (vgl. Z. 47 f.), die er später, um die Folgen nochmals abzuschwächen, metaphorisch als „Ausrutscher" (Z. 126) bezeichnet. Ob die Lehrer bei ihrem Vorgehen an ihr eigenes Schicksal oder an die Zukunft Verenas denken, bleibt unklar. Dass Schnürchel zumindest nach außen als strammer Kommunist auftreten will, wird dadurch angedeutet, dass er rückblickend dafür verantwortlich gemacht wird, dass alle Internatsschüler das FDJ-Hemd anziehen sollten (vgl. Z. 52 ff.). Das Kleidungsstück wird damit zu einem Symbol für die Scheinwelt im DDR-System. Dass auch die darin involvierte Lehrerschaft daran gemessen wurde, ob es ihr gelang „sicher[zu]stellen, dass [aus Sicht der SED] ‚negative' Einflüsse kleingehalten und korrigiert werden" (M2, Z. 9 f.), liegt auf der Hand. Deswegen haben Dr. Frank und Schnürchel auch ein persönliches Interesse daran, dass der Vorfall nicht an die große Glocke gehängt wird.
Die beiden Pädagogen sind während der Sitzung in der Wortwahl sehr ruhig. Lediglich ihre Gesten lassen auf eine gewisse Nervosität schließen. Dr. Frank knifft einen Zettel klein und Schnürchel reibt seine Hände mit Creme ein (vgl. Z. 109 ff.), was durch die Handbewegungen ein wenig an den biblischen Pontius Pilatus erinnert, der seine Hände in Unschuld wäscht.
Als Swetlana gleich sämtliche Mitglieder des FDJ-Gremiums kritisiert, wirft ihr Dr. Frank „[U]nsachlich[keit]" (Z. 145) vor, die zu einem schlechten Arbeitsklima führe (vgl. Z. 145 f.), was Schnürchel ausdrücklich wiederholt und verstärkt, indem er den Vorwurf der „[In]-korrekt[heit]" (Z. 163) hinzufügt, um Swetlana mundtot zu machen. Die Solidarisierung mit Verena wird aus der Sicht Christians sogar mit dem „behutsam[en]" (Z. 166) Versuch eines Vaters verglichen, „seine ungebärdige Lieblingstochter vor sich selbst schützen" (Z. 167 ff.).
Bis auf Swetlana passen sich die Schüler dieser Lehrertaktik an. Zunächst fällt auf, dass die Schülerinnen und Schüler der Angelegenheit mit Unverständnis und „Mißtrauen" (Z. 18) begegnen: Christian wiederholt nur immer intensiver das Fragewort „Warum" (Z. 17), danach werden bildhaft die körperlichen Reaktionen der anderen beschrieben, das „dünne[...] Lächeln" (Z. 21) Siegbert Fügers oder das „kalkweiße[...] Gesicht" Reina Kossmanns (Z. 22). In der Diskussionsrunde versuchen sie, die Leerabgabe mit Unwohlsein zu begründen. Kassiererin Reina Kossmann deutet hierzu zuerst in direkter, dann elliptisch in indirekter Rede Menstruationsbeschwerden ihrer Mitschülerin an, wobei die aus ihrer Perspektive als peinlich empfundene Aussage durch einen die Auslassung markierenden Gedankenstrich betont wird (vgl. Z. 75 ff.). Siegbert Füger versucht, mit einer psychologischen Einschätzung zu erläutern, dass es plausibel sei, dass sich Verena für die Klausur nicht krankgemeldet habe, weil sie vom Typ her, metaphorisch gesprochen, jemand sei, der „die Zähne zusammenbeiße" (Z. 97). Christian geht, direkt angesprochen, salomonisch vor, indem er durch die Verwendung des Präsens und unbestimmten Artikels ganz allgemeingültig aussagt, Verena sei „nicht in der Lage, eine Arbeit zu schreiben, wenn ihr schlecht ist" (Z. 119 f.). Vielleicht ist diese vorsichtige Aussage seinem Amt als „Agitator" (Z. 142) geschuldet (vgl. M2, Z. 22). Interessanterweise denkt er dabei an die braunen Locken Swetlanas (vgl. Z. 116 ff.), die in dem Ausschnitt als ideologisch geimpfte Hardlinerin auftritt. Als Einzige stellt sie sich der Taktik des Herunterspielens entgegen – und das sehr selbstbewusst, wie die Anapher „Ich" (Z. 57 f.) am Anfang ihres Redebeitrags unterstreicht. Aus einer einmaligen Verfehlung Verenas wird in ihren Augen eine generelle Frage der „Haltung" zur Ideologie des Sozialismus (vgl. Z. 59), wobei Verena zusammen mit ihrer Schwester quasi in „Sippenhaft" (M3, Z. 17) genommen wird (vgl. Z. 66 f.).

Das Ganze spielt sich wie vor einer inszenierten Kulisse ab, die die Verbundenheit der SED-Diktatur zum großen Bruder UdSSR spiegelt: Im „Russischzimmer“, wo die Gesprächsrunde tagt, finden sich Exponate zum „Sputnik[...]“, zur „Komsomol-Organisation“ sowie eine „Maxim-Gorki-Büste“ (Z. 25 ff.). Swetlana Lehmanns Glauben an die marxistisch-leninistische Ideologie wird dementsprechend auch durch ihren russischen Vornamen untermalt. Sie bedient sich für ihre Vorwürfe eines systemkonformen Fachjargons, mit dem sie nach eigenen Worten „Farbe bekenn[t]“ (Z. 144): Angesichts der „vorsätzliche[n] Provokation“ (Z. 70) fragt sie nach „Standpunkte[n]“ (Z. 80), möchte einen Beschluss des FDJ-Rats (vgl. Z. 81), der erst „dem Direktor“, nach kurzer durch das Tippen gegen die Lippen auch gestisch unterstrichenen Überlegung sogar „[b]eiden Direktoren [und] der Grundorganisationsleitung“ (Z. 84 f.) vorgelegt werden soll. Als sie am Ende alle ihre Mitschüler kritisiert, ist der Beleg für ihre emotionale Aufgewühltheit und gleichzeitige Angriffslust, dass sie rhetorische Fragen mit vielen Ausrufesätzen kombiniert (vgl. Z. 130 und 137 ff.).
Irritierend ist an der Romanpassage, dass die Figurenkonstellation so gestrickt ist, dass auch der Schülerin Swetlana, die sich gegen das Lehrerduo und eine Übermacht an Mitschülern stellt, Zivilcourage konstatiert werden muss. Ihre Kontrahentin Verena trägt dem durch ihre mit einem Oxymoron beschriebene Reaktion auf die Vorwürfe Rechnung: Sie betrachtet Swetlana „mit erschrockener Faszination“ (Z. 64). Swetlanas Hauptvorwurf an alle ihre Mitschüler, aus Karrieregründen in die FDJ-Leitung eingetreten zu sein (vgl. Z. 137 f.), ist auch nicht von der Hand zu weisen. Allerdings entwickelt man als Leser Verständnis dafür, wenn man weiß, dass die SED-Diktatur „über ein ausbalanciertes und hoch perfektioniertes System von Vor- und Nachkontrollen, von Strafen und Strafandrohungen sowie von Belohnung und Privilegierung der folgsamen Mitläufer“ verfügte, wobei die „Sanktionen [...] von Einschränkungen in den Bildungs- und Berufschancen bis hin zu Zuchthausstrafen“ reichten (M3, Z. 8 ff.).
Zur Identifikationsfigur wird deswegen Verena in ihrem Zwiespalt zwischen Rebellion und Anpassung. Am Anfang des Abschnitts schlägt sie, wie bereits angesprochen, die Hand aus, die ihr seitens der Lehrerschaft entgegengestreckt wird. Dass sie selbst aufgeregt ist, wird durch ihre „schartig[e]“ Stimme und ihr „[R]äuspern“ (Z. 7 f.) deutlich. Trotzdem kann sie die Androhung einer FDJ-Leitersitzung nicht umstimmen. „Ich wußte nicht, was ich schreiben sollte“, gibt sie dort „zur Seite starr[end]“ zu Protokoll (Z. 35 ff.), allerdings mit klarer Stimme, kurz angebundenem Ton und „mit ein wenig Verächtlichkeit“ (Z. 39 f.). Bereits durch diese Beschreibungen wird klar, dass Verena keine tollkühne Revoluzzerin ist, sondern ihren ganzen Mut zusammennehmen muss, um nicht nachzugeben. Ihre Aussage liest sich zudem doppeldeutig: Sie lässt Platz für die Spekulation, dass sie tatsächlich vorübergehend einen „Blackout“ (Z. 44) hatte, wie es ihr Lehrer nahelegt, oder dass ihr nichts zur Überlegenheit des Sozialismus einfällt, weil sie ihn eben nicht für überlegen hält. Ansonsten schweigt sie während der Diskussion um ihre Person. Erst am Ende des Abschnitts äußert sie sich wieder, als Lehrer Schnürchel sie dazu auffordert (vgl. Z. 173 f.). Sie bestätigt dabei zögerlich, wie die eine Sprechpause andeutenden drei Punkte belegen (vgl. Z. 173), die Aussage Reinas, dass sie gesundheitliche Probleme gehabt habe (vgl. Z. 74 f.).
Dass ihr der Schwenk unangenehm ist, wird wieder durch die Beschreibung ihrer Rede aufgezeigt: Diesmal spricht sie „leise“, mit „abgewandtem“ und „bla[ssem]“ Gesicht (Z. 174 f.), was für Scham, aber auch für große Aufregung spricht. Über die Motive, die Verena zur

Rücknahme ihrer bisherigen Aussage bewegen, wird nichts gesagt, aber es liegt nahe, dass ihr durch das Auftreten Swetlanas deutlich geworden ist, dass durch die Beteiligung weiterer Personen im Überwachungsstaat DDR auch deren Zukunft durch ihr ideologiekritisches Verhalten beeinträchtigt wird. Mit dieser Verantwortung fühlt sich Verena wohl überfordert. Andererseits ist es auch legitim, dass sich die junge Schülerin Sorgen um die Konsequenzen eines erzwungenen Abbruchs der eigenen Schulausbildung macht. Damit zeigt der Abschnitt, wie perfide es der DDR-Diktatur gelingt, bereits in der Schule Kritik am politischen System im Keim zu ersticken.

Dabei nimmt der Autor im vorliegenden Fall die Szenerie aus dem Blickwinkel eines der Mitläufer unter die Lupe. Die Er-Erzählung ist nämlich aus der Perspektive Christians, des Agitators der FDJ-Leitung, und damit in personalem Erzählverhalten verfasst. Dies wird gleich am Anfang des Romanausschnitts deutlich, wenn die Gedanken und Gefühle Christians wiedergeben werden, in denen er die „Ringelsocken" (Z. 3) seines Geschichtslehrers kritisiert, die „Überraschung" seiner Mitschüler „spürt" (Z. 9 f.) oder deren Mimik als „Mißtrauen" (Z. 18) interpretiert. Der Er-Erzähler führt uns auch die unangenehme Situation der Diskussion im FDJ-Gremium aus der Sicht Christians vor Augen, die teilweise recht abseitige Details fokussiert: die „sommersprossige Hand" Dr. Franks (Z. 33), „dessen helles Braun" im Blick (Z. 41), dessen „sich hilflos öffnende und schließende Hand" (Z. 43 f.), „Swetlanas lockiges Haar" (Z. 116 f.), ihre zitternden Lider und ihren unsteten Blick (vgl. Z. 136 f.), am Ende die vorgeschnellte linke Hand Schnürchels (vgl. Z. 168 f.). Angesichts seiner eingeschränkten Handlungsmöglichkeiten wird Christian also zum genauen Beobachter der Szenerie um ihn herum. Die Gedankenwelt Christians steckt dabei voller origineller, in Hypotaxe formulierter Vergleiche. Einen von Swetlana unerwiderten Einwurf Schnürchels sieht er als „vorbeigeflogen[es] [...] Insekt, dem man keine Beachtung schenkt, da man sich auf etwas konzentriert" (Z. 132 ff.). Am Ende zieht er Parallelen zwischen dem Geschichtslehrer und einem Vater, der „seine ungebärdige Lieblingstochter vor sich selbst schützen" (Z. 167 ff.) wolle.

Die szenische Unmittelbarkeit des Romansausschnitts wird neben dem skizzierten personalen Erzählverhalten vor allem durch die Häufigkeit verschiedener Formen der Figurenrede erreicht. Sie nimmt im Text weit mehr als die Hälfte des Umfangs ein. Die direkte Rede dominiert dabei, ganze Passagen sind aber auch in indirekter Rede verfasst, z. B. der Disput um die Wehleidigkeit von Mädchen und Jungen zwischen Siegbert Füger und Reina Kossmann (vgl. Z. 86 ff.). Die Gedanken Christians sind oftmals in erlebter Rede verfasst, schön zu sehen, wenn er am Ende über das „[m]erkwüdig[e]" Verhalten Schnürchels gegenüber Verena reflektiert und asyndetisch spekuliert, ob dieser die „Situation" wiedererkenne (vgl. Z. 166 ff.).

Damit wird auf ein nicht weiter thematisiertes Ereignis in der Vergangenheit angespielt. Grundsätzlich ist der Romanausschnitt aber chronologisch-linear strukturiert: Er setzt mit der Aussage Verenas ein. Nach der Androhung eines Verhörs tritt tatsächlich die FDJ-Leitung zusammen und nach eindringlicher Diskussion widerruft Verena ihre bisherige Aussage. Allerdings wird diese Ereigniskette immer wieder durch Rückblenden unterbrochen, was in der Natur der Sache liegt. Schließlich geht es beim Gespräch mit und über Verena um einen zurückliegenden Vorgang, egal ob es sich bei der Abgabe des leeren Blattes um eine bewusste Provokation oder einen Blackout aufgrund von Unwohlsein handelt. Es wird in der

Diskussion allerdings noch weiter zurückgegriffen, wenn Swetlana Verena mit einem DDR-Fachbegriff vorwirft, sie habe sich „solche Sachen schon auf der POS geleistet“ (Z. 65 f.), also auf der Schule, die sie zuvor besucht hat, oder wenn Siegbert Füger eine Episode vom „Völkerball“ (Z. 93) zum Besten gibt. Auch Vorausblicke in die Zukunft existieren, z. B. die Anberaumung der „FDJ-Leitungssitzung“ (Z. 13) oder die Ankündigung der schlechten Note für die Leerabgabe (vgl. Z. 48).

Durch die bereits angesprochene Dominanz der Figurenrede wird natürlich weitgehend eine zeitdeckende Erzählung erreicht. Eine auffällige Zeitraffung besteht nur in dem Sprung vom Gespräch im Klassenverband zur Diskussion im FDJ-Gremium. Dieser Sprung ist dem Umstand geschuldet, dass anfangs noch ohne offizielle Gremien versucht wird, auf Verena einzuwirken, um eine Verhaltensänderung herbeizuführen, nach dem Zeitsprung aber größere Kaliber aufgefahren werden.

Beispiellösung: Teilaufgabe 2

Vergleich mit der Gestaltung der Verhaltensänderung der Titelfigur am Ende des Romans „Fabian“ von Erich Kästner

[3] Da es typisch menschlich ist, sein Verhalten in bestimmten Situationen zu ändern, ist dies wie im vorliegenden Fall auch immer wieder in der Literatur thematisiert worden. Anders als Tellkamp geht Erich Kästner in seinem satirischen Roman „Fabian“ heran.

Während bei Tellkamp von außen massiv Einfluss genommen wird, ist es die Titelfigur Fabian selbst, die ihr Gebaren aus einem inneren Impuls modifiziert. Kästner hat seinen Roman mit dem Untertitel „Die Geschichte eines Moralisten“ versehen. Allerdings bleibt Fabian trotz seines ethischen Wertesystems den Beweis für Kästners Etikettierung schuldig, weil er seine gesellschaftliche Rolle – ganz anders als sein durch Selbstmord sterbender Freund Labude – als die eines abwartenden Beobachters sieht, der darauf hofft, dass die Menschen besser, d. h. anständiger werden. Damit karikiert Erich Kästner die Zustände in Deutschland, vor allem in Berlin, zur Zeit der Weimarer Republik Ende der Zwanzigerjahre und während der Weltwirtschaftskrise bis 1930. Tragisch ist, dass Fabian genau in dem Moment, in dem er erstmals Initiative zeigt und in die Speichen des Schicksalsrads greift, grandios scheitert. Bezeichnenderweise ist dies auch der Schluss der Satire: Auf dem Fußweg nach Hause sieht er, wie ein Junge in einen Fluss stürzt. Ohne nachzudenken, springt er von einer Brücke aus hinterher. Dabei schafft es der Bub locker, ganz alleine ans Ufer zu gelangen. Von Fabian sieht man jedoch nichts mehr. Der letzte Satz des Romans lautet lakonisch: „Er konnte leider nicht schwimmen.“

Fabian stirbt also bei einer moralischen Handlung, die durchaus Züge des Irrationalen bzw. Unnötigen trägt. Am Vorabend der NS-Diktatur, an dem Kästners Roman spielt, könnte man meinen, der Einsatz für seine Mitmenschen sei vergebliche Lebensmühe für Lebensmüde. Insofern wirkt es fast weise, dass Verena aus Tellkamps „Der Turm“ ihre Verhaltsweise ändert, indem sie aufgibt, der SED-Diktatur die Stirn zu bieten, und sich anpasst. Dies kann als Selbstschutz, aber auch als Einsicht in die Gefährdung anderer und damit als altruistische Vorgehensweise interpretiert werden. Doch steht in dem Romanausschnitt weniger der Moralismus Verenas und ihrer Mitschüler bzw. Lehrer zur Debatte. Es wird eher aufgezeigt, dass es „in der DDR keinen angstfreien öffentlichen Dialog über öffentliche Angelegenheiten" gegeben hat (M3, Z. 2 ff.) und vor allem, was die Angst aus den Menschen macht: Sie werden zu angepassten Mitläufern, um „Studium [und] Karriere" (Z. 153) nicht zu gefährden. Verena hat sich durch ihre Verhaltensänderung also noch alle Chancen für ihre Zukunft, aber auch die der anderen Beteiligten offengehalten. Ihr vorübergehender Akt der Rebellion ist auf den ersten Blick verpufft. Vielleicht hat die Diskussion um die Vorwürfe Swetlanas bei den Beteiligten aber auch Spuren hinterlassen, die die friedliche Revolution von 1989 und das Ende der DDR in den Köpfen der Menschen vorbereitet haben. Fabian hat sich durch seine Verhaltensänderung, die seinen Unfalltod herbeiführt hat, natürlich alle Chancen genommen, die Welt nach ethischen Grundsätzen positiv zu verändern, wie dies ein Moralist eigentlich tun sollte.

Unmoral des Wegschauens

[4] Der gescheiterte Fabian, aber auch die Figur Christians zeigen auf, dass es mit bloßem Beobachten oder sogar Wegschauen nicht getan ist. Genau diese Tendenz wegzuschauen ist aber die Grundlage der bereits angesprochenen Ostalgie. Manche DDR-Bürgerinnen und -Bürger haben sich in ihr privates Idyll zurückgezogen und sich so mit dem DDR-System arrangiert. Nach der Wende hatten sie das Gefühl, dass ihnen aufgrund ökonomischer Probleme ihr Idyll zerstört wurde. Der Widerspruch zwischen Anspruch und Wirklichkeit, zwischen der Realität in der DDR und dem, was laut Propaganda und dem ideologisch gleichgeschalteten Glauben Swetlanas „in diesem Land verwirklicht werden soll[te], ist [ihnen] doch völlig egal!" (vgl. Z. 158 ff.).

Abitur 2015

Aufgabenformat IV: Materialgestütztes Verfassen eines informierenden Textes

Abend der Wissenschaft

„Fantasie ist wichtiger als Wissen, denn Wissen ist begrenzt."
Albert Einstein (1879 – 1955), deutscher Physiker und Nobelpreisträger

Aufgabenstellung

1. An Ihrer Schule wird ein „Abend der Wissenschaft" veranstaltet. Schüler und Lehrkräfte stellen den Besuchern in vier Themenräumen verschiedene Aspekte von Wissenschaft vor. Ihr Deutschkurs beteiligt sich an der Gestaltung von Themenraum 4: „Die Figur des Wissenschaftlers in Literatur und Film". Dieser Raum präsentiert literarische Texte, Sachtexte, veranschaulichendes Bildmaterial und audiovisuelle Beiträge. Sie erhalten den Auftrag, dort einen einführenden Vortrag zu halten, in dem Sie die anwesenden Schüler, Lehrer und Eltern über die Gestaltung der Figur des Wissenschaftlers in Literatur und Film informieren.

   Verfassen Sie diesen Vortragstext! Erläutern Sie darin die Gestaltung der Wissenschaftlerfigur in einem literarischen Werk Ihrer Wahl und stellen Sie – unter Einbezug von Beispielen aus Literatur und Film – weitere Aspekte der Gestaltung der Figur des Wissenschaftlers dar!
   Gehen Sie an geeigneter Stelle auch darauf ein, welche Funktion Literatur bei der „Auseinandersetzung mit Wissenschaft" (Material 6, Z. 18 f.) haben kann! Nutzen Sie zur Gestaltung des Vortrags Informationen bzw. Kerngedanken der folgenden Materialien aus der Ausstellung sowie eigene Kenntnisse! Zitate aus den Materialien werden dem Stil des Vortrags entsprechend ohne Zeilenangabe nur unter Nennung des Autors und ggf. des Titels zitiert. Der Einbezug von Beispielen aus Literatur und Film kann auch ohne Nennung von Personennamen vorgenommen werden. Ihr Vortragstext soll etwa 1200 Wörter umfassen.

Materialgrundlage

- James Whale: Frankensteins Braut (1935). Filmszene. Aus: media-1.web.britannica.com/eb-media/94/90594-004-5B0DC9B7.jpg (zuletzt aufgerufen am 13.01.2015)
- Joan Flowers: Faust. Der Comic. Aus: cumdignitateotium.wordpress.com/gerumpelecke/faust-der-comic/ (zuletzt aufgerufen am 13.01.2015; zu Prüfungszwecken grafisch und inhaltlich nachbearbeitet)
- Johann Wolfgang Goethe: Faust. Eine Tragödie. München: Deutscher Taschenbuch Verlag 1993, S. 20 – 47
- Joachim Schummer: Frankenstein und die literarische Figur des verrückten Wissenschaftlers. Aus: Mythen Europas: Schlüsselfiguren der Imagination, Band 6. Hrsg. v.

Betsy van Schlun und Michael Neumann. Regensburg: Verlag Friedrich Pustet 2008, S. 58 – 79
- Friedrich Dürrenmatt: Die Physiker. Zürich: Diogenes Verlag 1985, S. 74 f.
- Brigitte Frizzoni: Verrückte Wissenschaftler im Film. Aus: Magazin UniZürich 3/2001 (http://www.kommunikation.uzh.ch/publications/magazin/unimagazin-01-3/Magazin_3_01-39.pdf; zuletzt aufgerufen am 08.01.2015)
- Tom Kindt: „Ein Geschlecht erfinderischer Zwerge, die für alles gemietet werden können". Wissenschaft und Wissenschaftler in der deutschsprachigen Literatur (2010) (Vortrag am Göttinger Zentrum für Deutschlehrerinnen und Deutschlehrer vom 25.08.2010; online verfügbar unter: http://www.deutschlehrerzentrum.uni-goettingen.de/docs/materialien/Kindt_Vortrag_2010-08-25.pdf; zuletzt aufgerufen am 08.01.2015)

(Bei den Materialien wurde die Orthografie zu Prüfungszwecken moderat an die geltenden Regelungen angepasst.)

M1 Flyer zur Veranstaltung an Ihrer Schule

Abend der Wissenschaft
– Vorträge und multimediale Ausstellungen –

Themenraum 1: Von Jahrgangsstufe 5 bis 12: Wissenschaft im Spiegel der einzelnen Schulfächer

Themenraum 2: Von Aaah bis Oooh: Verrückte Experimente

Themenraum 3: Von Pythagoras bis Peter Higgs: Leben und Werk berühmter Wissenschaftler

Themenraum 4: Vom Weltenretter bis zum Weltzerstörer: Die Figur des Wissenschaftlers in Literatur und Film

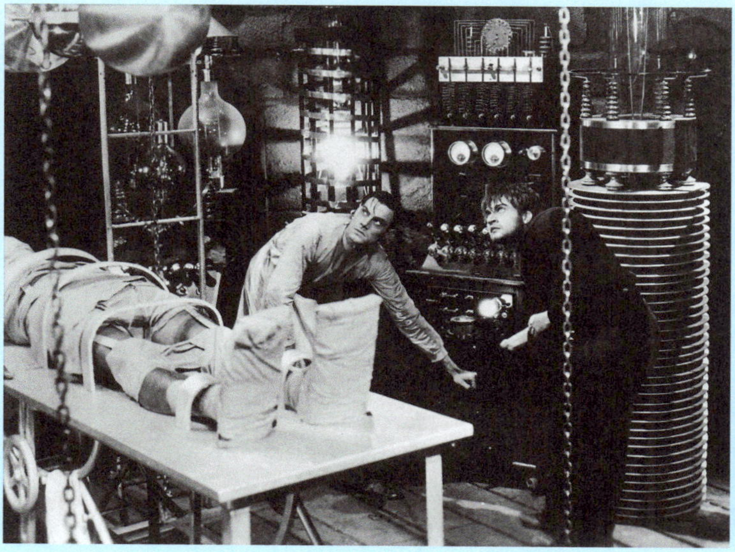

Szene aus dem Film „Frankensteins Braut" (1935) von James Whale

M2 Faust. Der Comic[1] (2013) *Joan Flowers (*1987)*

Anmerkung

1 Folgende Textstellen sind wörtlich aus Goethes Faust I übernommen: „Habe nun … zuvor"; „Es möchte kein Hund so länger leben", „Wie wird mein Pudel lang und breit", „Das also war des Pudels Kern!", „Wie nennst du dich?", „Die Frage scheint mir klein".

M3 Frankenstein und die literarische Figur des verrückten Wissenschaftlers (2008) *Joachim Schummer (*1963)*

[…] Die Universitäten waren als reine Lehrbetriebe konzipiert, die sich neben einer Allgemeinbildung in den so genannten philosophischen Fakultäten auf die Ausbildung in genau drei Fächern beschränkten: Theologie, Medizin und Jura. Im Laufe des 19. Jahrhunderts ändert sich dies grundlegend. Zum einen werden die Universitäten nun auch Stätten der wissenschaftlichen Forschung und zum anderen werden jetzt erst alle wissenschaftlichen Fächer als selbstständige Disziplinen innerhalb der philosophischen Fakultäten entwickelt. [...] Die Folge ist eine zunehmende Spezialisierung und Fragmentierung des Wissens, die bis heute mit unverminderter Geschwindigkeit anhalten.

Damit zerbricht im 19. Jahrhundert die alte Idee der Universalgelehrtheit, die nicht nur alle Naturwissenschaften, sondern auch die Geistes- und Sozialwissenschaften unter dem Dach der Metaphysik oder Theologie umfasste. [...] Tatsächlich haben sich sehr viele Schriftsteller in allen westlichen Ländern kritisch zu dieser Entwicklung geäußert und literarische Formen gesucht, um dieser Kritik Ausdruck zu verleihen. [...]

Die erste und zugleich früheste Kritiklinie [...] richtet sich ganz allgemein gegen Wissenschaft als dem Streben nach Naturerkenntnis. Sie reagiert damit auf die in der Aufklärung erfolgte allgemeine Aufwertung der Naturwissenschaften und deren Entkopplung von moralischem und religiösem Wissen. Diese Position [...] sieht das reine Erkenntnisstreben als eitles, nutzloses und irreführendes Unterfangen an. [...]

M4 Die Physiker (1961) *Friedrich Dürrenmatt (1921 – 1990)*

In Friedrich Dürrenmatts Drama „Die Physiker" haben sich drei Physiker freiwillig in eine psychiatrische Anstalt einliefern lassen. Der Physiker Möbius, dessen noch nicht veröffentlichte „Weltformel" auch die Zerstörung der Welt zur Folge haben könnte, begründet seinen Entschluss folgendermaßen:

MÖBIUS [...] Wir sind in unserer Wissenschaft an die Grenzen des Erkennbaren gestoßen. [...] Unsere Wissenschaft ist schrecklich geworden, unsere Forschung gefährlich, unsere Erkenntnis tödlich. Es gibt für uns Physiker nur noch die Kapitulation vor der Wirklichkeit. Sie ist uns nicht gewachsen. Sie geht an uns zugrunde. Wir müssen unser Wissen zurücknehmen, und ich habe es zurückgenommen. Es gibt keine andere Lösung, auch für euch nicht. [...] Nur im Irrenhaus sind wir noch frei. Nur im Irrenhaus dürfen wir noch denken. In der Freiheit sind unsere Gedanken Sprengstoff. [...]

M5 Verrückte Wissenschaftler im Film (2001) *Brigitte Frizzoni (*1958)*

[...] Die Wissenschaft wird in Science-Fiction-Filmen oft als außerordentlich gefährliches Terrain dargestellt. Bevölkert wird es von obskuren Gestalten (die Monstrosität steht für die Wissenschaft wie für das Unbewusste des Wissenschaftlers), die sich, ihre Nächsten, ja die ganze Menschheit in Gefahr bringen mit ihrem kranken Ehrgeiz, etwas zu schaffen, was man sich bisher nicht einmal vorzustellen wagte, und mit ihrem Drang, hinter die Dinge zu sehen, Grenzen zu überschreiten. [...]

Selbstverständlich kommt im Science-Fiction-Film aber auch der menschenfreundliche Wissenschaftler vor, der nicht nur noch alle Tassen im Schrank hat, sondern auch altruistische Motive, und zwar in der Rolle des Helden und Retters [...].

Gern wird er auch als liebenswürdig-verschrobener Wissenschaftler charakterisiert, der für Laien in Rätseln spricht und immer wieder ermahnt werden muss, seine Überlegungen auch für Normalsterbliche verständlich zu äußern […]. Während die einen Wissenschaftler mit der Erfindung der Atombombe die totale Zerstörung der Menschheit ermöglichen, retten die anderen die Welt vor dem Untergang.

Die Wissenschaft wird also nicht per se dämonisiert, aber als Hybris wird sie immer dann dargestellt, wenn „letzte" Grenzen überschritten werden. Wenn der Forscher etwa eigenhändig Leben schaffen, manipulieren oder zerstören will, dann droht Gefahr. […]

Ein weiterer Grund für die Hartnäckigkeit des Negativbildes ist der Umstand, dass Science-Fiction nicht nur Wissenschaft thematisiert, sondern sich ebenfalls im Bereich von Magie und Religion bewegt und auf entsprechende Erzähltraditionen zurückgreift […].

Die Figur des verrückten Wissenschaftlers steht denn auch in Erzähltraditionen, die weit älter sind als Science-Fiction. Sie ist eine Faust-Figur, die gesellschaftliche und weltanschauliche Grenzen überschreitet und bereit ist zum Teufelspakt. […]

M6 „Ein Geschlecht erfinderischer Zwerge, die für alles gemietet werden können" (2010) *Tom Kindt (*1970)*

[…] Aus der Vogelperspektive betrachtet, lässt sich in der Entwicklung der literarischen Sicht auf Wissenschaft und ihre technischen Folgen im vergangenen Jahrhundert eine markante Zäsur ausmachen: Die Entwicklung zerfällt in die Zeit vor und in die nach 1945, und das heißt natürlich in die Phase vor und die nach den Atombombenabwürfen auf Hiroshima und Nagasaki. […]

Wissen über die Wissenschaft zu gewinnen und zu vermitteln, ist ein Vorhaben, bei dem die Literatur nicht sinnvoll mit der Wissenschaftstheorie, der Soziologie oder der Ethik in einen Wettstreit treten kann – und dies also gar nicht erst versuchen sollte. Das soll nicht bedeuten, dass die Literatur bei der Auseinandersetzung mit Wissenschaft und ihren Konsequenzen außen vor zu bleiben hat; es heißt nur, dass sie im Rahmen einer entsprechenden Diskussion eine Rolle spielen sollte, die ihr angemessen ist. Ist Literatur auch in Sachen ‚Wissen über Wissenschaft' keine Konkurrenz für die Philosophie oder die Soziologie, so kann sie doch einen Beitrag zur Reflexion der Frage nach ‚Wissen und Wissenschaft, Macht und Verantwortung' leisten, den die genannten oder andere wissenschaftliche Disziplinen nicht zu erbringen vermögen. Literatur kann Probleme – nicht zuletzt die der Wissenschaft – in lebenswirklicher Konkretheit und das heißt erbarmungsloser Komplexität vor Augen führen – und so zu einem Anlass werden, neu oder überhaupt nachzudenken …

Inhaltliche Teilleistungen

Grundlage des materialgestützten Verfassens eines informierenden Texts sollte in jedem Fall ein Schreibplan sein, der der eigenen Kontrolle dient, aber nicht in die Notengebung einfließt. Bei diesem ist wichtig, dass zunächst eine klare Struktur des Aufsatzes ge-

funden wird, sodass sich die Leser aus den einzelnen Gliederungspunkten ein Bild über Aufbau und Inhalt der Ausarbeitung machen können.
In stilistischer Hinsicht sollte darauf geachtet werden, dass der Text – trotz seiner Untergliederung – als homogenes Textganzes erscheint.

Beispielschreibplan

(Hinweis: Seit dem Abitur 2017 soll ein frei wählbarer Schreibplan für Ihre Klausurlösung angefertigt und auch abgegeben werden, der der eigenen Kontrolle dient, aber nicht in die Notengebung einfließt. Das folgende Beispiel zeigt nur eine von vielen Möglichkeiten. Die Erklärungen in den eckigen Klammern dienen lediglich der Erläuterung. In Ihrer Klausurschrift müssen sie natürlich nicht mehr auftauchen.)

1 Vom Weltenretter zum Weltzerstörer: Die Figur des Wissenschaftlers in Literatur und Film

[Einleitung]

2 Der Wissenschaftler Heinrich Faust als schulische Allzweckwaffe

[Erläuterung der Gestaltung des Wissenschaftlers in einem frei gewählten literarischen Werk]
- Machtvolle Wissenschaft Fausts
- Schlaue Wissenschaft Fausts
- Nützliche Wissenschaft Fausts
- Faust und Frankenstein

3 Funktion von Literatur und Film bei der Auseinandersetzung mit Wissenschaften

[Literarische und filmische Diskurse zum Thema Wissenschaften]

4 Typen von Professoren

[Gestaltungsaspekte von Wissenschaftlerfiguren]
- Der wahnsinnige Professor mit Weltzerstörungstrieb
- Der geniale Professor mit hochintelligenten Ideen und häufig eingebautem Potenzial des ungewollten Scheiterns
- Der etwas langweilige, aber wohlmeinende Professor mit manchmal staubtrockener Attitüde
- Der liebenswürdige, aber fachidiotische Professor mit Inselbegabung
- Der weltverbessernde, unverstandene Professor mit hohem altruistischem Impetus

5 Echte Professoren

[Resümee]

6 Wo bin ich?

[Schluss]

Beispiellösung

(Hinweis: Die in der Beispiellösung eingeflochtenen Zahlen „[1]“ – „[4]“ dienen lediglich der Anknüpfung an den oben stehenden Beispielschreibplan. In Ihrer Klausurschrift müssen sie natürlich nicht mehr auftauchen.)

Vom Weltenretter zum Weltzerstörer: Die Figur des Wissenschaftlers in Literatur und Film

[1] Wenn in einem Schulgebäude über Gelehrte gesprochen wird, sind zumeist nicht die Lehrkräfte des gastgebenden Instituts gemeint. Es sind in den häufigsten Fällen auch nicht die zukünftigen Lehrmeister an den Universitäten angesprochen. In unserem Themenraum 4 geht es unter dem Titel „Vom Weltenretter bis zum Weltzerstörer“ um die Figur des Wissenschaftlers in Literatur und Film.
Schule verbindet Gelehrsamkeit eigentlich immer mit Heinrich Faust, mit Heinrich Faust und mit Heinrich Faust. Faust und immer wieder Faust! Warum ist das eigentlich so?

Der Wissenschaftler Heinrich Faust als schulische Allzweckwaffe

[2] Der Mann, der „ach! Philosophie, Juristerei und Medizin. Und leider auch Theologie [...] studiert“ hat, also alle damals gelehrten Wissenschaften im universitären Betrieb, steht zugleich derartig neben sich, dass er z. B. einmal einen schnöden Pudel in sein Studierzimmer lässt. Und dessen Kern stellt sich dann auch noch als der Teufel bzw. Mephisto heraus – welch ein Trottel. Ist Faust ein Trottel?
Warum ist Faust so eine Art Gelehrsamkeitsmeister Yoda des schulischen Deutschunterrichts? Ist es die Macht, die mit ihm ist? Welche Macht?
Er hat Macht, Mephisto herumzuscheuchen. Er hat Macht, Zutritt zu allerlei Vergnügungen von Auerbachs Keller bis zur Walpurgisnacht zu bekommen. Er hat im Nachgang zur Verjüngung zumindest eine gewisse Macht über Gretchen.
Aber er hat keine Macht, auch nur einen Hauch Zufriedenheit zu gewinnen. Und sollte er paradoxerweise einmal sagen, der Augenblick möge verweilen, er sei so schön, ist es auf andere Art wiederum aus: Dann scheucht ihn Mephisto in dessen Sphäre herum. Diesen Pakt kann der gelehrte Faust eigentlich nicht gewinnen. Es ist nicht die Macht mit ihm, sondern eher die Ohnmacht. Er ist eigentlich ohne Macht.
Ist es die Schlauheit, die mit ihm ist? Welche Schlauheit?
Selbstverständlich ist Faust gelehrt. Aber so richtig angenehm schlau ist dieser Streber auch nicht. Unbedingtes Erkenntnisstreben gepaart mit skrupelloser Bereitschaft, sich über nahezu alle geltenden ethischen Ansichten hinwegzusetzen, machen diesen Mann aus. Gewiss leidet er unter der Limitiertheit der menschlichen geistigen Kapazität. Aber dafür mit den Mitteln der Magie, der Hexenkunst und insgesamt eines Pakts mit Mephisto vorzugehen, ist nicht nur unter moralischen Gesichtspunkten fragwürdig. Es zeugt auch nicht von allzu gelehrter Schlauheit: Dass das schiefgehen muss, weiß wenigstens der Leser bzw. Zuschauer schon ganz zu Beginn des Dramas. Und Faust lernt es auch ...
Ist es nützliche Wissenschaft, die mit ihm ist? Welches Wissen schafft Faust?
Vor seinem Pakt ist er ein extrem beschränkter Vertreter eines isolierten Wissenschaftsbetriebs, der – wenn überhaupt – Wissen im Elfenbeinturm schafft. Für die Menschheit leistet Dr. Faust quasi nichts. Der pure egoistische Wissenserwerb kennzeichnet ihn. Er bekommt

zwar Anerkennung aus der Bürgerschaft, etwa bei seinen Spaziergängen oder durch seinen Famulus Wagner, aber dass er das Leben der Leute wirklich weitergebracht hätte, kann man eigentlich kaum sagen. Zumindest erfährt man darüber wenig. Wissen schafft Faust, aber nicht im modernen Sinne einer am Menschen orientierten Forschung, sondern eher im selbstbefriedigenden Sinne bzw. Versuch dessen: Zufrieden ist er ja gerade nicht.
Faust ist der Prototyp des Wissenschaftlers, dessen Streben nach Erkenntnis alle und alles in den Abgrund zieht, zumindest fast. Neben Viktor Frankenstein, der sein Monster aus Hybris schafft und gottgleich Leben erweckt, ist er die literarische und dann auch filmische Figur des Wissenschaftlers, die jedem in den Sinn schießt, wenn die Rede auf Gelehrsamkeit und seine Randerscheinungen kommt. Sind alle Gelehrten, alle Wissenschaftler solch schwierige, fatale Figuren?

Funktion von Literatur und Film bei der Auseinandersetzung mit Wissenschaften

[3] Wenn man Literatur und Film betrachtet, könnte man zu einem solchen Urteil kommen. Selbstverständlich sind Literatur und Film nicht alles, auch nicht das wirkliche Leben. Aber oftmals stehen sie exemplarisch für eine Haltung, die zur Wirklichkeit eingenommen wird. Sie zeigen Typen, die verschiedene Seiten unserer Existenz modellhaft verdeutlichen. Sie können Diskussionen über Grenzen der Wissenschaft anstoßen und Verantwortung thematisieren. Zukunftsbilder von Dystopien wie Utopien werden entworfen und Wissenschaftsthemen anregend präsentiert. Das Gesamtbild des Wissenschaftlers ist ambivalent, allerdings mit Hang zum Negativen und Unvollständigen.

Typen von Professoren

[4] Der Universalgelehrte idealtypischer Konvenienz, der alles kann, weiß und dazu noch moralische Kompetenzen hat, ist jedenfalls eine Chimäre. Eine Chimäre aus verschiedenen Konstrukten: Es lässt sich eine Typologie des Professors und damit zugleich eine Phänomenologie gelehrter Eigenschaften bzw. vor allem prägender Eigenarten entwickeln.
Schauen wir uns zunächst den Typus des wahnsinnigen Professors mit Weltzerstörungstrieb an: Von Dr. No bis heute waren ein Großteil der Bond-Gegenspieler wahnsinnige Professoren, die auf ihre Art die Welt verändern wollten. In dieses Schema des Weltzerstörers passen auch literarische Gestalten, die manchmal sich selbst hindern oder von anderen gebremst werden, ihre zwar schlauen, aber unmoralisch-apokalyptischen Vorhaben auszuführen. Nicht nur 007, sondern auch x-beliebige Normalos oder wie im Falle von Dürrenmatts Physikern die Wissenschaftler selbst werden hier zu häufig ungewollten Weltenrettern. Der wahnsinnige Tüftler mit Herrscherwahn gebiert messianische Gegenspieler, die zum Glück meistens obsiegen. Und im Falle der Physiker werden die potenziellen Zerstörer durch Selbstentsagung aus der Welt entfernt – im Zuge des freiwilligen Rückzugs in eine Irrenanstalt.
Deutlich harmloser, aber nicht minder speziell erscheint der geniale Professor, der wahnsinnig schlau ist, aber von seinem Umfeld nicht verstanden wird. Diesem kann durchaus etwas schiefgehen, gerade wenn er ein uniformtragender Gelehrter ist. Verschiedene Hollywood-Produktionen spielen mit diesem Typus, der Film „Outbreak“ aus den 1990er-Jahren z. B. zeigt die Konsequenzen außer Kontrolle geratener Forschung an biologischen Waffen. Die Gelehrten haben es bestimmt gut gemeint, aber die Dinge vor allem getan, weil sie es konn-

ten. Die Außenwelt hat dann, wenn es schiefgeht, das Problem am Hals und der Gelehrte weint Krokodilstränen.
Anders gestrickt, jedoch positiv veranlagt ist der etwas langweilige, aber wohlmeinende Professor mit ernster und zugleich staubtrockener Attitüde. Diese edelmütigen Gelehrten sind eher selten. Gerne haben sie exotische, doch eher harmlose Fächer. Paradebeispiel ist hier der Archäologe „Indiana Jones". Er ist maßvoll, menschlich und dabei etwas temperamentlos, zumindest so lange, bis er in diverse Abenteuer etwa auf der Suche nach nichts weniger als dem Heiligen Gral verstrickt wird.
Als dessen Vorgänger kann der berühmte Mineraloge Professor Lindenbrock herangezogen werden, der schon 1864 Jules Verne auf der literarischen Reise zum Mittelpunkt der Welt als Hauptfigur diente.
Liebenswürdig-verschroben, recht oft eitel, bildungsbürgerlich angehaucht, aber im Grunde nur gut auf einem Gebiet ist Professor Börne aus dem Münsteraner „Tatort": ein Vertreter der Spezies Fachidiot, also Gelehrter mit Inselbegabung. Man ist sich nicht sicher, ob er noch etwas anderes gut kann als Sezieren und Spitzzüngeln. Eine Frau findet er jedenfalls nicht und man kann sich auch nicht vorstellen, dass er im Supermarkt um die Ecke eine Packung Klopapierrollen kauft.
Auch der weltverbessernde Professor mit vollständigem Unverständnis hinsichtlich der Ignoranz seines Umfelds und einem hohen altruistischen Impetus ist im Grunde ein Guter. Er ist schrullig, aber meint es gut mit seinen Mitmenschen. Irgendwie erscheint er permanent unverstanden, aber er ist permanent bereit zu helfen und will eigentlich auch keinen materiellen Lohn für seine Taten. Diese Taten sind zumeist kuriose, jedoch harmlose Erfindungen. Daniel Düsentrieb könnte dafür als Beispiel dienen oder eine (etwas) modernere Variante, nämlich Doc Brown, der mit seiner Zeitmaschine mehrmals „Zurück in die Zukunft" reist, um einem Freund in familiären Angelegenheiten zu helfen.

Echte Professoren

[5] Wahrscheinlich findet sich im echten Leben kein einziger Gelehrter, der so ist, wie Literatur und Film und damit auch dieser Vortrag ihn zeichnen. Dennoch sind diese Facetten von wahnsinnig bzw. genial über langweilig und liebenswürdig bis hin zu weltverbessernd nicht falsch, sie sind nur die modellhafte, idealtypische Fassung mancher Seiten des Wissenschaftlers. Eine Mischung aus Respekt, Neid, aber auch Angst vor dem so viel Schlaueren treibt uns in solche Annahmen. So lange wir uns über diese Stereotypisierung im Klaren sind, ist das kein Problem.

Wo bin ich?

[6] Gehen Sie durch den Themenraum 4 und suchen Sie diese Typen wieder: Vom aus dem Schulunterricht sehr vertrauten Heinrich Faust bis hin zum skurrilen Doc Brown sind sie alle vertreten. Sie werden sie wiederfinden, vielleicht anders zuordnen, als ich es gerade getan habe, aber sie sind da. Vielleicht finden Sie auch sich selbst hier wieder, etwas Geniales hat ja jeder. Ich hoffe, Sie, liebe Zuhörer, stecken in keiner allzu bösen Themenraumecke. Und wenn doch, dann höchstens in einer einzigen Facette Ihrer Persönlichkeit – denke ich. Viel Vergnügen!

Abitur 2015

Aufgabenformat V: Textbezogenes Argumentieren, auch in freieren Formen

Jan Wiele: Die Dialektik der Bauchnabelfluse

Aufgabenstellung

1. Analysieren Sie, wie der Autor Jan Wiele seine Position zu Chancen und Risiken des Videoportals Youtube argumentativ entwickelt. Berücksichtigen Sie dabei auch ausgewählte sprachliche Mittel.

2. Bearbeiten Sie eine der beiden folgenden Varianten.

   Variante 1: Erörtern Sie die Position des Autors Jan Wiele zum Videoportal Youtube. Beziehen Sie dabei eigene Medienerfahrungen ein.

   ODER

   Variante 2: In seinem Text spricht Jan Wiele von einer „dringend nötige[n] Debatte über die Grenzen der Sichtbarkeit" (Z. 150 f.) im Internet.
   Leisten Sie einen Beitrag zu dieser Debatte: Schreiben Sie ausgehend von Jan Wieles Kritik am Videoportal Youtube einen Kommentar für eine Tageszeitung. Beziehen Sie dabei eigene Medienerfahrungen ein.
   Ihr Kommentar sollte etwa 800 Wörter umfassen. Wählen Sie eine geeignete Überschrift.

Der Schwerpunkt der Aufgabenstellung liegt auf Teilaufgabe 2.

Materialgrundlage

Jan Wiele: Die Dialektik der Bauchnabelfluse. In: Frankfurter Allgemeine Zeitung vom 25.02.2013, S. 31, online unter http://www.faz.net/aktuell/feuilleton/medien/video portal-youtube-diedialektik-der-bauchnabelfluse-12094159.html, zuletzt aufgerufen am 13.01.2015

Die Dialektik der Bauchnabelfluse (2013) *Jan Wiele (*1978)*

Vorbemerkung
Jan Wiele ist freier Journalist, er schreibt regelmäßig für die Frankfurter Allgemeine Zeitung (F.A.Z.).

Das allererste Youtube-Video wurde 2005 von einem der drei Gründer, Jawed Karim, ins Netz gestellt und trug den Titel „Me at the Zoo". Der unscheinbare junge Mann steht vor dem Elefantengehege und erklärt, dass Elefanten sehr lange Rüssel hätten, was „really cool“ sei. Knapp eine Minute Nullinformation – das ist alles.

Inzwischen ist viel passiert. Youtube ist ein Massenmedium geworden, dessen Inhalte sich maximal ausdifferenziert haben. Es bietet kommerzielles Fernsehen und anarchische Homevideos, hohe Kunst und zerdehnte Formlosigkeit, es hält historische Momente wie das weiße Rauschen des Nonsens fest. Youtube heißt nicht nur: Du beamst Quatsch ins Netz, sondern auch: Du lernst Klavierspielen, du bist in einer Universitätsvorlesung, du tauchst mit verrückten Fischen am Great Barrier Reef. Aber auch: Du siehst einer Steinigung in Iran zu.

Youtube ist, in größerem Maße noch seit seiner Einverleibung durch Google, ein gigantisches Archiv geworden, das Geschichte dokumentiert, insbesondere die Sozialgeschichte im Kleinen; auf dem Hochkultur aufblühen oder der letzte Trash abgeladen werden kann. [...]

Der Sprengstoff steckt in der absoluten Programmlosigkeit. Diese ist es, die Youtube kategorisch unterscheidet vom gewohnten Fernsehen, und sie bezieht sich auf Sendezeiten wie Inhalte. Hinter Youtube steht keine Redaktion[1], allenfalls eine Zensurstelle[2] – die bedingt funktioniert.

Die Programmlosigkeit bedeutet: Alles ist möglich, im Guten wie im Schlechten. Die gute, ja revolutionäre Seite von Youtube ist eine neue Form der Autodidaktik und des Do-it-yourself-Geistes, wobei der Phantasie keine Grenzen gesetzt sind und im besten Fall Menschen Bildung erfahren, die sonst keinen Zugang zu ihr gehabt hätten oder sie sich nicht leisten konnten.

Da gibt es zum Beispiel den Mathematikprofessor Jörn Loviscach aus Bielefeld, der an seiner Uni einen Kurs mit 32 Studenten hat. Seine inzwischen fast zweitausend Youtube-Videos von Vorlesungen wurden insgesamt über sechs Millionen Mal angeklickt. [...]

Bei Youtube taucht das entlegenste Hobby auf, es reicht von der Selbsthilfegruppe bis zur professionellen Ausbildung, jede denkbare Spezialisierung ist möglich. Wie backe ich den perfekten Frankfurter Kranz? Wie entfernt man unliebsame Tattoos? Auch hier rauscht der Nonsens, der manchmal unrettbar blöd und manchmal unglaublich komisch ist. Ob die Welt Videos [...] von Bauchnabelflusensammlern braucht, oder ob man sehr dicke Menschen bei Yoga-Übungen sehen will, darüber lässt sich streiten. Youtube hat für jeden Geschmack etwas. Youtube bildet Leben ab, in allen Lagen – und das nicht nur visuell, sondern auch im Archiv seiner Kommentarspalte, in der manche sogar eine Form von „oral history“[3] erkennen. Man könnte also von einer aufklärerischen Funktion des Mediums sprechen.

Die negative Energie aber, die ebenso in Youtube steckt, haben viele wohl noch nicht ermessen. Sie liegt in einer Entgrenzung des Sichtbaren, die über Geschmacksfragen weit hinausgeht. Eltern können davon ein Lied singen. Die Algorithmen, nach denen in der Nebenspalte Teaser[4] anderer Videos erscheinen, sind manchmal rätselhaft – da taucht Anzügliches, Ekelhaftes oder Grausames ohne Zusammenhang auf und ohne, dass es eine Grenze gäbe.

Und hier ist man beim Thema der Zensur. Die Youtube-Richtlinien zu bestimmten Inhalten sind eigentlich klar: Man darf keine Sex- oder Gewaltvideos einstellen, verboten sind auch „Misshandlungen von Tieren, Drogenmissbrauch oder Anleitungen zum Bau einer Bombe“. Und doch stimmt ein Satz aus diesen Richtlinien – „Youtube ist keine Schockerwebsite“ – einfach nicht. Richtig durchgesetzt werden die Regeln nämlich anscheinend nicht. Während erotische oder pornographische Inhalte tatsächlich rar sind, war es beispielsweise, während dieser Artikel geschrieben wurde, innerhalb von Sekunden möglich, das Video einer Enthauptung in Saudi-Arabien zu finden. Oder zumindest in sehr vielen unfassbar drastischen Standbildern zu sehen, was eine chinesische Foltermethode mit dem Namen „der Tod durch 1000 Schnitte“ impliziert. [...]

Unter Umständen holt sich ein Kind mit einem Klick eine Szene ins Zimmer, die es nie mehr vergessen wird. Nur Zyniker würden angesichts dieser Möglichkeit wohl ungeniert das Argument vorbringen, dass die Abbildung von Dingen, die „auf der Welt nun einmal passieren“, eine aufklärerische Funktion hat.

Warum der Youtube-Filter bei Sex so gut funktioniert und bei Gewalt so schlecht, wirft außerdem Fragen auf. Unterm Strich steht Youtube für eine Abwesenheit redaktioneller Bearbeitung, besonders solcher, die einem Qualitätsbegriff folgen wollte.

Vielleicht wäre es daher ratsam, wenn Youtube doch eine Redaktion hätte. Das sieht man ganz deutlich an dem Film „Innocence of Muslims“. Der Film eines unter Pseudonym agierenden Produzenten mit Laiendarstellern schien als gezielte Provokation der islamischen Welt angelegt zu sein, indem er den Propheten Mohammed verspottet – und als solche hat er globale Auswirkungen gehabt. Der Film führte im September 2012 zu gewalttätigen Protesten in verschiedenen arabischen Ländern und zu Angriffen auf amerikanische Botschaften und Konsulate, bei denen viele Menschen verletzt und mindestens dreißig getötet wurden. Er hätte natürlich auch über andere Portale und Medien verbreitet werden können, aber Youtube ist nun einmal das in der Welt bekannteste Videoportal und der Inbegriff einer Medienrevolution, die vielleicht schon dabei ist, ihre Kinder zu fressen.

Es wäre allerdings schade, wenn es erst derart drastische Fälle braucht, um eine dringend nötige Debatte über die Grenzen der Sichtbarkeit wirklicher wie fiktionaler Begebenheiten im Netz zu führen. Denn abgesehen von den Schocker-Themen gibt es da noch ein sehr, sehr weites Feld von Youtube-Inhalten, über deren öffentliche Verfügbarkeit man geteilter Meinung sein kann: etwa über den Seelenstriptease von Millionen von Teenagern in all ihrer Arroganz oder Verzweiflung. Die oral history schlägt hier mit aller Macht zurück: wenn diese jungen Menschen nämlich etwas der Welt Preisgegebenes um jeden Preis wieder zurücknehmen wollen, aber nicht mehr können. Die Dynamik der Kommentarspalte, die Häme darin ist unkontrollierbar – und auch hier greift die eigentlich verordnete Kontrolle durch das Medium immer erst etwas spät, wenn Beleidigungen schon eine Zeitlang sichtbar waren. Manchmal ist das zu spät: the damage is done.

Die große Dialektik[5] von Youtube verdichtet sich schließlich im Beispiel eines Videos, welches das Wunder des Lebens zeigt: Man sieht darin eine Hausgeburt in allen Details – ein Blick auf das Intimste, was dem Menschen gegeben ist. Rund um den Globus hatte dieses Intimissimum 63 Millionen Voyeure. Wie denkt darüber wohl später einmal der Mensch, der hier geboren wurde?

Anmerkungen

1 *Redaktion* hier: Gremium namentlich bekannter Personen, das für ein Programm und seine Inhalte verantwortlich ist
2 *Zensurstelle* hier: anonyme Instanz zum Herausfiltern unerwünschter Inhalte, die ihre Auswahlkriterien nicht offenlegt
3 *oral history* (engl.): Überlieferung von Ereignissen, wie Zeitzeugen sie wiedergeben
4 *Teaser* hier: Standbild, das zum Weiterklicken verleiten soll
5 *Dialektik* hier: einer Sache innewohnende Gegensätzlichkeit

Inhaltliche Teilleistungen

Grundlage der Sachtextanalyse sollte in jedem Fall ein Schreibplan sein, der der eigenen Kontrolle dient, aber nicht in die Notengebung einfließt. Bei diesem ist wichtig, dass zunächst eine klare Struktur des Aufsatzes gefunden wird, sodass sich die Leser aus den einzelnen Gliederungspunkten ein Bild über Aufbau und Inhalt der Ausarbeitung machen können.
In stilistischer Hinsicht sollte darauf geachtet werden, dass der Text – trotz seiner Untergliederung in Teilaufgaben – als homogenes Textganzes erscheint.

Beispielschreibplan

(Hinweis: Seit dem Abitur 2017 soll ein frei wählbarer Schreibplan für Ihre Klausurlösung angefertigt und auch abgegeben werden, der der eigenen Kontrolle dient, aber nicht in die Notengebung einfließt. Das folgende Beispiel zeigt nur eine von vielen Möglichkeiten. Die Erklärungen in den eckigen Klammern dienen lediglich der Erläuterung. In Ihrer Klausurschrift müssen sie natürlich nicht mehr auftauchen.)

1 Youtube – Ein gefährliches Medium?

[Einleitung, Position des Autors]

2 Die Dialektik der Bauchnabelfluse: Die Argumentationsstruktur von Jan Wiele

[Gedanklich-argumentativer Aufbau]
- Grundsätzliche Einräumung auch positiver Seiten Youtubes
- Fehlende Kontrolle und ausstehende öffentliche Diskussion über Youtube

3 Plastische Sprache mit klarem Adressatenbezug

[Berücksichtigung sprachlicher Mittel]
- Geschriebenes wie Geredetes
- Bunte Wortwahl
- Appellative Stilmittel

4 Freiheit, die ich meine ...

[Kommentar für eine Tageszeitung]
- Generation on – Generation off
- Kontrolle wegen des Netzes

- Freiheit im und durch das Netz
- Freiheit in Vornetzzeiten und heute
- Überschreiten der Grenzen der Sichtbarkeit

5 Lasst doch alles, wie es ist!

[Resümee]

Beispiellösung: Teilaufgabe 1

(Hinweis: Die in der Beispiellösung eingeflochtenen Zahlen „[1]" – „[4]" dienen lediglich der Anknüpfung an den oben stehenden Beispielschreibplan. In Ihrer Klausurschrift müssen sie natürlich nicht mehr auftauchen.
In diesem Aufsatz wird die Variante 2 ausgeführt, der Gliederungspunkt 4 ist der in der Aufgabe verlangte Kommentar und umfasst ca. 800 Wörter.)

Youtube – Ein gefährliches Medium?

[1] Zwar erkennt der Autor Jan Wiele durchaus eine Reihe von Vorteilen des Videoportals Youtube an, dennoch warnt er vor negativen Begleiterscheinungen im Rahmen von dessen Nutzung. Dies führt ihn zu dem Schluss, dass eine öffentliche Debatte und eine Redaktion aufseiten der Betreiber nötig sei.

Die Dialektik der Bauchnabelfluse: Die Argumentationsstruktur von Jan Wiele

[2] Der Autor benutzt eine sehr klare Argumentationsstruktur, indem er fast wie in einer schulischen Erörterung die Pro- und die Kontraseite seiner These nacheinander, strukturiert aufbaut.
Jan Wiele steigt in seine Argumentation ein, indem er die Inhaltsleere des historisch gesehen ersten Videos des Portals zur Verdeutlichung heranzieht (vgl. Z. 1–9). Anschließend skizziert er den immens schnellen Aufstieg des Portals, auch im Sinne eines öffentlichen Archivs buntester Inhalte. Er zählt zahlreiche, z. T. drastische Inhalte zur Illustration seiner Argumentation auf (vgl. Z. 10–30). In einem kürzeren Abschnitt vollzieht Wiele den Problemaufriss, indem er die „absolute[...] Programmlosigkeit" (Z. 31 f.) in Bezug bringt zum Fehlen einer echten Redaktion, die über eine intransparente Zensur hinausgeht (vgl. Z. 31–38). Im folgenden, längeren Abschnitt räumt der Autor positive Folgen dieser Freiheit anhand vielfältiger Beispiele ein, bis hin zu einer Konstatierung einer gewissen aufklärerischen Rolle Youtubes (vgl. Z. 39–76).
Die Überleitung zur Gegenargumentation erfolgt durch das Aufzeigen der Kehrseite der Offenheit des Mediums (vgl. Z. 77–88). Es werden unzulängliche Kontrollmechanismen insbesondere auf dem Gebiet der Darstellung von Gewalt mit besonders aufwühlenden Beispielen unterfüttert (vgl. Z. 89–125). Wiele mündet in die Forderung nach einer Redaktion, indem er heftige politische Implikationen von Youtube-Videos an einem Beispiel darlegt (vgl. Z. 126–147). Der nächste Abschnitt enthält ein Plädoyer für eine öffentliche Diskussion unter Verweis auf weitere Nachteile des Mediums (vgl. Z. 148–172). Das Resümee des Autors zeigt an einem sehr intimen Beispiel die Ambivalenz des Portals Youtube (vgl. Z. 173–182).

Plastische Sprache mit klarem Adressatenbezug

[3] Grundsätzlich schreibt Jan Wiele sehr anschaulich. Dies erreicht er auch durch plastische Darstellungen konkreter Youtube-Inhalte wie etwa gleich in seinem Einstiegsbeispiel des Elefanten im Zoo (vgl. Z. 4–9).
Fast wie bei einer gesprochenen Rede untermauert der Autor seine Überzeugungskraft durch kurze Sätze, etwa „Inzwischen ist viel passiert“ (Z. 10), und Satzreihen, z. B. in den Zeilen 89–100.
Der Leser fühlt sich oftmals direkt angesprochen, z. B. die vielen „Du“ in den Zeilen 18–23 oder mit der offenen Frage des Schlusses. Dies verdeutlicht den klaren Adressatenbezug des Textes und seinen appellativen Charakter.
Schon der Titel zeigt, dass Jan Wiele einen in der Wortwahl außerordentlich bunten, vielfältigen Stil bevorzugt: Der soziologisch eher als hartes Brot geltende Ansatz der Dialektik wird mit der im Text vorkommenden totalen Banalität von Bauchnabelflusensammlungen verbunden. Hier wird gleich in der Wortwahl der Überschrift das Spannungsfeld des Artikels angezeigt.
Durch die verbindliche Wortwahl, die Verwendung von Konjunktiven, z. B. in der Einräumung, „[m]an könnte also von einer aufklärerischen Funktion des Mediums sprechen“ (Z. 74 ff.), und durch die eigene Relativierung bzw. Abschwächung mancher Aussagen, etwa die Beschreibung eines eigentlich ausgesprochen negativen Phänomens als „rätselhaft“ (Z. 85), bekommt der Leser den Eindruck, angesprochen und ernst genommen zu sein, auch wenn er anderer Meinung als Wiele ist. Der Text hat einen ausnehmend höflichen Duktus in der Wortwahl, so ist es z. B. nicht etwa skandalös, sondern „schade“ (Z. 148), dass es drastische Fälle zur Eröffnung einer Debatte braucht. Hier liegt fast eine Verniedlichung vor.
Jan Wiele zeigt, wie sehr er im Thema Internet und moderne Kommunikationstechnologien zu Hause ist, indem er auffallend viele Anglizismen, z. B. „Du beamst Quatsch ins Netz“ (Z. 18 f.), und Fremdwörter, z. B. „Es bietet kommerzielles Fernsehen und anarchische Homevideos“ (Z. 13 f.), ganz organisch in seinen Schreibfluss einbaut. Dies soll auf der einen Seite Kompetenz, auf der anderen Seite Modernität verdeutlichen.
Jan Wiele beherrscht die Klaviatur der in den eigenen Schreibstrom eingebauten Entkräftung von potenziellen Gegenargumenten, indem er z. B. zwischen recht harmlose positive Beispiele für Youtube-Filme den Stolperstein einbaut: „Aber auch: Du siehst einer Steinigung im Iran zu.“ (Z. 22 f.). Sofort ist das Gesagte relativiert, ohne diese Einschränkung sprachlich ausführen zu müssen, jeder Normaldenkende versteht das gleich.
Der appellative Charakter des Textes wird ebenso deutlich in der Verwendung verschiedener „klassischer Stilmittel“, etwa der Parallelismus mit einem Hang zur Anapher: „Du beamst [...]“, „Du lernst [...]“, „du bist [...]“, „du tauchst [...]“, „Du siehst [...]“ (Z. 18 ff.). Oder der Autor verwendet eine Art parallele Antithese: „[...] der Nonsens, der manchmal unrettbar blöd und manchmal unglaublich komisch ist“ (Z. 63 ff.). Akkumulationen wie „Anzügliches, Ekelhaftes oder Grausames“ (Z. 85 f.) lassen den Leser besonders mitfiebern. Das Wortspiel von der „Medienrevolution, die vielleicht schon dabei ist, ihre Kinder zu fressen“ (Z. 145 ff.) verdeutlicht ganz besonders die aufrüttelnde Intention des Autors Jan Wiele. Der Leser fühlt sich direkt motiviert, hier Einhalt zu gebieten.

Beispiellösung: Teilaufgabe 2 in der Variante 2

Freiheit, die ich meine ...

[4] Der Autor Jan Wiele hat sie als „dringend nötig[...]" angestoßen, die „Debatte über die Grenzen der Sichtbarkeit wirklicher wie fiktionaler Begebenheiten im Netz" (Z. 150 ff.). Er hängt dies an Youtube auf. Er hängt dies nicht an dem WWW aus Wikipedia, WhatsApp oder WKW, jetzt allerdings Facebook, auf. Egal. Die Argumente sind weiterhin dieselben. Es sind dieselben, die in jeder Internet- oder Netzdebatte angeführt werden. Es sind dieselben, die die Generationen gegeneinander ins Feld führen. Allerdings nicht unbedingt die Generation alt oder Generation jung, sondern Generation on oder Generation off markiert die Linie.

Die Gegner des Netzes proklamieren die Litanei der schlimmen Schlagwörter als Teil ihres Abgesangs: weltweite, rasend schnelle Verbreitung aller Beiträge, Sichtbarkeit von Geschmacklosigkeit und Grausamkeit, Anonymität, Gewaltverherrlichung und Kriminalität, Diffamierung, ja Cybermobbing unter Jugendlichen, Verwechslung von Wirklichkeit und Fiktion als ein „lost in space", kurzum: Auslieferung der Persönlichkeit an ein exhibitionistisches Medium.

Der Refrain ist jedes Mal: keine Kontrolle, mangelnder Schutz, große Suchtgefahr.

Der Lobgesang lautet in ebensolchen Akkumulationen: Teilhabe am Weltgeschehen ohne repressive Steuerung, Verfügung über alles Wissen der Welt, Spezielles wie Allgemeines, Plattform zur Veröffentlichung sozialer wie politischer Missstände, Selbstverwirklichung und Selbstdarstellung, Popularität, ökonomischer Erfolg, Zwanglosigkeit, kurzum: Entfaltung aller Ressourcen.

Der Refrain lautet dieses Mal: Förderung, Chance, Freiheit.

Schon in Vornetzzeiten schied sich die Welt in die Hölle der Kontrolllosigkeit und den Himmel der Freiheit. Damals war alles richtig, was Freiheit ermöglichte oder wenigstens ahnen ließ. Das soll heute falsch sein?

Die damals Freiheit verheißende Reise mit dem VW-Käfer an den Teutonengrill bei Jesolo ist heute ein Ausflug auf Mountainbikes in den Anden, wenigstens per Helmkamera und Youtube-Video.

Die damals Lockerheit verheißenden Witzeleien eines Peter Alexander oder Heinz Ehrhardt sind heute online veröffentlichte Tollkühnheiten nach jackassiger Art.

Das damals grenzüberschreitende Wählscheibentelefon eines jeden Haushalts entspricht der heutigen Kommunikation per WhatsApp, wieder mit dem Finger, nur Wischen statt Drehen.

Die damalige politische Inkarnation der Freiheitlichkeit in der FDP findet sich heute bei der Piratenpartei oder als „change.org"-Netzinitiative.

Es ist fast egal, ob man über Grenzen der Sichtbarkeit wirklicher oder Grenzen der Sichtbarkeit fiktionaler Begebenheiten nachdenkt, wenn man ihre Erscheinung im Netz thematisiert. Diese Grenzen verfließen: Was hier wirklich wirklich ist und was hier wirklich fiktional ist, ist in seinem Niederkommen auf den Konsumenten oftmals gleich.

Wo ist diese Grenze? Man könnte sie mit dem Katalog der Menschenrechte in der Hand ziehen. Aber ist das nicht obsolet? Privatsphäre, körperliche Unversehrtheit, Würde – markieren sie die Grenze?

In Vornetzzeiten wurde gefensterlt, Tom und Jerrys Hauereien gebannt gefolgt und gelacht, wenn Hardy Laurel in das Auge piekste und ihn als Depp dastehen ließ.
In heutigen Zeiten gibt es neben Youtube Youporn, embedded Journalismus mit den egoshooterartigen grünen Luftangriffsbildern aus dem Irakkrieg, Cybermobbing.
Es sind schlimmere Wörter, im Kern aber ist es dasselbe.
Das heutige Fensterln findet bei Youporn statt. Tom und Jerry kämpfen an der Seite von US-Marines in der Koalition der Willigen und Laurels peinliche Erniedrigung verbreitet sich millionenhaft auf Facebook.
Im Kern aber ist es dasselbe: Alles, was man sehen will, konnte und kann man sehen. Man muss nur nahe genug rankommen. Der Wunsch, die Grenzen der Sichtbarkeit und übrigens oft auch des Gesehen-Werdens zu überschreiten, war und ist immer gleich gewesen.

Lasst doch alles, wie es ist!

[5] Es ist natürlich einfach, mit dem Verweis darauf, dass es früher schon so war, jetzige Probleme abwehren zu wollen. Aber es soll zumindest helfen, dem Vorgang die Dramatik zu nehmen. Denn da wird viel aufgebauscht und Panik gemacht. Es scheint so, als wenn dies vor allem Menschen sind, die selbst recht wenig Erfahrung im Umgang mit diesen Medien haben. Wer Erfahrung hat, der weiß, dass er besser nicht alles preisgibt, schon gar nicht Echtnamen, Echtwohnort, Echtschwächen.
Wer Erfahrung hat, der nutzt routiniert die Mittel der Förderung, der Chance, der Freiheit, die das Netz bietet.
Wer Erfahrung hat, der weiß, dass das Netz vieles kann, aber eines niemals: Menschen aus Fleisch und Blut ersetzen.
Wer Erfahrung hat, der bewahrt sich ein Leben neben oder besser vor und über dem virtuellen Leben im Netz.
Wer Erfahrung hat, der kennt vor allem das beste Mittel zum Selbstschutz: den Ausschalter!
Hilft eine Redaktion, um unbestreitbare Gefahren des Netzes abzumildern?
Nun ja, eher literarisch-monolithische Angebote wie Wikipedia können von einer Redaktion profitieren, für die dynamischen, wilden wäre eine Redaktion ein Stück Selbstaufgabe, ein Stück Verlust des Markenkerns. Redaktionell bearbeitetes Youtube wird irgendwann so sein wie öffentlich-rechtliches Fernsehen – das gibt es bereits. Beide beanspruchen Berechtigung. Zu Recht. Auch vor dem Hintergrund, dass die heutige Zeit sowieso sofort ein neues Youtube – redaktionsfrei und unter anderem Namen – hervorbringen würde, bleibt ein eigentlich sehr konservativer Wunsch: Lasst doch alles, wie es ist!

Original-Prüfungsaufgaben

Abitur 2016

Aufgabenformat I: Erschließen eines literarischen Textes (Lyrik)

Hilde Domin: Fremder

Aufgabenstellung

1. Erschließen und interpretieren Sie das Gedicht „Fremder“ von Hilde Domin! Gehen Sie dabei insbesondere darauf ein, welche Erfahrungen das lyrische Ich in der Fremde macht! Nutzen Sie dafür auch das Material 2!

2. Zeigen Sie ausgehend von Ihren Ergebnissen vergleichend auf, wie das Thema der existenziellen Verunsicherung in einem anderen literarischen Text gestaltet wird!

Der Schwerpunkt der Aufgabenstellung liegt auf Teilaufgabe 1.

Materialgrundlage

- Hilde Domin: Fremder. Aus: Dies., Sämtliche Gedichte. Hrsg. v. Nikola Herweg und Melanie Reinhold. Frankfurt a. M.: S. Fischer Verlag [6]2013, S. 102 ff.
- Hilde Domin: Heimat. Aus: Dies., Aber die Hoffnung. München: S. Fischer Verlag 1982, S. 12 f.

M1 Fremder (1960) *Hilde Domin (1909–2006)*

Vorbemerkung

Hilde Domin wurde als Kind jüdischer Eltern in Köln geboren. 1932 begann sie in Italien ein Auslandsstudium, konnte aber nach Hitlers Machtübernahme nicht mehr nach Deutschland zurück. Nach weiteren Exilstationen kam sie 1954 zum ersten Mal wieder nach Deutschland. Sie pendelte zunächst noch sieben Jahre zwischen Spanien und Deutschland hin und her, bevor sie sich 1961 in Heidelberg niederließ. Die Bedeutung von Heimat und die Erfahrung in der Fremde hat Hilde Domin in ihrem Werk häufig thematisiert. Ihr Pseudonym „Domin“ wählte sie aufgrund ihres Aufenthalts in der Dominikanischen Republik, wo ihre ersten literarischen Werke entstanden. Das folgende Gedicht wurde 1960 in Spanien verfasst und erschien in dem 1962 veröffentlichten Gedichtband „Rückkehr der Schiffe“.

1
Ich falle durch jedes Netz,
wie ein Toter

falle ich durch die Netze hindurch.
Samenkorn ohne Erde
schwerelos
treibt mich der Wind
aus allen Netzen empor.

Wohin ich komme, Gespinst von Wegen,
eng geknüpft.

In jeder Stadt liegt bereit
was sie brauchen,
Spielzeug und Hochzeitslaken
und der Platz
bei dem Sarg der Mutter.

Ich brauche nichts, ich komme und gehe
mit offenen Händen.

»Unsere Sprache sprichst du«,
sagen sie überall
mit Verwundern.
Ich bin der Fremde,
der ihre Sprache spricht.

2
Vor mir wird aufgebaut,
hinter mir abgeräumt,
die Bühne aus sehr dauerhaften
Häusern, Straßen, Bäumen.

Minuten ehe ich komme,
ein Platz, Stühle, ein Tisch.
Man bringt mir Kaffee,
ich spreche die Sprache des Kellners.
Stunden entfernt
baut man ein Schlafzimmer auf
in einem lauten Hotel.
Niemand wartet am Zug.

Ich ziehe um mich
das kleine schon dünne Tuch
deiner Liebe,
mein einziges Kleid.
Ich gehe im Licht
eines fernen
längst erloschenen
Lächelns.

M2 **Heimat (1982)** *Hilde Domin (1909–2006)*

Vorbemerkung

Der Text „Heimat" stammt aus einer Sammlung autobiografischer Texte der Autorin mit dem Titel „Aber die Hoffnung" (1982).

Text in alter Rechtschreibung

[...] „Vaterland"? Ich will lieber von Mutterland reden, dem Land meiner Herkunft, dem Land meiner Sprache. [...] Für mich ist die Sprache das Unverlierbare, nachdem alles andere sich als verlierbar erwiesen hatte. Das letzte, unabnehmbare Zuhause. Nur das Aufhören der Person (der Gehirntod) kann sie mir wegnehmen. Also die deutsche Sprache. In den andern Sprachen, die ich spreche, bin ich zu Gast. Gern und dankbar zu Gast.[1] Die deutsche Sprache war der Halt, ihr verdanken wir, daß wir die Identität mit uns selbst bewahren konnten. Der Sprache wegen bin ich auch zurückgekommen.

Es war eine der Aufregungen des Lebens, wieder nachhause zu kommen. In das Land der Geburt, wo die Menschen deutsch reden. Vielleicht, ja sicher war es noch aufregender als das Weggehen, damals. Dazwischen lag das Exil, das Nicht-Dazugehören, eine Erfahrung, die man erst stückweise vollzieht, man sieht sie nicht als Ganzes vor sich. Erst beim Gehen merkt man, wie vertrackt der neue Zustand ist, wie „unheimlich". […] Zuhausesein, Hingehörendürfen, ist eben keine Frage der Kulisse. Oder auch des Wohlergehens. Es bedeutet, mitverantwortlich zu sein. Nicht nur Fremder sein. Sich einmischen können, nötigenfalls. Ein Mitspracherecht haben, das mitgeboren ist. […]

Anmerkungen

1 Hilde Domin sprach außer Deutsch auch Italienisch, Englisch und Spanisch.

Inhaltliche Teilleistungen

Grundlage der Textanalyse sollte in jedem Fall ein Schreibplan sein, der der eigenen Kontrolle dient, aber nicht in die Notengebung einfließt. Er sollte Struktur sowie wesentliche Inhalte skizzieren und stellt die Basis der Ausarbeitung dar.
Die Schüler erfassen die im Gedicht ausgedrückte und durch den Heimatverlust begründete Erfahrung des Fremdseins in Wechselwirkung mit fehlender Geborgenheit. Sie entdecken die Erkenntnis, dass Liebe eine haltgebende Erfahrung sein kann.
Ein eigenständiger Gliederungspunkt zur Sprachanalyse fehlt, weil diese idealerweise in die Inhaltsanalyse integriert werden sollte. Dies führt zur Vermeidung unnötiger Wiederholungen, da Sprache und Inhalt stets in einem engen Wirkungsverhältnis zueinander stehen. Eine Sprachanalyse muss aber unbedingt in der Ausarbeitung realisiert sein.
In Teilaufgabe 2 stellen die Schüler eigenständig Zusammenhänge her und legen vergleichend dar, wie das Thema der existenziellen Verunsicherung in einem anderen literarischen Werk gestaltet wird. Dabei sollten passende Vergleichskriterien Grundlage der Darstellung sein. Die Schüler gelangen zu einer angemessenen Gesamtbewertung.
In stilistischer Hinsicht sollte darauf geachtet werden, dass der Text – trotz seiner Untergliederung in Teilaufgaben – als homogenes Textganzes erscheint. Weitere Gütekriterien sind der korrekte Umgang mit Zitaten sowie Gewandtheit und Sicherheit bei der sprachlichen Gestaltung.

Beispielschreibplan

(Hinweis: Seit dem Abitur 2017 soll ein frei wählbarer Schreibplan für Ihre Klausurlösung angefertigt und auch abgegeben werden, der der eigenen Kontrolle dient, aber nicht in die Notengebung einfließt. Das folgende Beispiel zeigt nur eine von vielen Möglichkeiten.)

1 Heimatverlust als zentrale Lebenserfahrung im Jahrhundert der Flüchtlinge
2 Erschließung und Interpretation des Gedichts „Fremder" von Hilde Domin
   - Formanalyse: Neunstrophiges, ungereimtes Gedicht in freien Rhythmen
   - Inhalts- und Aufbauanalyse: Fünf Sinnabschnitte in formaler Zweiteilung
      - Existenzielle Verunsicherung durch die Heimat- und Haltlosigkeit des lyrischen Ichs
      - Vorbehaltensein biografischer Orientierungspunkte für Einheimische in einer fremden Stadt

  - Angebliche Bedürfnislosigkeit des lyrischen Ichs als Reaktion auf fehlende Zugehörigkeit und Distanz zu Einheimischen trotz Beherrschung der Sprache
  - Erleben der Realität in der Fremde als Welt des Scheins: Inszenierter Lebensraum als Wechsel von Kulissen
  - Halt in der Fremde trotz Einsamkeit durch die Erinnerung an Liebeserlebnis
- Das Gedicht „Fremder“ als Zeugnis des Heimatverlusts
  - Die Fremde als Katalysator der Perspektivlosigkeit
  - Das lyrische Ich zwischen pessimistischer Wahrnehmung und hoffnungsvoller Erinnerung
    - Die Interpretation der Fremde als austauschbare Kulisse
    - Erinnerung an Liebeserlebnis als identitätsstiftende Kraft

3 Vergleich zwischen der Gestaltung des Themas der existenziellen Verunsicherung in „Fremder“ und „Fabian“ von Erich Kästner
- Liebe als Halt in Zeiten fehlender Sicherheit
- Fremdsein in der Fremde gegenüber Fremdsein im eigenen Land
- Verlust der Mitspracherechte gegenüber Verzicht auf Mitgestaltung

4 Schreibvorgang als Therapie gegen Entwurzelung und zur Warnung

Beispiellösung: Teilaufgabe 1

(Hinweis: Die in der Beispiellösung eingeflochtenen Zahlen „[1]“ – „[4]“ dienen lediglich der Anknüpfung an den oben stehenden Beispielschreibplan. In Ihrer Klausurschrift müssen sie natürlich nicht mehr auftauchen.)

Heimatverlust als zentrale Lebenserfahrung im Jahrhundert der Flüchtlinge

[1] Laut UNO befanden sich im Jahr 2015 rund 60 Millionen Menschen auf der Flucht. Das übersteigt die Zahl der Flüchtlinge im Zuge des Zweiten Weltkrieges. Ob innerhalb des eigenen Landes oder außerhalb: Die Anzahl der Flüchtlinge steigt stetig und ist eine der globalen Herausforderungen im 21. Jahrhundert. Wie sehr der Verlust der Heimat zu einer existenziellen Verunsicherung führen kann, zeigt das Gedicht „Fremder“, das die jüdischstämmige Autorin Hilde Domin – selbst Flüchtling vor dem Nazi-Regime – 1960 in Spanien verfasst hat. Der Text belegt, dass es mit der Beherrschung der Landessprache des jeweiligen Gastlandes noch lange nicht getan ist. Wichtiger als die Sprache selbst wäre für Domin ein angeborenes Mitspracherecht.

Erschließung und Interpretation des Gedichts „Fremder“ von Hilde Domin

[2] Domins reimloses Gedicht ist in neun unterschiedlich lange Strophen unterteilt, die in zwei Abschnitte gruppiert sind. Durch die Verwendung freier Rhythmen in Verbindung mit zahlreichen, teilweise sogar strophenübergreifenden (vgl. V. 2 f.) Enjambements wird ein fließender Rhythmus geschaffen, der das Gefühl des „schwerelos[en]“ Getriebenwerdens (vgl. V. 5 f.) passend unterstreicht.

Dafür, dass dieses Lebensgefühl nicht positiv verstanden wird, sorgt die wiederholte Verwendung des bedrohlichen Verbs „falle[n]“ (V. 1 und 3) gleich am Anfang des Gedichts. Sie ist der Ausdruck einer existenziellen Verunsicherung, die in fünf Sinnabschnitten thematisiert wird.

Das lyrische Ich ist haltlos. Selbst ein „Netz“ (V. 1) bzw. „Netze[...]“ (V. 3 und 7) können es nicht auffangen. Die Wiederholung wird dadurch verstärkt, dass sich das lyrische Ich mit einem „Tote[n]“ (V. 2) vergleicht. Die Metapher „Samenkorn ohne Erde“ (V. 4) macht deutlich, dass dem lyrischen Ich die Grundlage zur Entfaltung seines Lebens genommen ist: die Heimat. Ohne Mutterboden kann der Samen schließlich nicht aufgehen. Es scheint fremdbestimmt, ein Spielball des „Wind[es]“ (vgl. V. 6) zu sein.

Das Gefühl, nicht dazuzugehören und fremd zu sein, wird im nächsten Sinnabschnitt durch die antithetische Gegenüberstellung von „sie“ (V. 11) und „Ich“ (V. 15) erzeugt. Die Einwohner einer nicht näher benannten Stadt besitzen im Gegensatz zum lyrischen Ich biografische Orientierungspunkte, die für ein erfülltes Leben benötigt werden: Die Begriffe im Polysyndeton von „Spielzeug und Hochzeitslaken und der Platz bei dem Sarg der Mutter“ (V. 12 ff.) assoziieren Erinnerungsimpulse an Kindheit, Partnerschaft, Liebe und Trauer, die dem lyrischen Ich aufgrund seines Heimatverlusts nicht mehr zur Verfügung stehen. Die Antithese „sie brauchen“ (V. 11) und „Ich brauche nichts“ (V. 15) wirkt wie eine trotzige Gegenreaktion, aber gerade deshalb wie ein Hilferuf des lyrischen Ichs, das von sich selbst behauptet, „mit offenen Händen“ (V. 16) zu kommen, aber auch zu gehen. Diese Synthese der gebräuchlichen Redewendungen „mit offenen Armen“ und „mit leeren Händen“ drückt einerseits die Bereitschaft aus, den Menschen in der Fremde wohlgesonnen zu begegnen, andererseits aber auch das ernüchternde Fazit, in den Begegnungen nichts dazugewonnen zu haben. Und dies, obwohl die Fremden durchaus bemerken, dass das lyrische Ich ihre Sprache spricht (vgl. V. 17 ff.). Das „Verwundern“ (V. 19), mit dem dieser Umstand zur Kenntnis genommen wird, scheint zu verletzen. Die Distanz zwischen lyrischem Ich, das sich selbst als „der Fremde“ (V. 20) bezeichnet, und den Einheimischen wird durch den antithetischen Einsatz der Possessivpronomen „[u]nsere“ und „ihre“ (V. 17 und 21) bzw. der Personalpronomen „du“ und „Ich“ (V. 17 und V. 20) wie in einem Chiasmus unterstrichen: Während „du“ in der wörtlichen Rede durch eine Inversion an exponierter Stelle am Versende steht, folgt das „Ich“ drei Zeilen später am Versanfang.

Das lyrische Ich erlebt die Realität in der Fremde als Welt des Scheins, als „Bühne aus [...] Häusern, Straßen, Bäumen“ (V. 24 f.). Dieses Asyndeton der Bühnenbestandteile wird mit dem Superlativismus „sehr dauerhaften“ (V. 24) verknüpft, was mit der Empfindung, dass vor dem lyrischen Ich alles errichtet und nach ihm alles wieder entfernt werde (vgl. V. 22 f.), als Paradoxon erscheint. Die Lebenswelt des fremden Gastlandes wird aus der Perspektive des Flüchtlings zu einer austauschbaren Kulisse. Diese surreal anmutende Empfindung konkretisiert das lyrische Ich mittels Beispielen, die Schauplätze beinhalten, die mustertypisch für das fehlende Zuhause und die damit verbundene Rastlosigkeit stehen: einem Café, einem Hotel und einem Zug. Trotz der Fähigkeit zu Verständigung – lyrisches Ich und Kellner sprechen dieselbe Sprache (vgl. V. 29) – bleibt das Gefühl der Einsamkeit, denn „[n]iemand wartet“ (V. 33) auf das lyrische Ich.

Geborgenheit und Wärme vermittelt in der Abschlussstrophe allerdings die Liebe zu einem nicht näher beschriebenen Menschen. Aber auch die hier eingesetzte Metapher gibt Grund zur Sorge, denn das „Tuch [der] Liebe“ ist „klein[...]“ und bereits „dünn[...]“ (V. 35 f.) geworden – und es ist das „einzige[...] Kleid“ (V. 37), das das lyrische Ich besitzt. Noch depressiver wird die Stimmung am Ende des Gedichts, wenn deutlich wird, dass es sich bei dem Liebeserleben um die Erinnerung an einen geliebten Menschen handelt, was durch ein

Paradoxon ausgeführt wird: Das lyrische Ich geht „im Licht eines fernen längst erloschenen Lächelns“ (V. 38 ff.). Die auf den ersten Blick wieder Distanz ausdrückende Ferne wird durch die Präzisierung ins Zeitliche gerückt. Aufgrund seiner unglücklichen Lebenssituation in der Gegenwart bleibt dem lyrischen Ich als minimaler Halt also nur die emotionale Strahlkraft der Liebe aus früherer Zeit.

Das Gedicht wird gerade durch diese letzte Strophe zum Zeugnis einer geografischen und emotionalen Heimatlosigkeit, die zu einer existenziellen Verunsicherung führt.

Die Fremde wird dabei zu einer Art Katalysator für die Empfindung der Perspektivlosigkeit des Fremden in einer aufgezwungenen Lebenswelt. Die mannigfaltigen Möglichkeiten werden als „eng geknüpft[es] Gespinst von Wegen“ (V. 8 f.) wahrgenommen, die nicht zum fremden Individuum passen. Das lyrische Ich hat das Gefühl, durch die Netze hindurchzufallen bzw. emporgehoben zu werden (vgl. V. 3 ff.), es kommt und geht (vgl. V. 15), ohne sich irgendwo zu Hause zu fühlen. Dementsprechend einsam fühlt sich das lyrische Ich, weil niemand auf es wartet (vgl. V. 33). Die Personen, die sich um sein Wohlergehen kümmern, werden bis auf einen Kellner (vgl. V. 29) mittels Passivkonstruktionen gar nicht erwähnt (vgl. V. 22 ff.) oder bleiben durch das Indefinitpronomen „man“ (V. 28 und 31) völlig identitätslos. Der Fremde in Domins Gedicht hat also Schwierigkeiten, sich in die Gesellschaft seines Gastlandes zu integrieren, weil er beständig das Gefühl hat, ausgegrenzt zu sein – und das, obwohl er der Landessprache mächtig ist (vgl. V. 17 und 29). Wie viele andere Schriftsteller auch hat Hilde Domin ihr Exil als „Nicht-Dazugehören“ (M2, Z. 21 f.) empfunden. Die Erfahrungen des lyrischen Ichs stehen also vermutlich für die Erfahrungswelt der Autorin bzw. der Exilliteraten an sich, die nach der Flucht aus ihrem Heimatland die Lebenssituation nach dem Verlust ihres Zuhauses im wörtlichen Sinn als „un-heimlich“ (M2, Z. 26) empfanden.

Folglich wird die Umgebung in der Fremde sehr negativ und pessimistisch wahrgenommen. Erst am Ende schöpft das lyrische Ich aus Domins Gedicht ein wenig Hoffnung aus seiner Erinnerung. Wie Domin erkennt das lyrische Ich seinen Zustand nur „stückweise“ und „nicht als Ganzes“ (M2, Z. 23 f.). Im Gedicht wiederum wird dies durch die zahlreichen, polysyndetischen und asyndetischen, Aneinanderreihungen von Einzelaspekten (V. 12 f., 25 und 27) gespiegelt.

Am deutlichsten wird die kritische Sichtweise auf das Gastland durch die Interpretation der Fremde als austauschbare Kulisse. Domin schreibt, dass „Zuhausesein und Hingehörendürfen [...] eben keine Frage der Kulisse“ seien (M2, Z. 26 ff.). In „Fremder“ werden dem lyrischen Ich „Bühne[n]“ (V. 24) errichtet, die darauf hindeuten, dass es seine Lebenswelt nicht authentisch, sondern wie ein Schauspiel erlebt und damit zum Zuschauen degradiert ist. Auch dies passt zu biografischen Äußerungen der jüdischstämmigen Autorin, die während des Dritten Reiches wie viele andere Schriftsteller ihre Heimat verlassen musste: Zuhausesein bedeutet für sie, „[s]ich einmischen können, [...] [e]in Mitspracherecht haben, das mitgeboren ist“ (M2, Z. 30 ff.). Das lyrische Ich in Domins Gedicht kommt wegen dieses Fremdseins auch niemals an. Es ist rast-, ruhe- und haltlos, was bereits durch die Unruhe der syntaktischen Struktur des Gedichts und seine formale Ungebundenheit – Reime und einheitliches Metrum fehlen – gespiegelt wird. Das lyrische Ich scheint permanent auf Reisen zu sein: Es ist getrieben (vgl. V. 6), kennt jede Stadt (vgl. V. 10), kommt und geht (vgl. V. 15), wird „überall“ auf die guten Sprachkenntnisse angesprochen (vgl. V. 17 ff.). Die Schauplätze, an denen Kaffee getrunken und ein Schlafzimmer hergerichtet wird, sind „Stunden [voneinander] entfernt“

(V. 30), Transportmittel ist der „Zug“ (V. 33). Selbst Ruhephasen lassen keine wirkliche Entspannung zu: Durch eine Inversion und Personifikation betont, wird das Schlafzimmer „in einem lauten Hotel“ (V. 32) für das lyrische Ich hergerichtet.
Selbst die Erinnerung an ein Liebeserlebnis bewirkt kein völliges Innehalten: Das lyrische Ich „geh[t] im Licht eines fernen [...] Lächelns“ (V. 38 ff.). Die Lichtmetaphorik wertet die Wirkung des Gedenkens an einen geliebten Menschen auf. Waren die Bewohner des Gastlandes mit unpersönlichen Pronomen bedacht worden, wird Domin am Ende ihres Gedichtes durch das Possessivpronomen doch ganz persönlich und zeigt die identitätsstiftende, aber auch zerbrechliche Kraft der Liebe auf, wenn sie die Metapher des „schon dünnen Tuch[es] deiner Liebe“ (V. 35 f.) den Erfahrungen in der Fremde entgegensetzt.

Beispiellösung: Teilaufgabe 2

Vergleich zwischen der Gestaltung des Themas der existenziellen Verunsicherung in „Fremder“ und „Fabian“ von Erich Kästner

[3] Liebe ist es auch, die die Titelfigur aus Erich Kästners Großstadt- und Zeitroman „Fabian“ wie in Domins Gedicht kurzzeitig aus ihrer existenziellen Verunsicherung befreit und ihn Glück erfahren lässt. Während bei Domin die Erinnerung an einen geliebten Menschen ausreicht, erlebt Fabian in den Verwerfungen am Ende der Weimarer Republik seine Liebe hautnah. Anfangs ist er scheinbar aktiv auf der Suche nach amourösen Abenteuern, schreckt aber vor der Reduzierung der Geschlechterbeziehung auf Sexualität zurück. Mit der Filmjuristin Cornelia Battenberg erlebt er ein kurzes Liebesidyll. Doch währt das Beziehungsglück, das ihn seine pessimistische und passive Grundhaltung vorübergehend aufgeben lässt, nur kurz, weil Cornelia, die sich eine freie Beziehung wünscht, sich der Karriere wegen mit einem Filmproduzenten einlässt.
Jakob Fabian, promovierter Germanist, der sich am Ende der Weimarer Republik zunächst als Werbetexter, später als Arbeitsloser durchschlagen muss, begegnet seiner Umwelt, die er nur als Beobachter wahrnimmt und niemals als Akteur verändern will, mit Ironie und Zynismus. Er, der im Untertitel als „Moralist“ bezeichnet wird, ist im Berlin kurz vor der sogenannten „Machtergreifung“ der Nazis mit der Unmoral konfrontiert. Man findet ihn in Künstlerateliers, Bordellen, Szeneklubs und Unterweltspelunken, wo er trotz seines ethischen Wertesystems den Beweis für Kästners im Untertitel vorgenommene Etikettierung schuldig bleibt. Denn anders als sein durch Selbstmord sterbender, idealistischer Freund Labude wartet er als Beobachter nur ab, hofft auf eine Verbesserung der Zustände, ohne etwas dafür zu tun. Damit karikiert Kästner die Zustände in Deutschland, insbesondere in der Großstadt Berlin, während der Weltwirtschaftskrise und auch den Vorwurf mancher Exilliteraten an Autoren, die die NS-Zeit abwartend in Deutschland verbracht haben. Wie das lyrische Ich in Domins Gedicht hat auch Fabian seine Heimat verloren, doch hat er sein Vaterland und seine Muttersprache nicht verlassen. Ihm bricht das Gefühl, zu Hause zu sein und dazuzugehören (vgl. M2, Z. 26 f.), gleichsam vor der Haustüre weg. Er ist auf der Suche nach Arbeit, Liebe, Sinn. Doch nichts davon erfüllt sich. Im Grunde ist er in seiner Existenz zutiefst verunsichert, verarbeitet dies allerdings weniger durch melancholische Rückbesinnung wie Domin, sondern mittels Ironie und Zynismus.

Wie Domins lyrisches Ich sieht, fühlt und reflektiert Fabian viel, weiß jedoch nicht, wie er angemessen auf seine mannigfaltigen Eindrücke reagieren soll. Stattdessen wachsen Enttäuschung, Ungeduld und Unbehagen mit sich und der Welt. Bei Domin gehen die Mitspracherechte dadurch verloren, dass man das Leben als Exilantin wegen Repression, Gewalt und Mord im Heimatland wählen musste. Als „Fremder" wird man von den anderen ausgegrenzt, die sich wundern, dass man ihre Sprache spricht (vgl. V. 17 ff.). Die Betonung durch die wörtliche Rede, Alliteration und die Verwendung des Possessivpronomens „[u]nsere" (V. 17) am Strophenanfang suggeriert eine fast feindselige Haltung der Einheimischen und die Verwendung „ihre[r] Sprache" (V. 21) als Anmaßung. Kästners Romanfigur dagegen grenzt sich im Grunde selbst aus. Sie verzichtet in einem entscheidenden Zeitabschnitt ohne große Not freiwillig auf die Mitgestaltung der Gesellschaft, indem sie sich auf die Rolle des Beobachters zurückzieht. Als Moralist sollte Fabian aber alle Chancen nutzen, die Welt nach ethischen Grundsätzen positiv zu verändern. Man muss dafür nicht gleich sein Leben wegwerfen. Als er am Ende des Romans erstmals in die Speichen des Schicksalsrades greift, um einen Jungen zu retten, der zu ertrinken droht, scheitert er grandios: Ohne nachzudenken, springt der Nichtschwimmer in den Fluss und kommt selbst ums Leben, während sich der Bub leicht selbst ans Ufer retten kann.

Schreibvorgang als Therapie gegen Entwurzelung und zur Warnung

[4] Es stellt sich die Frage, wozu das Verfassen der beiden unterschiedlichen Texte gedient haben könnte. Kästner interpretierte seine Satire nach dem Krieg als Warnung vor dem Moralverlust im Zusammenhang des Aufstiegs der Nationalsozialisten. Wieso er eine Figur schuf, die bis zum tragischen Ende nur beobachtet, anstatt sich gegen den Werteverlust zu stemmen, erscheint in diesem Zusammenhang nicht ganz schlüssig. Domins Text ist wohl eher als Versuch zu werten, den Heimatverlust und den Neuanfang in der Fremde durch den Schreibvorgang gleichsam therapeutisch aufzuarbeiten. Bezogen auf die aktuelle Flüchtlingssituation bleibt festzuhalten, dass man aus Domins Gedicht lernen kann, dass es für die der Heimat beraubten Menschen neben Unterkunft und Sprachkurs etwas ebenso Wichtiges gibt, das ihnen oft vorenthalten wird: die Möglichkeit, selbstbestimmt leben zu dürfen.

Abitur 2016

Aufgabenformat II: Erschließen eines literarischen Textes (Drama)

Gerhart Hauptmann: Einsame Menschen

Aufgabenstellung

1. Erschließen und interpretieren Sie den vorliegenden Auszug aus dem Drama „Einsame Menschen“ von Gerhart Hauptmann!

2. Zeigen Sie ausgehend von Ihren Ergebnissen vergleichend auf, wie Geschlechterrollen in einem anderen literarischen Werk gestaltet werden!

Der Schwerpunkt der Aufgabenstellung liegt auf Teilaufgabe 1.

Materialgrundlage

Gerhart Hauptmann: Einsame Menschen. Aus: Ders., Sämtliche Werke. Hrsg. v. Hans-Egon Hass, Band 1: Dramen. Berlin: Propyläen-Verlag 1996, S. 210 – 213

Einsame Menschen (1891) *Gerhart Hauptmann (1862 – 1946)*

Vorbemerkung

Der Privatgelehrte[1] Johannes Vockerat lebt mit seiner Frau Käthe und dem gemeinsamen Sohn Philipp in einem Landhaus am Müggelsee bei Berlin. Auf Einladung Vockerats ist außerdem Anna Mahr, eine Studentin der Naturwissenschaften, zu der sich der junge Familienvater hingezogen fühlt, für mehrere Wochen zu Gast im Haus. Beim folgenden Dramenauszug handelt es sich um den Schluss des zweiten von fünf Akten. Der Ausschnitt setzt ein, als Käthe ihren Mann, der auf keinen Fall bei der Arbeit an seinem Manuskript gestört werden will, bereits mehrfach vergeblich aufgefordert hat, sich mit einem Schreiben ihres Bankiers zu befassen.

Uraufführung 1891; Orthografie entsprechend der Werkausgabe von 1962

[...]

JOHANNES Ach Käthe, Käthe! – Das ist ein Leiden! Immer die Geldsachen, immer die Angst, als ob wir morgen schon am Verhungern wären. Das ist ja schrecklich. Das macht ja wirklich den Eindruck, als ob dein Kopf und dein Herz ganz und gar nur voll Geld wären. Und da hat man seine Ideale von der Frau gehabt ... Was s o l l man denn schließlich noch lieben.

FRAU KÄTHE Wegen meiner sorg' ich mich doch nicht. Aber was soll denn werden aus Philippchen, wenn ... Und du sagst doch selbst, daß du auf Verdienst nicht rechnen kannst. Da muß man's doch zusammenhalten.

JOHANNES Na ja! Du hast eben immer deine Familieninteressen, und ich habe allgemeine Interessen. Ich bin überhaupt kein Familienvater. Die Hauptsache ist für mich, daß ich das, was in mir ist, rausstelle. Wie Pegasus im Joch[2] komm' ich mir vor. Ich werde noch mal ganz und gar dran zugrunde gehen.

FRAU KÄTHE Johannes! Es ist schrecklich für mich, so was mit anzuhören.

JOHANNES Fräulein Anna hat ganz recht. Die Küche und die Kinderstube, das sind im besten Fall eure Horizonte. Darüber hinaus existiert nichts für die deutsche Frau.

FRAU KÄTHE Einer muß doch kochen und die Kinder warten[3]. Das Fräulein hat gut reden! Ich möchte auch lieber Bücher lesen.

JOHANNES Käthe! Du solltest dich nicht absichtlich kleinmachen. Die Art, wie du über ein Geschöpf redest, das so hoch steht wie Fräulein Anna ...

FRAU KÄTHE Nu, wenn sie solche Sachen sagt!

JOHANNES Was für Sachen?

FRAU KÄTHE Von uns deutschen Frauen – solche dumme Sachen.

JOHANNES Sie hat keine dummen Sachen gesagt. Im Gegenteil. In diesem Augenblick widerstrebt es mir fast, dir zu sagen, wie gut sie von dir gesprochen hat. Ich möchte dich nicht zu sehr beschämen.

FRAU KÄTHE Sie hat aber doch von unserm engen Horizonte gesprochen.

JOHANNES Beweise, daß sie sich irrt!

FRAU KÄTHE *in Tränen, leidenschaftlich* Nein, Hannes ... So gut wie du auch bist – manchmal ... manchmal bist du so kalt, so grausam – so herzlos!

JOHANNES *ein wenig abgekühlt* Da bin ich nun wieder herzlos! Wieso denn nur, Käthe?

FRAU KÄTHE *schluchzend* Weil du mich – quälst – du weißt recht gut ...

JOHANNES Was weiß ich denn, Käthchen?

FRAU KÄTHE Du weißt, wie wenig ich selbst zufrieden bin mit mir. – Du weißt es – aber ... aber du hast keine Spur von Mitleid. Immer wird mir alles aufgemutzt[4].

JOHANNES Aber, Käthchen, wieso denn?

FRAU KÄTHE Anstatt – daß du mal – gut zu mir wärst, mein Zutrauen zu mir selbst – bißchen stärktest ... Nein – da werd' ich nur immer kleingemacht – immer klein – immer geduckt werd' ich. Ich bild' mir weiß Gott nichts ein auf meinen großen Horizont. Aber ich bin eben nicht gefühllos. – Nee wahrhaftig, ich bin kein Licht. Überhaupt: ich hab's schon lange gemerkt, daß ich ziemlich überflüssig bin.

JOHANNES *will ihre Hand fassen, Käthe entzieht sie ihm.* Du bist nicht überflüssig: das hab' ich nie gesagt.

FRAU KÄTHE Das hast du vorhin erst gesagt. Aber wenn du's auch nicht gesagt hättest, ich fühl's ja doch selbst: – dir kann ich nichts sein, denn deine Arbeit versteh' ich nicht. Und der Junge ... na ja! Dem gibt man seine Milch, man hält'n sauber ... aber das kann 'ne Magd auch machen, und später ... später kann ich'm doch nichts mehr bieten. *Wieder stärker weinend.* Da wär' er – bei Fräulein Anna viel besser aufgehoben.

JOHANNES Du bist wohl ... aber liebes Käthchen!

FRAU KÄTHE Aber – ich sag' ja nur so. Es ist doch wahr. Sie hat doch was gelernt. Sie versteht doch was. Wir sind ja die reinen Krüppel. Wie soll man denn da jemand anders eine Stütze sein, wenn man nicht mal ...

JOHANNES *voll Glut und Liebe, will Käthe umarmen.* Käthchen! Du goldnes, goldnes Geschöpf! Du hast ein Herz wie ... Du tiefes, tiefes Märchenherz du! Oh, du mein süßes Wesen! *Sie drängt ihn von sich, er stammelt.* Ich will ehrlos sein, wenn ich ... Ich bin roh und schlecht manchmal! Ich bin deiner nicht wert, Käthe!

FRAU KÄTHE Ach nein – nein Hannes! – Das sagst du bloß so, jetzt, das ...

JOHANNES Wahrhaftig, Käthchen! – Ich will ein Schuft sein, wenn ich ...

FRAU KÄTHE Laß mich, Hannes! Ich muß denken. – Und der Brief, der Brief!

JOHANNES Ach, dummes Käthchen, was mußt du denn denken?

FRAU KÄTHE Es stürmt so viel auf mich ein. Laß! Laß sein!

JOHANNES *heiß* Ach, laß jetzt den Brief! Du mein süßes, süßes Weib du!

FRAU KÄTHE Nein, mein Hannes! Nein. *Sie hält ihn von sich.*

JOHANNES Aber wie bist du denn!

FRAU KÄTHE Komm, Hannes! Sieh dir's mal an. *Sie hält ihm den Brief hin.* Er frägt, ob er verkaufen soll.

JOHANNES Welche Papiere?

FRAU KÄTHE Die Spinnereiaktien.

JOHANNES Langen denn die Zinsen nicht?

FRAU KÄTHE Wo denkst du hin! Wir haben diesen Monat wieder über tausend Mark verbraucht.

JOHANNES Aber Käthe! Das ist ja fast gar nicht möglich! Kinder, Kinder! seid ihr mir auch sparsam genug?!

FRAU KÄTHE Es ist alles notiert, Hannes.

JOHANNES Das ist mir rein unfaßlich.

FRAU KÄTHE Du gibst zu viel fort, Hannes. Da schmilzt es eben zusammen, das Kapital. Soll er nun verkaufen?

JOHANNES Ja, ja – natürlich. – Wart nur ab! Überhaupt – es hat gar nichts auf sich. – Wo gehst du hin?

FRAU KÄTHE Antwort schreiben.

JOHANNES Käthe!

FRAU KÄTHE *Wendung in der Tür* Wie, Hannes?

JOHANNES Willst du wirklich so gehn?

FRAU KÄTHE Was denn?

JOHANNES Ich weiß auch nicht, was.

FRAU KÄTHE Was willst du denn?

JOHANNES Käthchen, ich weiß nicht, was mit dir ist?

FRAU KÄTHE Gar nichts, Hannes. Nein, wirklich.

JOHANNES Magst du mich nicht mehr?

FRAU KÄTHE *senkt den Kopf und schüttelt ihn verneinend.*

JOHANNES *den Arm um Käthe* Weißt du nicht, Käthchen, daß wir von vornherein ausgemacht haben: kein Geheimnis voreinander? Nicht das kleinste. – *Er umarmt sie heftiger.* Sag doch was! – Hast du mich nicht mehr lieb, Käthchen?

FRAU KÄTHE Ach, Hannes! Das weißt du doch.

JOHANNES Aber was ist dir denn da?

FRAU KÄTHE Du weißt ja.

JOHANNES Was denn nur? Ich weiß nichts. Keine Ahnung habe ich.

FRAU KÄTHE Ich möchte dir was sein können.

JOHANNES Aber du bist mir viel.

FRAU KÄTHE Nein, nein!

JOHANNES Aber, so sag mir doch ...

FRAU KÄTHE Du kannst ja nichts dafür, Hannes, aber – ich genüge dir nicht.

JOHANNES Du genügst mir. Du genügst mir völlig.

FRAU KÄTHE Das sagst du jetzt.

JOHANNES Das ist meine heilige Überzeugung.

FRAU KÄTHE Jetzt, im Augenblick.

JOHANNES Aber woraus willst du denn schließen, daß ...?

FRAU KÄTHE Das seh' ich ja.

JOHANNES Käthchen, hab' ich dir je Grund gegeben ...?

FRAU KÄTHE Nein, niemals.

JOHANNES Nun siehst du! *Umarmt sie inniger.* Das sind Grillen[5]. Böse Grillen, Käthchen, die man verjagen muß. Komm, komm! *Er küßt sie innig.*

FRAU KÄTHE Ach, wenn es nur Grillen wären!

JOHANNES Verlaß dich drauf.

FRAU KÄTHE Und – ich hab' dich ja auch – so furchtbar lieb, Hannes! – So ganz unsagbar. Eher könnt' ich noch Philippchen hergeben, glaub' ich.

JOHANNES Aber, Käthchen!

FRAU KÄTHE Gott verzeih' mir's! – Der kleine, liebe, drollige Kerl. *An Johannes' Halse.* Du Lieber! Guter! *Pause stummer Umarmung. Fräulein Anna, zur Kahnfahrt angezogen, öffnet die Verandatür.*

FRÄULEIN ANNA *ruft herein.* Herr Doktor! Ach, verzeihen Sie! *Sie zieht den Kopf zurück.*

JOHANNES Gleich, gleich, Fräulein. *Er nimmt sein Manuskript.* Wir fahren Kahn, Käthchen! – Und keine Grillen mehr. Versprich mir's! *Er küßt sie zum Abschied, nimmt den Hut, wendet sich im Abgehen.* Kommst du etwa mit, Käthchen?

FRAU KÄTHE Ich kann nicht fort, Hannes!

JOHANNES Also Wiedersehen! *Ab.*

FRAU KÄTHE *sieht ihm starr nach, wie jemand, der eine schöne Erscheinung in nichts zerfließen sieht. Ihre Augen füllen sich mit Tränen.*

Anmerkungen

1 *Privatgelehrter:* eine akademisch gebildete Person, deren Forschung in der Regel persönlich motiviert und privat finanziert ist

2 *Pegasus:* geflügeltes Pferd in der griechischen Mythologie, Symbol der Kunst und Poesie; *Joch:* Bezeichnung für ein Zuggeschirr, mit dem Ochsen vor einen Pflug gespannt werden, hier: Ausdruck für die Einschränkung der künstlerischen Freiheit; *Pegasus im Joche* ist auch der Titel eines Gedichts von Friedrich Schiller.

3 *warten:* versorgen, pflegen, hüten

4 *aufmutzen:* hier im Sinne von ankreiden, vorwerfen, anlasten

5 *Grillen:* Hirngespinste, sonderbare Einfälle, unnötige Grübeleien

Inhaltliche Teilleistungen

Grundlage der Textanalyse sollte in jedem Fall ein Schreibplan sein, der der eigenen Kontrolle dient, aber nicht in die Notengebung einfließt. Er sollte Struktur sowie wesentliche Inhalte skizzieren und stellt die Basis der Ausarbeitung dar.

Die Schüler analysieren Inhalt, gedanklichen Aufbau, dramaturgische und sprachliche Gestaltung des Dramenauszugs und erfassen Zusammenhänge zwischen einzelnen Texteinheiten als Geflecht innerer Bezüge und Abhängigkeiten. Dabei werden verschiedene Konfliktfelder erkannt, welche die Beziehung von Käthe und Johannes Vockerat belasten.

Der Einbezug literatur- und kulturgeschichtlichen Kontextwissens kann die Interpretation stützen, allerdings wird eine Epocheneinordnung des Dramenausschnitts durch die Aufgabenstellung nicht verlangt.

Ein eigenständiger Gliederungspunkt zur Sprachanalyse fehlt, weil diese idealerweise in die Inhaltsanalyse integriert werden sollte. Dies führt zur Vermeidung unnötiger Wiederholungen, da Sprache und Inhalt stets in einem engen Wirkungsverhältnis zueinander stehen. Eine Sprachanalyse muss aber unbedingt in der Ausarbeitung realisiert sein.

Im zweiten Aufgabenteil arbeiten die Schüler vergleichend heraus, wie Geschlechterrollen in einem anderen literarischen Werk gestaltet werden. Ausgangspunkte müssen hierbei selbstständig entwickelte Vergleichsaspekte sein.
In stilistischer Hinsicht sollte darauf geachtet werden, dass der Text – trotz seiner Untergliederung in Teilaufgaben – als homogenes Textganzes erscheint.

Beispielschreibplan

(Hinweis: Seit dem Abitur 2017 soll ein frei wählbarer Schreibplan für Ihre Klausurlösung angefertigt und auch abgegeben werden, der der eigenen Kontrolle dient, aber nicht in die Notengebung einfließt. Das folgende Beispiel zeigt nur eine von vielen Möglichkeiten.)

1 Geschlechterrollen als Ausdruck der gesellschaftlichen Ordnung
2 Erschließung und Interpretation des Dramenausschnitts aus „Einsame Menschen“ von Gerhart Hauptmann
- Aufbau des Dramenausschnitts: Einteilung in Sinnabschnitte
  - Unmittelbarer Einstieg in den Konflikt: Johannes' selbstgefällige Kritik als Reaktion auf Käthes Aufforderung, den Bankbrief zu bearbeiten
    - Angebliche Überlegenheit der männlichen Allgemeininteressen über das weibliche Familieninteresse
    - Positive Sicht auf intellektuelle Emanzipation Fräulein Annas
    - Käthes Vorwurf des mangelnden Einfühlungsvermögens
  - Johannes' vergebliche Beschwichtigungsversuche und Käthes Eingeständnis ihrer Minderwertigkeitskomplexe
    - Käthes Gefühl, intellektuell unterlegen und als Ehefrau und Mutter austauschbar und wertlos zu sein
    - Johannes' wenig überzeugende Liebesbekundungen
  - Fortsetzung des Streitgesprächs über prekäre finanzielle Situation der Familie
    - Unglauben und Vorwürfe des Privatgelehrten
    - Einwilligung in Verkauf von Wertpapieren
  - Rückwendung zum Thema der gefühlten Minderwertigkeit
    - Johannes' Negierung der Beziehungsproblematik
    - Käthes Liebeserklärung und Moment der Harmonie
  - Kränkendes Gesprächsende durch Johannes' Aufbruch zu einer Bootsfahrt mit Fräulein Anna
- Figurenkonstellation und Gesprächstaktik der Protagonisten
  - Käthe als Gefangene des klassischen Rollenbildes: Zwischen Aufopferung, Selbstzweifeln und Eifersucht
    - Familienmanagement als Lebensaufgabe
    - Minderwertigkeitsgefühle und Eifersucht durch Konfrontation mit Anna als Vertreterin eines neuen Frauentyps
  - Johannes als Figur mit widersprüchlichem Charakter
    - Selbstverliebter Patriarch mit mangelndem Einfühlungsvermögen und fehlendem Verantwortungsgefühl

  - Ansätze eines Bewusstseins für die Notwendigkeit der Emanzipation
  - Liebesbeteuerungen aus Bequemlichkeit?

3 Die Darstellung von Geschlechterrollen in Uwe Timms Novelle „Die Entdeckung der Currywurst" im Vergleich zum analysierten Dramenausschnitt
- Abhängigkeit versus Selbstständigkeit des weiblichen Geschlechts
- Die Frau als Organisatorin des männlichen Lebens
- Der Kampf gegen die Einsamkeit innerhalb und außerhalb der Partnerschaft

4 Altersarmut bei Frauen als aktuelles Problem

Beispiellösung: Teilaufgabe 1

(Hinweis: Die in der Beispiellösung eingeflochtenen Zahlen „[1]" – „[4]" dienen lediglich der Anknüpfung an den oben stehenden Beispielschreibplan. In Ihrer Klausurschrift müssen sie natürlich nicht mehr auftauchen.)

Geschlechterrollen als Ausdruck der gesellschaftlichen Ordnung

[1] Geschlechterrollen sind Verhaltensweisen, die in einer Kultur für ein bestimmtes Geschlecht als typisch bzw. akzeptabel gelten. Für die Gesellschaft des Wilhelminismus vor dem Ersten Weltkrieg war noch das Rollenverständnis maßgeblich, das für die Frau das Betätigungsfeld auf Kinder, Küche und Kirche beschränkte. Die Frau sollte sich demnach um die Erziehung des Nachwuchses, die Hausarbeit und die Vermittlung und Einhaltung moralischer Prinzipien, wie sie die Kirche gebot, kümmern und vermitteln. Wie sehr diese Sichtweise selbst bei Menschen mit bildungsbürgerlichem Hintergrund verankert war, belegt Gerhart Hautmanns 1891 uraufgeführtes Drama „Einsame Menschen", das die Beziehungsprobleme zwischen dem Privatgelehrten Johannes Vockerat und seiner Frau Käthe thematisiert.

Erschließung und Interpretation des Dramenausschnitts aus „Einsame Menschen" von Gerhart Hauptmann

[2] Vor der Interpretation eines Ausschnitts aus Hauptmanns naturalistischem Drama sollen aber zuerst Inhalt und Aufbau in den Blick genommen werden.

Der Abschnitt setzt mitten in einem Konflikt des Ehepaars Vockerat ein, als Käthe ihren Mann, der auf keinen Fall bei der Arbeit an einem wissenschaftlichen Manuskript gestört werden will, bereits mehrfach vergeblich aufgefordert hat, sich mit einem Schreiben ihres Bankiers zu befassen (vgl. Vorbemerkung). Johannes Vockerat, ein Privatgelehrter, macht seiner Frau deswegen den Vorwurf, nur an Geld zu denken.

Dabei bedauert er sich selbst, durch die Familie eingeschränkt zu sein, und stellt seine Interessen als Gelehrter den Familieninteressen seiner Frau, die sich vor allem um die finanzielle Absicherung ihres gemeinsamen Sohnes Philipp sorgt, entgegen.

Die Kritik an seiner Frau, nur Küche und Kinder im Kopf zu haben, wird zu einer Kritik an der deutschen Frau schlechthin und als Zitat seines weiblichen Hausgastes Anna Mahr, einer Studentin der Naturwissenschaften, belegt, die der Gastgeber wegen ihrer intellektuellen Fähigkeiten und modernen, emanzipierten Ansichten zu verehren scheint.

Als Käthe widerspricht, dass die deutschen Frauen engstirnig seien, fordert ihr Mann sie auf, das Gegenteil zu beweisen., was wiederum mit dem Vorwurf der Herzlosigkeit bzw. mangelnden Einfühlungsvermögens quittiert wird.

In der Folge versucht Johannes vergeblich, seine Frau zu beschwichtigen, während sie ihm Minderwertigkeitsgefühle gesteht.
Käthe wirft ihrem Mann vor, immer wieder von ihm erniedrigt zu werden. Sie beschleicht das Gefühl, ihrem Mann, aber auch Fräulein Anna intellektuell unterlegen und deswegen als Ehefrau und Mutter austauschbar und wertlos zu sein.
Johannes negiert Käthes Analyse zunächst, gibt allerdings zu, manchmal unsensibel zu handeln. Er versucht, die Krise mit wenig überzeugenden Liebesbekundungen zu bereinigen, die in der Aussage gipfeln, Käthes nicht wert zu sein.
Käthe traut ihrem Mann nicht und versucht, das Streitgespräch wieder auf die Bankgeschäfte zu lenken, wodurch die prekäre finanzielle Situation der Familie und Johannes' Unkenntnis darüber deutlich wird.
Als ihm seine Ehefrau den monatlichen Finanzbedarf vor Augen führt, reagiert der Privatgelehrte zunächst mit Unverständnis, schließlich sogar mit indirekten Vorwürfen, wenn er fragt, ob die Familie auch sparsam genug sei.
Schließlich willigt er in einen Aktienverkauf ein, nachdem seine Frau ihn als Schuldigen für die finanzielle Notlage identifiziert hat.
Nach dieser von Käthe forcierten Entscheidung wendet sich die Auseinandersetzung wieder den Minderwertigkeitsgefühlen Käthes zu.
Während Johannes die Beziehungsprobleme negiert und offen Unverständnis für die Belange seiner Frau äußert, spricht diese die Befürchtung aus, ihrem Mann nicht mehr zu genügen, eine Einschätzung, die auch seine gegenteiligen Bekundungen nicht gänzlich revidieren können.
Nach mehrmaliger Nachfrage, ob sie ihn denn noch liebe, und einer intensiven Umarmung gesteht Käthe, dass sie ihren Mann sogar mehr liebe als Sohn Philipp, eine Aussage, die zu einer längeren Umarmung führt, deren stille Harmonie erst durch die Rufe Fräulein Annas unterbrochen wird.
Die erinnert Johannes an eine geplante Kahnfahrt, zu der der Privatgelehrte sofort aufbricht, wodurch das Gespräch mit seiner Gattin recht abrupt beendet wird. Dass diese durch dieses Ende auch gekränkt wird, deuten die Tränen in ihren Augen an.

Wieso Glück und Leid Käthes so nah beieinanderliegen, offenbart die Analyse der Personenkonstellation und der Gesprächstaktik der handelnden Figuren.
Ein Grund für Käthes Probleme in ihrer Ehe ist, dass sie in einem klassischen Rollenbild gefangen ist.
Sie opfert sich als Familienmanagerin, wie durch die Alliteration ihres Gastes Anna zugespitzt formuliert ist, in „Küche und […] Kinderstube" (Z. 29) auf, obwohl sie auch andere Interessen hätte. Beispielsweise würde sie wie Anna „lieber Bücher lesen" (Z. 35 f.), anstatt zu „kochen und die Kinder [zu] warten" (Z. 33 f.), Aufgaben, die Käthe als Pflicht begreift. Ihre „Familieninteressen" (Z. 19), wie ihr Mann es ausdrückt, reichen wegen des fehlenden Pflichtbewusstseins ihres Gatten dabei auch in männliche Domänen. Beispielsweise kümmert sie sich um die Bankgeschäfte der Familie, und zwar ausdrücklich nicht aus Sorge um sich selbst, sondern wegen der Zukunft ihres Sohnes „Philippchen" (Z. 14), was sie mit einer Antithese und Ellipse unterstreicht. Wie wenig sie sich mit der Aufgabe identifiziert, machen der Gebrauch des Indefinitpronomens und des Modalverbs deutlich, wenn sie sich

gegenüber Johannes' Vorwürfen, nur an Geld zu denken, rechtfertigt, wegen des fehlenden Verdienstes ihres Mannes „muß man's doch zusammenhalten“ (Z. 16 f.). Käthe leidet darunter, dass ihr Engagement von Johannes nicht honoriert wird und macht ihm deshalb im Dialog (vgl. Z. 54 ff.) tränenreiche und leidenschaftliche Vorwürfe: Ihr Gatte sei „kalt“, „grausam“ und „herzlos“ (ebd.) klagt sie in einer Klimax mittels Metaphern. Er „quäl[e]“ (Z. 62) sie, gibt sie ihm zu bedenken. Wie schwer es ihr fällt, mit ihrem Mann darüber zu reden, belegen die Sprechpausen anzeigenden Gedankenstriche vor und nach dem negativ besetzen Verb. Trotzdem erweitert sie den Reigen der Vorwürfe: Anstatt „Mitleid“ (Z. 68) zu zeigen, kritisiere Johannes nur, anstatt ihr Selbstvertrauen zu stärken, mache er sie nur „immer klein“ (Z. 75). Als wolle sie das Gesagte nochmals unterstreichen, wiederholt sie ihre Schlussanklage sinngemäß gleich zweimal bzw. äußert zweimal ihre Gewissheit, dass Johannes von seinem Fehlverhalten wisse (vgl. Z. 62 und 66 f.).
Auf den ersten Blick wirkt Käthe also wie eine Frau, die sich mit Worten zur Wehr setzt. Andererseits offenbart sie in dem Dramenausschnitt auch ihre Minderwertigkeitsgefühle und hofft so anscheinend auf eine Verhaltensänderung. „Du weißt, wie wenig ich selbst zufrieden bin mit mir“ (Z. 65 f.), stellt sie in einer Inversion fest, wobei die Distanz zwischen den beiden Personalpronomen am Satzanfang und am Satzende andeutet, wie sehr sich das Ehepaar bereits auseinandergelebt hat. Käthe bildet sich nichts ein auf ihren „großen Horizont“ (Z. 77), hält sich für „kein Licht“ (Z. 79); Metaphern, die auf ihre vermeintlich geringen intellektuellen Fähigkeiten abzielen. Aber auch im Haushalt hält sie sich für „überflüssig“ (Z. 81), weil sie durch eine „Magd“ (Z. 91) ersetzbar sei.
Katalysator dieser Gefühlsausbrüche ist der Aufenthalt der Studentin Anna im Hause Vockerat, bei der Käthe ihren Sohn, wenn er groß ist, „besser aufgehoben“ (Z. 95) sieht, da sie ihm dann nichts mehr bieten könne. Anna ist dabei die Vertreterin eines neuen Frauentyps, die emanzipiert und als Studentin der Naturwissenschaften intellektuell auf Augenhöhe mit dem starken Geschlecht debattiert. Das löst bei Käthe natürlich Neidgefühle, am Ende wohl sogar Eifersucht aus. Deswegen bezeichnet sie die von ihrem Ehemann zitierte Analyse Annas über den eingeschränkten Horizont deutscher Frauen als „dumme Sachen“ (Z. 45) – obwohl sie im Verlauf des Dialogs der Einschätzung durch ihre Selbstkasteiung beipflichtet. Besonders am Ende wird die Unterschiedlichkeit der Lebensumstände der beiden Frauen deutlich: Während Anna selbstbestimmt zu einer Kahntour mit Johannes aufbricht, bleibt sie durch ihre familiären Verpflichtungen determiniert zu Hause (vgl. Z. 223). Der abschließende Vergleich aus den Regiebemerkungen unterstreicht die Affektgeladenheit und Frustration Käthes. Anstatt mitzufahren, sieht sie Johannes nur „starr nach, wie jemand, der eine schöne Erscheinung in nichts zerfließen sieht“ (Z. 225 ff.). Dieses Bild kann auch als Symbol für ihre zerrüttete Ehe angesehen werden.

Die entscheidende Ursache für die Ehekrise liegt im widersprüchlichen Verhalten Johannes Vockerats. Gerade am Ende der Textpassage wird deutlich, dass er ein selbstverliebter Patriarch mit mangelndem Einfühlungsvermögen ist. Die Frage „Kommst du etwa mit, Käthchen?“ (Z. 221 f.), die er nach der bereits erfolgten Verabschiedung von seiner Frau im Weggehen stellt, muss geradezu als zynisch bewertet werden, weil er genau weiß, dass die hausfraulichen Pflichten seine Gattin ans Haus fesseln. Er suggeriert ihr damit also Entscheidungsfreiheit, obwohl ihr Leben durch den kleinen Sohn determiniert ist. Das

einschränkende „etwa" macht deutlich, dass er die Frage nur pro forma gestellt hat. Der Diminutiv des Namens setzt Käthe zusätzlich herab. Selbst unmittelbar nach dem Austausch von Liebesbekundungen passiert genau das, was Käthe ihrem Mann in der Aussprache zuvor vorgeworfen hat: Er macht sie klein (vgl. Z. 74 f.). Im Verlauf des Dialogs gibt es eine Reihe von Belegen für die eingeschränkte Sensibilität: Anstatt seine Frau dafür zu loben, dass sie sich um die finanzielle Absicherung der Familie kümmert, kritisiert er sie und zeigt sich bezüglich der „Ideale von der Frau" (Z. 9 f.) enttäuscht und stellt die rhetorische und wenig charmante Frage, was man denn „schließlich noch lieben" solle (Z. 11). Seinem Gast Anna, einem nach seinen Worten „hoch steh[enden]" „Geschöpf" (Z. 39 f.), schenkt er beim Thema weiblicher „Horizonte" (Z. 30) mehr Glauben als seiner Frau. Selbst wenn er sie – durch eine Emotionalität betonende Interjektion eingeleitet – tröstet, wirken seine Worte beleidigend: „Ach, dummes Käthchen, was mußt du denn denken?" (Z. 119 f.), fragt er sie, ohne Verständnis für ihre Sorgen aufzubringen. Zahlreiche andere Fragen drücken seine Ahnungslosigkeit gegenüber den Bedürfnissen seiner Frau aus: „Wieso denn nur [...]?" (Z. 59), „Was weiß ich denn [...]?" (Z. 63), „[W]ieso denn?" (Z. 70), „[W]ie bist du denn?" (Z. 127), „Wo gehst du hin?" (Z. 148), „Willst du wirklich so gehn?" (Z. 153), „Magst du mich nicht mehr?" (Z. 161). Er gibt offen zu, dass er seine Frau nicht verstehen kann: „[I]ch weiß nicht, was mit dir ist" (Z. 157 f.), später sogar in einem Chiasmus: „Ich weiß nichts. Keine Ahnung habe ich" (Z. 174 f.). Aber auch von den finanziellen Belangen der Familie hat der Familienvorstand keine Ahnung: „Welche Papiere?" (Z. 131), „Langen denn die Zinsen nicht?" (Z. 133 f.) und „[S]eid ihr mir auch sparsam genug?" (Z. 139 f.) lauten seine hilflosen Fragen. Überhaupt fällt auf, dass ihm oftmals die Worte fehlen, er seine Sätze ohne Not gar nicht vollendet (vgl. Z. 96, 107, 110, 180, 190 usw.).
Johannes Vockerat ist aber nicht nur ahnungs-, sondern auch verantwortungslos. Gleich am Anfang des Dialogs stellt er mit einer Antithese seine „allgemeine[n] Interessen" über die „Familieninteressen" (Z. 19 f.) seiner Frau und bemüht den pathetischen Vergleich mit „Pegasus im Joch" (Z. 23). Er sieht sich folglich als Künstler, dessen Freiheit durch die Familie unterdrückt wird. Seinen Egoismus formuliert er ausdrücklich mit seiner Ablehnung der Rolle als „Familienvater" (Z. 21) und seinem Ziel: „Die Hauptsache ist für mich, daß ich das, was in mir ist, herausstelle" (Z. 21 ff.). Trotzdem ist er gemäß der patriarchalischen Gesellschaft der Entstehungszeit des Dramas der Entscheider. Obwohl er, wie oben gesehen, keine Ahnung davon hat, ist für seine Frau klar, dass er über die Geldgeschäfte der Familie bestimmt. Dieser Rolle entspricht die häufige Verwendung des Diminutivs „Käthchen" gegenüber seiner Frau (vgl. Z. 63 f., 70, 97, 105, 115, 119, 157, 165, 169, 192, 197, 206, 218, 221 f.) bzw. die doppelte Verwendung von „Kinder" (Z. 139) – bezogen auch auf seine Gattin.
Obwohl Johannes hier ganz Kind seiner Zeit ist, zeigt er sich im Dramenausschnitt auch von einer anderen Seite. Er hat nämlich zumindest Ansätze eines Bewusstseins für die Notwendigkeit der Emanzipation. Dass er seiner Frau die Korrespondenz beim Thema Finanzen überlässt, kann neben seinem Desinteresse an profanen Geldgeschäften an seiner grundsätzlichen Bereitschaft liegen, die Frau an sich als gleichberechtigte Partnerin anzusehen und eben nicht als Heimchen am Herd. Er lässt sich abfällig über Frauen aus, bei denen „Küche und die Kinderstube" (Z. 29) den geistigen Horizont bilden, und verehrt die Studentin Anna dafür, dass sie genauso denkt (vgl. Z. 39 f.). Dass es bei der Beziehung zu dem Fräulein auch um intellektuellen Austausch geht, sieht man daran, dass er zur Kahnfahrt „sein Manuskript"

mitnimmt (Z. 217). Die liberale Einstellung des Ehemanns zu emanzipatorischen Fragen wirkt allerdings wie ein Lippenbekenntnis, da er seiner Frau nirgendwo Arbeit abnimmt und die Verantwortung für die Familie ganz auf seine Gattin abschiebt.
Angesichts dieser Widersprüchlichkeit seines Charakters stellt sich die Frage, ob die zahlreichen Liebesbekundungen des Privatgelehrten aus reiner Bequemlichkeit geäußert werden. Johannes wird in den Regieanweisungen „voll Glut und Liebe“ (Z. 104) beschrieben. Zunächst „will [er] Käthe umarmen“ (ebd.), später legt er den „Arm um Käthe“ (Z. 164), „umarmt sie heftiger“ (Z. 167 f.), dann „inniger“ (Z. 196), um schließlich in einer „Pause stummer Umarmung“ (Z. 209 f.) zu verharren. Neben diesen Gesten finden sich auch zahlreiche liebevolle Worte. Johannes bezeichnet seine Frau mit einer Dopplung als „goldnes, goldnes Geschöpf“ (Z. 105 f.), mit einem metaphorischen Pars pro Toto als „tiefes Märchenherz“ (Z. 107), als „süßes Wesen“ (Z. 108) und wieder zweifach als „süßes, süßes Weib“ (Z. 124). Er gibt sich überaus partnerschaftlich, wenn er seine Gattin daran erinnert, „von vornherein ausgemacht [zu] haben: [...] kein Geheimnis voreinander“ zu haben (Z. 166 f.).
Das durch Fräulein Anna provozierte, überstürzte Ende des Gesprächs macht diese positiven Eindrücke gleich wieder zunichte und lässt vermuten, dass Johannes im Streitgespräch eine Beschwichtigungsstrategie verfolgt. Käthe bleibt, als er am Ende wieder sein wahres Gesicht zeigt, mit tränenerfüllten Augen allein zurück (vgl. Z. 227 f.).

Beispiellösung: Teilaufgabe 2

Die Darstellung von Geschlechterrollen in Uwe Timms Novelle „Die Entdeckung der Currywurst“ im Vergleich zum analysierten Dramenausschnitt

[3] Um die Einsamkeit einer Frau geht es auch in Uwe Timms Novelle „Die Entdeckung der Currywurst“. Der Ich-Erzähler fährt in der Rahmenhandlung nach Hamburg, die Stadt seiner Kindheit. Dort besucht er siebenmal Frau Brücker, die ehemalige Besitzerin einer Imbissbude, im Altenwohnheim, um herauszufinden, ob sie die Currywurst erfunden hat. Die vereinsamte und inzwischen erblindete Frau nutzt die Gelegenheit und strickt an einer längeren Episode ihrer Lebensgeschichte, während sie gleichzeitig einen Pullover anfertigt, der als Dingsymbol für ebendiese fungiert.
In der Binnenhandlung wird u. a. erzählt, wie Lena nach dem Krieg als alleinstehende Frau eine neue Methode zum Überleben findet, indem sie geschäftstüchtig als Folge zahlreicher Verwicklungen und Zufälle schließlich die Currywurst erfindet. Eine Imbissbude wird zur Grundlage für ihren weiteren Lebensunterhalt. Lena Brücker führt dadurch ein arbeitsreiches, aber selbstbestimmtes Leben, eine Lebensweise, die man heutzutage mit dem Etikett „emanzipiert“ belegen würde, weil Lena wirtschaftlich unabhängig ist und selbst für ihren Lebensunterhalt sorgt. Obwohl Käthe aus dem Drama Hauptmanns die Bankgeschäfte betreut, ist sie wirtschaftlich von ihrem Mann abhängig, denn erst durch seine Zustimmung können die Wertpapiergeschäfte realisiert werden (vgl. Z. 129 ff.). Die Selbstverwirklichung definiert sich also – wenn überhaupt – über Familie und Kind, was große Abhängigkeiten schafft. Diese hat Lena Brücker aus Timms Roman überwunden, da sie bereits erwachsene Kinder hat und von ihrem Mann durch den Krieg getrennt ist bzw. sich später, nachdem sie ihn für kurz wieder in die Wohn- und Lebensgemeinschaft aufgenommen hat, von ihm trennt.

Kern der Novellenhandlung ist allerdings Lenas Beziehung zu dem 20 Jahre jüngeren Familienvater, die in den letzten Apriltagen des Jahres 1945 in Hamburg beginnt. Die damalige bereits über 40-jährige Kantinenangestellte lernt den jungen Seemann Hermann Bremer bei einem Kinobesuch kennen und schleppt ihn in ihre Wohnung, wo sie sich lieben. Lena ergreift nach ihrer Ansicht die letzte Chance nach Wärme und Liebe beim Schopf, führt also auch in dieser Hinsicht ein selbstbestimmtes Leben, das die moralischen Grundsätze der Zeit außer Acht lässt. Schließlich sind sie und ihr jugendlicher Geliebter verheiratet. Hermann schätzt die Fürsorge Lenas und wird zum Deserteur. Dadurch hat Lena ihn in der Hand und hält ihn wie einen Gefangenen in ihrer Wohnung. Um die für sie glückliche Zeit auszudehnen, verheimlicht sie Hermann die Kapitulation Deutschlands. Damit übernimmt Lena die Verantwortung für ihren Schützling und Geliebten. Sie organisiert sein Leben, was eine gewisse Parallele zu Käthe darstellt, die Johannes' Leben ebenfalls regelt. Allerdings tut Käthe das aus Pflichtgefühl und nicht aus Lust heraus. Zudem nimmt sich Johannes im Gegensatz zu seiner Frau zahlreiche Freiheiten heraus, beispielsweise die Bootsfahrt am Ende des Dramenausschnitts. Solche Freiheiten hat Bremer aufgrund Lenas Lügen nicht, da er immer Angst haben muss, als Deserteur festgenommen und hingerichtet zu werden. Um ihr Alleinsein vorübergehend zu bekämpfen, setzt Lena Brücker also sogar unmoralische Mittel ein. Dies ist u. a. der besonderen Lebenssituation bei Kriegsende geschuldet. Mann und Sohn sind beim Militär, die erwachsene Tochter lebt in einer anderen Stadt. Lena Brücker lebt also ohne Familie einsam in der existenzbedrohlichen Situation der letzten Kriegstage. Der junge Bremer erfüllt sozusagen gleich drei Sehnsüchte der selbstbewussten Lena: Sie hat gleichzeitig jemanden zum Bemuttern, fürs Bett und für die Geborgenheit. Auch in der Rahmenhandlung gelingt es der Frau, den Mann zu manipulieren: Der Ich-Erzähler will eigentlich nur wissen, was es mit der Currywurst auf sich hat, da er sich dunkel an Kindheitserlebnisse erinnert, in denen Brückers Wurstbude vorkommt. Lena wickelt ihn mit ihrer Lebens- und Liebesgeschichte aber derart um den Finger, dass er ihr die Langeweile des Altenheims an sieben Nachtmittagen durch seine Besuche aufbricht. Auch Käthe fühlt sich einsam, allerdings innerhalb ihrer Ehe. Da sie im vorliegenden Dramenausschnitt durch das Gespräch mit ihrem Mann nichts an dem Gefühl der Unverstandenheit und Wertlosigkeit ändern kann, ist sie auch am Ende in einer typischen Frauenrolle gefangen: der Aufopferung des eigenen Lebensglücks zugunsten von Mann und Kind.

Altersarmut bei Frauen als aktuelles Problem

[4] Da dies das Lebenskonzept vieler Frauen der älteren Generation war, fehlen ihnen heute Jahre, in denen sie in die Rentenkasse einbezahlt oder auf andere Art finanziell für sich vorgesorgt haben. Es war Normalität, dass eine Frau mit der Geburt eines Kindes im Beruf aussetzte, um sich um die Erziehung und den Haushalt zu kümmern. Viele von ihnen kehrten, wenn überhaupt, allenfalls als Minijobberin oder in Teilzeit mit schmalem Einkommen wieder in die Berufstätigkeit zurück. Das hat allerdings bei vielen Frauen nicht gereicht, Rentenansprüche zu erwerben, die über der Grundsicherung liegen. Eine ganze Generation von Frauen – die im Schnitt noch zwei Kinder großgezogen und damit einen enormen Dienst an der Gesellschaft geleistet haben – wird für ihre Erziehungsarbeit bestraft. Das ist nicht nur ungerecht. Es zeigt auch, wie der Staat zu der Arbeitsleistung der Frauen wirklich steht: Von Anerkennung kann, wie bei Lena Brücker und Käthe Vockerat, bis heute keine Rede sein.

Abitur 2016

Aufgabenformat III: Erschließen eines literarischen Textes (Epik)

Gottfried Keller: Romeo und Julia auf dem Dorfe

1. Erschließen und interpretieren Sie den Auszug aus Gottfried Kellers Novelle „Romeo und Julia auf dem Dorfe“! Arbeiten Sie insbesondere heraus, wie sich durch das Aufeinandertreffen die Beziehungen der Figuren zueinander verändern!

2. Zeigen Sie ausgehend von Ihren Ergebnissen vergleichend auf, wie in einem anderen literarischen Werk der Beginn einer Liebesbeziehung gestaltet wird!

Der Schwerpunkt der Aufgabenstellung liegt auf Teilaufgabe 1.

Materialgrundlage

Gottfried Keller: Romeo und Julia auf dem Dorfe. Aus: Ders., Die Leute von Seldwyla. Hrsg. v. Thomas Böning. Frankfurt a. M.: Deutscher Klassiker Verlag 2006, S. 92 – 96

Romeo und Julia auf dem Dorfe (1856) *Gottfried Keller (1819 – 1890)*

Vorbemerkung

Gottfried Keller greift in seiner Novelle das aus William Shakespeares Tragödie „Romeo und Julia“ bekannte Thema auf, wonach die Liebe zweier Menschen aus verfeindeten Familien zum Tode führt: Hier sind es Sali und Vrenchen, die sich am Ende der Novelle gemeinsam im Fluss ertränken werden.

Der vorliegende Ausschnitt aus der ersten Hälfte der Novelle setzt ein, nachdem die Väter der beiden, die Bauern Manz und Marti, sich im jahrzehntelangen Rechtsstreit über ein unbedeutend großes Stückchen Acker verausgabt haben und darüber beide verarmt sind. Manz hat sogar seinen Hof aufgegeben und in die nahe gelegene Stadt Seldwyla ziehen müssen, wo er jedoch seine Familie ebenfalls kaum ernähren kann. Sali, Manz' Sohn, und Vrenchen, Martis Tochter, waren als Kinder gute Freunde, haben sich aber aufgrund des erbitterten Streits der Väter viele Jahre nicht mehr gesehen.

Orthografie entsprechend der Ausgabe von 2006

Text in alter Rechtschreibung

[…] Wenn man Manz vor zwölf Jahren, als er mit einem schönen Gespann pflügte auf dem Hügel über dem Ufer, geweissagt hätte, er würde sich einst zu diesen wunderlichen Heiligen[1] gesellen und gleich ihnen Fische fangen, so wäre er nicht übel aufgefahren[2]. Auch eilte er jetzt hastig an ihnen vorüber hinter ihrem Rücken und eilte stromaufwärts gleich einem eigensinnigen Schatten der Unterwelt, der sich zu seiner Verdammnis ein bequemes einsames Plätzchen sucht an den dunkeln Wässern. Mit der Angelrute zu stehen hatten er und sein Sohn indessen keine Geduld und sie erinnerten sich der Art, wie die Bauern auf manche andere Weise etwa Fische fangen, wenn sie übermütig sind, besonders mit den Händen in den Bächen; daher nahmen sie die Ruten nur zum Schein mit und gingen an den Borden[3] der Bäche hinauf, wo sie wußten, daß es teuere[4] und gute Forellen gab.

Dem auf dem Lande zurückgebliebenen Marti ging es inzwischen auch immer schlimmer und es war ihm höchst langweilig dabei, so daß er, anstatt auf seinem vernachlässigten Felde zu arbeiten, ebenfalls auf das Fischen verfiel und tagelang im Wasser herumplätscherte. Vrenchen durfte nicht von seiner Seite und mußte ihm Eimer und Geräte nachtragen durch nasse Wiesengründe, durch Bäche und Wassertümpel aller Art, bei Regen und Sonnenschein, indessen sie das Notwendigste zu Hause liegen lassen mußte. Denn es war sonst keine Seele mehr da und wurde auch keine gebraucht, da Marti das meiste Land schon verloren hatte und nur noch wenige Äcker besaß, die er mit seiner Tochter liederlich[5] genug oder gar nicht bebaute.

So kam es, daß, als er eines Abends einen ziemlich tiefen und reißenden Bach entlang ging, in welchem die Forellen fleißig sprangen, da der Himmel voll Gewitterwolken hing, er unverhofft auf seinen Feind Manz traf, der an dem andern Ufer daherkam. Sobald er ihn sah, stieg ein schrecklicher Groll und Hohn in ihm auf; sie waren sich seit Jahren nicht so nahe gewesen, ausgenommen vor den Gerichtsschranken, wo sie nicht schelten durften, und Marti rief jetzt voll Grimm: „Was tust Du hier, Du Hund? Kannst Du nicht in Deinem Lotterneste[6] bleiben, Du Seldwyler Lumpenhund?"

„Wirst nächstens wohl auch ankommen, Du Schelm!" rief Manz. „Fische fängst Du ja auch schon und wirst deshalb nicht viel mehr zu versäumen haben!"

„Schweig, Du Galgenhund!" schrie Marti, da hier die Wellen des Baches stärker rauschten, „Du hast mich in's Unglück gebracht!" Und da jetzt auch die Weiden am Bache gewaltig zu rauschen anfingen im aufgehenden Wetterwind, so mußte Manz noch lauter schreien: „Wenn dem nur so wäre, so wollte ich mich freuen, Du elender Tropf!" „O Du Hund!" schrie Marti herüber und Manz hinüber: „O Du Kalb, wie dumm tust Du!" Und jener sprang wie ein Tiger den Bach entlang und suchte herüber zu kommen. Der Grund, warum er der Wütendere war, lag in seiner Meinung, daß Manz als Wirt wenigstens genug zu essen und zu trinken hätte und gewissermaßen ein kurzweiliges Leben führe, während es ungerechter Weise ihm so langweilig wäre auf seinem zertrümmerten Hofe. Manz schritt indessen auch grimmig genug an der andern Seite hin; hinter ihm sein Sohn, welcher, statt auf den bösen Streit zu hören, neugierig und verwundert nach Vrenchen hinüber sah, welche hinter ihrem Vater ging, vor Scham in die Erde sehend, daß ihr die braunen krausen Haare in's Gesicht fielen. Sie trug einen hölzernen Fischeimer in der einen Hand, in der andern hatte sie Schuh und Strümpfe getragen und ihr Kleid der Nässe wegen aufgeschürzt[7]. Seit aber Sali auf der andern Seite ging, hatte sie es schamhaft sinken lassen und war nun dreifach belästigt und gequält, da sie alle das Zeug tragen, den Rock zusammenhalten und des Streites wegen sich grämen mußte. Hätte sie aufgesehen und nach Sali geblickt, so würde sie entdeckt haben, daß er weder vornehm noch sehr stolz mehr aussah und selbst bekümmert genug war. Während Vrenchen so ganz beschämt und verwirrt auf die Erde sah und Sali nur diese in allem Elende schlanke und anmutige

Gestalt im Auge hatte, die so verlegen und demütig dahin schritt, beachteten sie dabei nicht, wie ihre Väter still geworden aber mit verstärkter Wut einem hölzernen Stege zueilten, der in kleiner Entfernung über den Bach führte und eben sichtbar wurde.

Es fing an zu blitzen und erleuchtete seltsam die dunkle melancholische Wassergegend; es donnerte auch in den grauschwarzen Wolken mit dumpfem Grolle und schwere Regentropfen fielen, als die verwilderten Männer gleichzeitig auf die schmale, unter ihren Tritten schwankende Brücke stürzten, sich gegenseitig packten und die Fäuste in die vor Zorn und ausbrechendem Kummer bleichen zitternden Gesichter schlugen. Es ist nichts Anmutiges und nichts weniger als artig, wenn sonst gesetzte Menschen noch in den Fall kommen, aus Übermut, Unbedacht oder Notwehr unter allerhand Volk, das sie nicht näher berührt, Schläge auszuteilen oder welche zu bekommen; allein dies ist eine harmlose Spielerei gegen das tiefe Elend, das zwei alte Menschen überwältigt, die sich wohl kennen und seit lange kennen, wenn diese aus innerster Feindschaft und aus dem Gange einer ganzen Lebensgeschichte heraus sich mit nackten Händen anfassen und mit Fäusten schlagen. So taten jetzt diese beiden ergrauten Männer; vor fünfzig Jahren vielleicht hatten sie sich als Buben zum letzten Mal gerauft, dann aber fünfzig lange Jahre mit keiner Hand mehr berührt, ausgenommen in ihrer guten Zeit, wo sie sich etwa zum Gruße die Hände geschüttelt, und auch dies nur selten bei ihrem trockenen und sicheren Wesen. Nachdem sie ein- oder zweimal geschlagen, hielten sie inne und rangen still zitternd miteinander, nur zuweilen aufstöhnend und elendiglich knirschend, und Einer suchte den Andern über das knackende Geländer in's Wasser zu werfen.

Jetzt waren aber auch ihre Kinder nachgekommen und sahen den erbärmlichen Auftritt. Sali sprang eines Satzes heran um seinem Vater beizustehen und ihm zu helfen, dem gehaßten Feinde den Garaus zu machen, der ohnehin der schwächere schien und eben zu unterliegen drohte. Aber auch Vrenchen sprang, alles wegwerfend, mit einem langen Aufschrei herzu und umklammerte ihren Vater um ihn zu schützen, während sie ihn dadurch nur hinderte und beschwerte. Tränen strömten aus ihren Augen und sie sah flehend den Sali an, der im Begriff war ihren Vater ebenfalls zu fassen und vollends zu überwältigen. Unwillkürlich legte er aber seine Hand an seinen eigenen Vater und suchte denselben mit festem Arm von dem Gegner loszubringen und zu beruhigen, so daß der Kampf eine kleine Weile ruhte oder vielmehr die ganze Gruppe unruhig hin und her drängte, ohne auseinander zu kommen. Darüber waren die jungen Leute, sich mehr zwischen die Alten schiebend, in dichte Berührung gekommen und in diesem Augenblicke erhellte ein Wolkenriß, der den grellen Abendschein durchließ, das nahe Gesicht des Mädchens und Sali sah in dies ihm so wohlbekannte und doch so viel anders und schöner gewordene Gesicht. Vrenchen sah in diesem Augenblicke auch sein Erstaunen und es lächelte ganz kurz und geschwind mitten in seinem Schrecken und seinen Tränen ihn an. Doch ermannte sich Sali, geweckt durch die Anstrengungen seines Vaters, ihn abzuschütteln, und brachte ihn mit eindringlich bittenden Worten und fester Haltung endlich ganz von seinem Feinde weg. Beide alte Gesellen atmeten hoch auf und begannen jetzt wieder zu schelten und zu schreien, sich von einander abwendend; ihre Kinder aber atmeten kaum und waren still wie der Tod, gaben sich aber im Wegwenden und

Trennen, ungesehen von den Alten, schnell die Hände, welche vom Wasser und von den Fischen feucht und kühl waren.

Als die grollenden Parteien ihrer Wege gingen, hatten die Wolken sich wieder geschlossen, es dunkelte mehr und mehr und der Regen goß nun in Bächen durch die Luft. Manz schlenderte voraus auf den dunklen nassen Wegen, er duckte sich, beide Hände in den Taschen, unter den Regengüssen, zitterte noch in seinen Gesichtszügen und mit den Zähnen und ungesehene Tränen rieselten ihm in den Stoppelbart, die er fließen ließ, um sie durch das Wegwischen nicht zu verraten. Sein Sohn hatte aber nichts gesehen, weil er in glückseligen Bildern verloren daherging. Er merkte weder Regen noch Sturm, weder Dunkelheit noch Elend; sondern leicht, hell und warm war es ihm innen und außen und er fühlte sich so reich und wohlgeborgen, wie ein Königssohn. Er sah fortwährend das sekundenlange Lächeln des nahen schönen Gesichtes und erwiderte dasselbe erst jetzt, eine gute halbe Stunde nachher, indem er voll Liebe in Nacht und Wetter hinein und das liebe Gesicht anlachte, das ihm allerwegen aus dem Dunkel entgegentrat, so daß er glaubte, Vrenchen müsse auf seinen Wegen dies Lachen notwendig sehen und seiner inne werden[8]. [...]

Anmerkungen

1 *Heiligen:* Anknüpfung an einen vorausgehenden Vergleich, in dem die verarmten Seldwyler Bürger, die aus Not zum Angeln gehen und bewegungslos am Fluss stehen, mit Heiligenbildern gleichgesetzt werden
2 *auffahren:* wütend werden, in Zorn geraten
3 *Borden:* Ufer
4 *teuere:* hier im Sinne von wertvolle, kostbare
5 *liederlich:* unordentlich, nachlässig
6 *Lotternest:* schlampiger Schlupfwinkel von Nichtstuern
7 *aufschürzen:* den Rock hochraffen, damit er nicht nass wird
8 *inne werden:* sich einer Sache bewusst werden, sie in ihrer Bedeutung erkennen, begreifen, spüren

Inhaltliche Teilleistungen

Grundlage der Textanalyse sollte in jedem Fall ein Schreibplan sein, der der eigenen Kontrolle dient, aber nicht in die Notengebung einfließt. Er sollte Struktur sowie wesentliche Inhalte skizzieren und stellt die Basis der Ausarbeitung dar.
Die Schüler erfassen den gedanklichen Aufbau, die erzählerische und sprachliche Gestaltung des Novellenauszugs von Gottfried Keller und begreifen Sinnzusammenhänge zwischen einzelnen Einheiten des Textes als Geflecht innerer Bezüge und Abhängigkeiten. Es soll erkannt werden, wie ein bereits im Vorfeld angelegter Konflikt auf der Väterebene eskaliert, wohingegen kontrastiv dazu auf der Kinderebene der Beginn einer Liebesbeziehung gestaltet wird.
Der Einbezug literatur- und kulturgeschichtlichen Kontextwissens kann die Interpretation stützen; eine Einordnung des Textes in eine Literaturepoche bzw. literarische Strömung wird durch die Aufgabenstellung jedoch nicht explizit verlangt.

Ein eigenständiger Gliederungspunkt zur Sprachanalyse fehlt, weil diese idealerweise in die Analyse des Inhalts integriert werden sollte. Dies führt zur Vermeidung unnötiger Wiederholungen, da Sprache und Inhalt stets in einem engen Wirkungsverhältnis zueinander stehen. Eine Sprachanalyse muss aber unbedingt in der Ausarbeitung realisiert sein.
In Teilaufgabe 2 stellen die Schüler eigenständig Zusammenhänge her und legen vergleichend dar, wie in einem anderen literarischen Werk der Beginn einer Liebesbeziehung gestaltet wird. Sie gelangen, ggf. vor dem literatur- und kulturgeschichtlichen Hintergrund, zu einer angemessenen Gesamtbewertung.
In stilistischer Hinsicht sollte darauf geachtet werden, dass der Text – trotz seiner Untergliederung in Teilaufgaben – als homogenes Textganzes erscheint. Weitere Gütekriterien sind der korrekte Umgang mit Zitaten sowie Gewandtheit und Sicherheit bei der sprachlichen Gestaltung.

Beispielschreibplan

(Hinweis: Seit dem Abitur 2017 soll ein frei wählbarer Schreibplan für Ihre Klausurlösung angefertigt und auch abgegeben werden, der der eigenen Kontrolle dient, aber nicht in die Notengebung einfließt. Das folgende Beispiel zeigt nur eine von vielen Möglichkeiten.)

1 Liebe als zentrales literarisches Thema
2 Erschließung und Interpretation des Novellenausschnitts aus „Romeo und Julia auf dem Dorfe" von Gottfried Keller
  - Aufbau des Novellenausschnitts: Einteilung in Sinnabschnitte
    - Vorstellung der verfeindeten Bauern Manz und Marti unter Hervorhebung ihres sozialen Abstiegs
    - Begegnung der Kontrahenten am Bach und Wiedergabe eines beleidigenden Streitgesprächs
    - Perspektivwechsel zu den Kindern Sali und Vrenchen und deren Reaktion auf die peinlichen Väter
    - Eskalation des Streits zur körperlichen Auseinandersetzung
    - Kinder als Streitschlichter
    - Gegensätzliche Emotionen bei Manz und Sali auf deren Heimweg: Zerknirschung und Lebensfreude
    - Antithetische Gegenüberstellung der väterlichen Unmoral und der Sittlichkeit der Kinder
  - Analyse der Figurenkonstellation mit Interpretation des Inhalts
    - Sozialer und sittlicher Abstieg: Hasserfüllter Konflikt der verfeindeten Väter
      - Verlust der bäuerlichen Existenz
      - Animalische Instinkte statt Wertesystem
      - Schlägerei als Höhepunkt der Entwürdigung
      - Natursymbolik des trennenden Bachlaufs und Gewitters
      - Epochentypische Verdichtung von Realismus und Symbolik
    - Alternatives Lebenskonzept: Beginn der Liebesbeziehung zwischen jungen Menschen
      - Vrenchen als fremdbestimmte Begleiterin ihres Vaters

    - Die junge Frau als Ausgangspunkt eines Gesinnungswechsels
    - Liebe und Natursymbolik des Sonnenscheins
  - Analyse von Erzählverhalten und Erzählstruktur
    - Auktoriale Er-Erzählung aus einer allwissenden Perspektive
    - Grundsätzlich lineare Erzählstruktur mit zeitdeckendem Erzählen

3 Vergleich mit der Gestaltung des Beginns der Liebesbeziehung in Goethes „Faust I“
  - Liebesmoment als Auslöser für Beziehung
  - Beginn der Liebe in Anwesenheit des Bösen
  - Soziale und intellektuelle Homogenität versus Heterogenität der Liebenden
  - Verknüpfung von Magie und Liebe

4 Das Faible für tragische Liebesgeschichten

Beispiellösung: Teilaufgabe 1

(Hinweis: Die in der Beispiellösung eingeflochtenen Zahlen „[1]“ – „[4]“ dienen lediglich der Anknüpfung an den oben stehenden Beispielschreibplan. In Ihrer Klausurschrift müssen sie natürlich nicht mehr auftauchen.)

Liebe als zentrales literarisches Thema

[1] Eines der populärsten Themen der Literatur weltweit ist die Liebe. Obwohl Paare wie Adam und Eva, Orpheus und Eurydike, Tristan und Isolde, Leonce und Lena sowie neuerdings auch der Vampir Edward und seine Bella weltberühmt sind, stellt ein Pärchen aus der Dichtkunst sie diesbezüglich doch in den Schatten: die Veroneser Romeo und Julia, die aus verfeindeten Familien stammen und sich trotzdem unsterblich ineinander verlieben. Dass die Handlung des Shakespeare-Dramas Vorbild für seine Novelle ist, daraus macht der Schweizer Schriftsteller Gottfried Keller keinen Hehl, denn obwohl sein Liebespaar Sali und Vreni heißt, nennt er seine Novelle „Romeo und Julia auf dem Dorfe“. Dass die Liebe zwischen den beiden in Opposition zum Verhältnis ihrer Väter steht, verdeutlicht der zu analysierende Ausschnitt aus der ersten Hälfte der Novelle.

Erschließung und Interpretation des Novellenausschnitts aus „Romeo und Julia auf dem Dorfe“ von Gottfried Keller

[2] Der Novellenausschnitt setzt mit der Vorstellung der verfeindeten Bauern Manz und Marti ein, wobei der Fokus auf deren sozialem Abstieg liegt. Manz, der zwölf Jahre zuvor noch ein wohlhabender Bauer war, ist mit seinem Sohn unterwegs, um seinen bescheidenen Verdienst als Gastwirt durch den Forellenfang aufzubessern. Auch Marti hat inzwischen den Großteil seiner Äcker verloren und ist mit seiner Tochter Vrenchen lieber beim Fischen als bei der Feldarbeit.

Wegen dieser Gemeinsamkeit treffen die verfeindeten Bauern, die sich die letzten Jahre ansonsten nur bei gerichtlichen Auseinandersetzungen gesehen haben, an einem Gewitterabend nur durch einen Bachlauf getrennt aufeinander, wo sie sogleich anfangen, sich wüst zu beschimpfen.

Die Kinder der Streithähne reagieren ganz anders: Manz’ Sohn Sali interessiert sich augenscheinlich für das anmutige Vrenchen, dem die ganze Situation sehr peinlich ist und die deswegen zunächst nicht wagt, Salis Blick zu erwidern.

Während es zu blitzen und zu donnern anfängt, erreichen die Väter eine kleine Brücke und der Streit eskaliert zu einer wilden Schlägerei, aus der schnell ein stummer Ringkampf wird, bei dem jeder versucht, den anderen in den Bach zu werfen.
Nachdem auch ihre Kinder den Steg erreicht haben, will Sali seinem Vater zunächst helfen. Als er jedoch den flehenden Blick Vrenchens wahrnimmt, tut er es ihr gleich und wird zum Streitschlichter, indem er seinen Vater von weiterem Kampf abhält. Während des Gerangels berühren sich die jungen Leute und die Wolkendecke reißt auf. Während sich die Alten erneut wüst beschimpfen, reichen sich die Kinder von den Vätern unbemerkt die Hände.
Auf dem Nachhauseweg schießen Manz in strömendem Regen Tränen als Ausdruck seiner inneren Aufgewühltheit in die Augen. Gleichzeitig lächelt Sali glückselig, während er sich an das Lächeln Vrenchens zurückerinnert.
Dieser Schluss des Abschnitts verdeutlicht die antithetische Gegenüberstellung des amoralischen Verhaltens der Väter und des sittlichen Benehmens der Kinder, wie sie in der Analyse der Figurenkonstellation deutlich wird. Doch zunächst zum hasserfüllten Konflikt der beiden Vaterfiguren.
Der Ausschnitt belegt, dass mit dem sozialen Abstieg der beiden Bauern auch ein moralischer Niedergang verbunden ist. Laut Text kam dieser Abstieg für die Beteiligten recht überraschend, denn „vor zwölf Jahren“ (Z. 1) hätte Manz noch nicht im Traum daran gedacht, dass er eines Tages fischen gehen müsse, um seinen Lebensunterhalt aufzubessern (vgl. Z. 3 ff.). Bezeichnenderweise wird die aktuelle Lebenssituation als eigene „Verdammnis“ (Z. 11) interpretiert und der ehemalige Landwirt mit einem „eigensinnigen Schatten der Unterwelt“ (Z. 9 f.) verglichen. Die Unaufhaltsamkeit des Abstiegs wird bei Marti durch den superlativistischen Komparativ ausgedrückt, dass es ihm auch „immer schlimmer“ (Z. 24 f.) gehe. Die fehlende Einstellung zu seinem bisherigen Beruf als Bauer wird dadurch unterstrichen, dass seine Felder, obwohl er die meisten bereits „verloren hatte“ (Z. 38), als „vernachlässigt[...]“ (Z. 27) bezeichnet werden, die nur noch „liederlich“ (Z. 40), also nachlässig bebaut werden.
Die Eskalation von der verbalen zur körperlichen Auseinandersetzung ist in der Konsequenz die Fortführung eines bereits lange vorherrschenden Verfalls der Wertesysteme der beiden verfeindeten Männer, die ihren animalischen Instinkten wie „Grimm“ (Z. 53), „Groll und Hohn“ (Z. 49), aber auch „Wut“ (Z. 106) immer mehr freien Lauf lassen. In diesem Zusammenhang fallen die vielen Tiermetaphern auf, mit denen sich die Streitenden beschimpfen: Marti bezeichnet seinen Kontrahenten wenig abwechslungsreich als „Hund“ (Z. 54), „Lumpenhund“ (Z. 56) und „Galgenhund“ (Z. 61), um mit der Interjektion „O Du Hund!“ (Z. 69) wieder zum Original zurückzukehren. Dessen Wohnung wird zudem mit einem „Lotterneste“ (Z. 55) verglichen. Manz' Beschimpfungen sind mit „Schelm“ (Z. 58) und „elender Tropf“ (Z. 68 f.) anfänglich menschlich, enden mit der Interjektion „O Du Kalb“ (Z. 70) aber auch im Tierreich. An dieser Stelle schließt sich in gleicher Weise der Erzähler an, der Marti, um dessen Gefährlichkeit und Angriffslust zu untermalen, mit einem am Bach entlangspringenden Tiger vergleicht (vgl. Z. 71 f.).
Dieses animalische Verhalten „verwilderte[r] Männer“ (Z. 114) erreicht seinen Höhepunkt, als der Streit auf einem Steg in der Mitte des Baches zu einer Schlägerei eskaliert, was vom Erzähler als „tiefe[s] Elend“ (Z. 126) gewertet wird. Die Schändlichkeit des Verhaltens wird durch Superlative bzw. Superlativismen unterstrichen: Das Verhalten von Manz und Marti

ist „nichts weniger als artig" (Z. 120.) und beruht auf „innerster Feindschaft" (Z. 129). Es ist laut Text insbesondere wegen des fortgeschrittenen Alters der beiden zu verurteilen, die als „gesetzte" (Z. 120 f.) und „alte Menschen" (Z. 127) bzw. „ergraute[...] Männer" (Z. 133) skizziert werden.
Untermalt wird der Konflikt durch die Symbolkraft der Natur. Die beiden Männer sind in der vorliegenden Passage nicht nur durch die Vorgeschichte des Streits voneinander getrennt, sondern auch durch den „ziemlich tiefen und reißenden Bach" (Z. 43), an dem sie aufeinandertreffen – Attribute. die für die Intensität und Dynamik ihres Konflikts stehen. Die bevorstehende, unheilvolle Eskalation deutet die Verortung des Geschehens in einem heraufziehenden Unwetter an, während „der Himmel voll Gewitterwolken" hängt (Z. 45 f.). Die zunehmende Intensität des Streits korrespondiert mit der Eindrücklichkeit der Naturerfahrung. Die Männer schreien sich auch deswegen immer lauter an, weil die Geräuschkulisse der Natur weiter anschwillt (vgl. Z. 62 ff.), indem „die Wellen des Baches stärker rausch[en]" bzw. „die Weiden am Bache gewaltig zu rauschen anf[a]ngen im aufgehenden Wetterwind" (Z. 64 ff.). Letzteres Phänomen wird durch die Alliterationen sprachlich verstärkt. Während des Höhepunkts des Geschehens auf dem Brückensteg erreicht auch die Naturdynamik ihren Gipfelpunkt. Wilde Männer agieren in einer wilden Naturszenerie mit Blitz, Donner, „grauschwarzen Wolken", „dumpfem Grolle und schwere[n] Regentropfen" (Z. 111 f.). Und auf dem Nachhauseweg wird die negative Stimmung durch den Hinweis auf die „wieder geschlossen[en]" Wolken und die Metapher des „in Bächen" gießenden Regens aus einem immer dunkler werdenden Himmel (Z. 195 ff.) potenziert.
Diese durchkomponierte Szenerie mit der Widerspiegelung des inneren Geschehens der Handlungsträger in der Natursymbolik entspricht dem Literaturverständnis der Epoche des poetischen Realismus. Denn laut Fontanes berühmtem Zitat geht es um die „Widerspiegelung alles wirklichen Lebens [...] im Elemente der Kunst", hier also die Darstellung der sozialen Realität zweier schweizerischer Bauernfamilien in der kunstvollen Form der symbolischen Verdichtung an einem reißenden Bachlauf während eines herannahenden Unwetters.
Der diagnostizierte Höhepunkt des hasserfüllten Konflikts der alten Männer fällt zusammen mit dem Beginn der Liebesbeziehung zweier junger Menschen, den Kindern der verfeindeten Bauern. Beide begleiten ihre Väter, als es zum Aufeinandertreffen kommt. Während die Rolle Salis als Begleiter eher unbestimmt bleibt, wird die im Diminutiv eingeführte Tochter Martis nicht nur namenstechnisch klein gehalten: „Vrenchen durfte nicht von seiner Seite und mußte ihm Eimer und Geräte nachtragen" (Z. 29 ff.). Die Modalverben und die Position beim Gehen sprechen für ein fremdbestimmtes, vom Vater dominiertes Leben Vrenchens. Gleich die erste Beschreibung Salis nach dem Aufeinandertreffen deutet an, dass er sich weniger für den „bösen Streit" (Z. 82), sondern vielmehr für Vrenchen interessiert. Typisch für das Rollenklischee der damaligen Zeit sieht er aktiv, weil „neugierig und verwundert" (Z. 83) zur jungen, „anmutige[n]" (Z. 102) Frau hinüber, während diese „beschämt und verwirrt auf die Erde" (Z. 100 f.) blickt und „verlegen und demütig" (Z. 103 f.) dahinschreitet. Vrenchens Sittsamkeit wird zudem dadurch betont, dass sie, seit Sali „auf der andern Seite" (Z. 91) geht, krampfhaft ihren Rock zusammenhält (vgl. Z. 94 f.). Der junge Mann selbst wird als „bekümmert" (Z. 99) und „weder vornehm noch sehr stolz" (Z. 98) aussehend beschrieben. Damit stehen die Mitleid empfindenden Kinder durch diese Charakterisierungen bereits in bewusstem Gegensatz zu ihren ehrlosen Vätern.

Am Beginn des Kampfes scheint es trotzdem so, als wollten die Kinder ihre Väter unterstützen. Dem Rollenklischee entsprechend, springt Sali heran, um seinem Vater „zu helfen, dem gehaßten Feinde den Garaus zu machen" (Z. 151 f.), während Vrenchen – ganz weiblich-passiv – eher darum bemüht ist, ihren Vater „zu schützen" (Z. 157), indem sie ihn umklammert. Ihre empathische Reaktion ist es dann aber, die dem Geschehen eine Wende gibt. Aus tränenüberströmten Augen fleht sie Sali um Hilfe an, ohne ein Wort zu sprechen, nur mit einem Blick (vgl. Z. 158 ff.). Anstatt sich auf den vermeintlichen Gegner zu stürzen, hält dieser seinen eigenen Vater vom Kampf ab und deeskaliert so die Situation (vgl. Z. 162 ff. und 180 ff.).
In diesem kurzen Blickwechsel erkennen Sali und Vrenchen ihre Liebe füreinander, was kontrapunktisch den Hassgefühlen der beiden Väter gegenübergestellt ist. Der magische Moment wird durch die Natursymbolik eindrücklich in Szene gesetzt: Im Moment der zufälligen „Berührung" (Z. 171) erhellt ein den „grellen Abendschein" durchlassender „Wolkenriß" (Z. 172) das Gesicht Vrenchens, sodass Sali das Antlitz der jungen Frau „anders und schöner" vorkommt (Z. 176). So wie ganz unvermittelt der Sonnenschein durch die dunklen Gewitterwolken bricht, erhellt nun Licht die Düsternis der Lebenswelt der jungen Liebenden. Diese Hell-dunkel-Antithese des magischen Augenblicks wird zusätzlich durch das Lächeln Vrenchens unterstützt, das mitten in „Schrecken" und „Tränen" (Z. 180) ihr Gesicht erhellt. Dass dieser Moment das Leben der jungen Menschen verändert hat, wird vor allem auf Salis Nachhauseweg deutlich: Während seinem Vater – durch eine etwas schiefe Synästhesie betont – „ungesehene Tränen [...] in den Stoppelbart" rieseln (Z. 202 f.), fühlt sein Sohn sich in Erinnerung an Vrenchens Lächeln „wie ein Königssohn" (Z. 211 f.). Dieser Vergleich und die antithetische Gegenüberstellung der seine Gefühlswelt beschreibenden Adjektive „leicht, hell und warm" (Z. 209) bzw. „reich und wohlgeborgen" (Z. 211) mit den seine bisherige Lebenswelt symbolisierenden Substantiven „Regen", „Sturm", „Dunkelheit" und „Elend" (Z. 208 f.) verdeutlichen die Intensität der „in glückseligen Bildern" ausgemalten positiven Lebensperspektive (Z. 206 f.).
Der Autor bedient sich bei der meist in Hypotaxe formulierten Schilderung der Ereignisse eines allwissenden Erzählers, der gleich zu Anfang der Passage sogar retrospektiv – „vor zwölf Jahren" (Z. 1) – die wahrscheinlichen Reaktionen seiner Figur Manz auf ihre aktuelle Lebenssituation zu kennen vorgibt. Aber auch in der Gegenwart weiß der Erzähler über Beweggründe, Motive und Gefühlslagen aller Akteure Bescheid: Manz wird mit einem „eigensinnigen Schatten der Unterwelt" (Z. 9 f.) verglichen, der „zu seiner Verdammnis ein bequemes einsames Plätzchen sucht" (Z. 10 ff.). Der Erzähler weiß um die fehlende „Geduld" (Z. 14) beim Angeln und den daraus geschuldeten Umstand, dass die Angelruten „nur zum Schein" (Z. 19) mitgenommen werden. Als Antriebsfeder für die Angelversuche Martis wird Langeweile (vgl. Z. 25 f.) festgemacht. Vrenchen sei beim Aufeinandertreffen „dreifach belästigt und gequält" (Z. 93), Sali „selbst bekümmert" (Z. 99), wovon die junge Frau nichts mitbekomme.
Der Erzähler schildert die Ereignisse vornehmlich in einem durch Naturschilderungen ergänzten Erzählerbericht, der aber bereits immer wieder Wertungen enthält. Beispielsweise wird die Aktion der Väter als „erbärmliche[r] Auftritt" (Z. 148 f.) bezeichnet. An der bereits erwähnten Stelle, wo die Szene handgreiflich wird, unterbricht er den Bericht jedoch und wechselt zu einem Erzählerkommentar, der die besondere Tragik des Konflikts durch sen-

tenzartige Verallgemeinerungen hervorhebt (vgl. Z. 120 ff.): Den sich schlagenden Bauern, die als „gesetzte" und „alte Menschen" bezeichnet werden, wird die fehlende Anmut und Artigkeit vorgeworfen, zugleich aber auch das „tiefe Elend" als Resultat „einer ganzen Lebensgeschichte" beklagt. Somit belegt der Erzähler mit seinen Aussagen nicht nur Abscheu, sondern auch Mitleid gegenüber den Akteuren.
Durch den Einsatz gehäufter wörtlicher Rede während der Eskalationsphase (vgl. Z. 53 ff.) vor der Rauferei, in der sich die Streithähne vulgär beschimpfen, wird eine szenische Unmittelbarkeit erreicht. Während insgesamt ein ganzer Abend von der Wanderung zum Bach über den handgreiflichen Streit bis zum Nachhauseweg Gegenstand der Betrachtungen und somit eine Zeitraffung für den Novellenausschnitt zu konstatieren ist, wird durch die vielen wörtlichen Reden eine Zeitdeckung erreicht. Während des Höhepunkts auf dem Brückensteg kann man sogar von einer Zeitdehnung sprechen. Es ist nur eine „kleine Weile" (Z. 166), die der Kampf ruht, später nur ein „Augenblick[...]" (Z. 172), in dem der Himmel aufreißt. Die Momente werden aber durch die gegenseitige Bedingung von äußeren und inneren Handlungsschritten, die im Grunde gleichzeitig ablaufen, sprachlich gedehnt. Die Umklammerung der Väter, der Austausch der Blicke, die zufällige Berührung, die Lichtsymbolik und die Entdeckung der Liebe zueinander verschmelzen zu einem schicksalhaften Moment.

Beispiellösung: Teilaufgabe 2

Vergleich mit der Gestaltung des Beginns der Liebesbeziehung in Goethes „Faust I"

[3] Ein solcher Liebesmoment existiert auch in Goethes Tragödie „Faust I". In der Anfangsszene der Gretchentragödie wird die erste Begegnung des in einer Lebenskrise befindlichen Gelehrten Doktor Heinrich Faust mit dem naiven, aus bescheidenen sozialen Verhältnissen stammenden Teenager Margarethe beschrieben. Faust entbrennt sofort in wilder Leidenschaft für das hübsche Geschöpf, dieses hat aber gerade die Kirche verlassen und verhält sich äußert reserviert gegenüber der unmittelbaren Ansprache durch Faust und lehnt es ab, von ihm nach Hause gebracht zu werden. Im Gegensatz zum sprachlosen, in wilder Natur verorteten und von beiden gleichermaßen empfundenen romantischen Liebesmoment auf dem Steg zwischen Sali und Vrenchen, entsteht in „Faust I" der Eindruck, dass die erste Begegnung hier nur vom Mann als aufreizend und aufwühlend empfunden wird. Im Mittelpunkt steht hier also die als typisch männlich charakterisierte sexuelle Begierde. Erst in einem kurzen Monolog Gretchens nach der Begegnung wird deutlich, dass ihr anfängliches Desinteresse wohl gesellschaftlicher Konvention geschuldet war, da sie ihrerseits Neugier für den aus ihrer Sicht attraktiven Jüngling hegt, zumal sie ihn für einen Junker und damit jungen Adeligen hält.
Die sofortige starke Reaktion Fausts auf Gretchen lässt sich mit der Szene zuvor erklären, wo ihn der durch einen Pakt verbundene Mephisto dazu verführte, in einer Hexenküche einen Verjüngungstrank zu sich nehmen, um in das physische Leben einzutauchen, dem der Geistesmensch Faust bisher uninteressiert bis verständnislos gegenüberstand. In Gretchen erkennt der verjüngte Gelehrte das wunderschöne Frauenbild, das ihm dort im Zauberspiegel erschienen ist. Faust besucht daraufhin am Abend in Mephistos Begleitung das Zimmer

Gretchens, wo er ein von seinem Kumpan organisiertes Kästchen mit Schmuck hinterlässt. Dadurch wird eine Gemeinsamkeit der beiden Beziehungsanfänge deutlich: Die Liebe bricht sich in Anwesenheit des Bösen Bahn. Im Novellenausschnitt Kellers sind es die verfeindeten ehrlosen Väter, die für den weiteren Verlauf der Beziehung nichts Gutes ahnen lassen, im Goethe-Drama ist es sogar die Gegenwart des personifizierten Teufels selbst, die für einen tragischen Ausgang spricht.
Letzterer wird in „Faust I“ auch bereits durch die Verschiedenheit des Liebespaars angedeutet. Gretchen ist von kleinbürgerlicher Herkunft, während sich der Wissenschaftler Faust wegen seines Teufelspakts teuren Schmuck als Köder für die von Aufstiegssehnsucht bewegte Vierzehnjährige leisten kann. Gretchen ist dem intellektuell breit aufgestellten älteren Herrn nicht gewachsen, beweist allerdings gute Menschenkenntnis, wie ihre kritische Einstellung gegenüber Mephisto belegt. Das Paar aus „Romeo und Julia auf dem Dorfe“ stammt dagegen aus demselben bäuerlichen Milieu. Ihre Lebensumstände sind von Kindesbeinen an eng miteinander verzahnt und vom bereits mehrmals angesprochenen sozialen Abstieg ihrer Väter gekennzeichnet.
Bei beiden Anfängen ist Magie im Spiel. In der Novelle ist es die symbolische Naturmagie, die die Liebe durch das mittels Sonnenstrahlen verzauberte Gesicht auslöst (vgl. Z. 172 ff.). Bei Faust ist es ein Zaubertrank, der ihn verjüngt und damit liebestoll werden lässt, sodass er die Liebe auf den ersten Blick erlebt. Trotz der Zauberkünste seines Begleiters gelingt es aber auch Faust nicht, aus seiner Liebe zu Gretchen eine dauerhafte Beziehung entstehen zu lassen.

Das Faible für tragische Liebesgeschichten

[4] Die Literatur und ihr Publikum haben augenscheinlich ein Faible für tragische Liebesgeschichten. Daran haben auch Veränderungen im partnerschaftlichen Liebesleben der letzten Jahrhunderte nichts geändert. Obwohl die romantische Liebe heute weniger denn je an die Eidesformel „bis dass der Tod euch scheidet“ gebunden ist, wie die zunehmend rasche Ablösung enttäuschender durch neue Beziehungen und die damit verbundene Scheidung oder Trennung von einem Lebensabschnittspartner belegt, sehnt man sich zumindest auf der Bühne, im Roman oder Film nach der ewigen und wahren Liebe – die dann doch wegen der Tragik schicksalhafter Umstände durch den Tod geschieden wird.

Abitur 2016

Aufgabenformat IV: Materialgestütztes Verfassen eines informierenden Texts

Versuchung – Verführung – Manipulation

„Wer ist so fest, den nichts verführen kann?"
William Shakespeare (1564 – 1616), Julius Caesar

Aufgabenstellung

1 Ihre Schule veranstaltet Projekttage zum Thema **„Versuchung – Verführung – Manipulation"**. Bei der Abschlussveranstaltung bringen Schüler und Lehrkräfte den Besuchern unterschiedliche Aspekte des Themas in verschiedenen Räumen nahe. Ihr Deutschkurs gestaltet den Themenraum „Verführung in der Literatur". Präsentiert werden dort im Rahmen einer Ausstellung literarische Texte, Sachinformationen, veranschaulichendes Bildmaterial und audiovisuelle Beiträge.
Sie erhalten den Auftrag, dort einen einführenden Vortrag zu halten, in dem Sie die anwesenden Schüler, Lehrkräfte und Eltern über das Thema „Verführung in der Literatur" informieren.
Verfassen Sie diesen Vortragstext! Die Schwerpunktsetzung soll auf der Gestaltung von Verführung in einem literarischen Werk Ihrer Wahl liegen. Ergänzen Sie Ihre Darstellung um weitere Aspekte des Themas in der Literatur und ggf. im Film! Zeigen Sie an geeigneter Stelle auf, weshalb das Motiv der Verführung für Autoren und Rezipienten besonders interessant ist!
Nutzen Sie für Ihren Vortrag Informationen bzw. Kerngedanken der folgenden Materialien aus der Ausstellung (M1 – M5), Rechercheergebnisse (M6 – M9) sowie eigene Kenntnisse![1] Ihr Vortragstext soll etwa 1200 Wörter umfassen.

Anmerkungen

1 Zitate aus den Materialien werden dem Stil des Vortrags entsprechend ohne Zeilenangabe nur unter Nennung des Autors und ggf. des Titels zitiert. Der Einbezug von Beispielen aus Literatur und Film kann auch ohne Nennung von Personennamen vorgenommen werden.

Materialgrundlage

- William Shakespeare: Julius Caesar. Kapitel 3, 2. Szene, Ausspruch von Cassius im Gespräch mit Brutus; online unter http://gutenberg.spiegel.de/buch/-2189/3 (zuletzt aufgerufen am 18.12.2015)
- Markus Flohr und Christian Hambrecht: Interview mit Jürgen Vogel. Aus: SPIEGEL ONLINE; online unter http://www.spiegel.de/schulspiegel/wissen/juergen-vogel-ueber-die-welle-es-ist-toll-wenn-alle-an-deinen-lippen-haengen-a-538855.html (zuletzt aufgerufen am 12.10.2015)

- lamio: Reliefdarstellung „Sündenfall“ (Dom von Orvieto). https://de.fotolia.com/id/64879895
- Simon Demmelhuber: Deutungen eines Mythos; online unter http://www.br.de/radio/bayern2/wissen/radiowissen/religion/adam-und-eva-bibel-100.html (zuletzt aufgerufen am 27.10.2015)
- Zitat aus dem Matthäus-Evangelium: Die Bibel. Einheitsübersetzung der Heiligen Schrift. Lizenzausgabe der Katholischen Bibelanstalt. Stuttgart: Katholisches Bibelwerk 2007, S. 1081
- Lessing-Zitat: Gotthold Ephraim Lessing: Emilia Galotti. Ein Trauerspiel in fünf Aufzügen. 5. Aufzug, 7. Szene. Aus: Ders., Werke. Hrsg. v. Herbert G. Göpfert, Darmstadt: Wissenschaftliche Buchgesellschaft 1996 (ursprünglich München 1971), S. 202
- Zitat von Friedrich II.: aus einem Brief an Voltaire am 19. November 1737; online unter https://www.aphorismen.de/suche?text=größe&f_rubrik=Aphorismen&f_autor=1338_Friedrich+II.%2C+der+Große (zuletzt aufgerufen am 11.01.2016)
- Frankfurter Rundschau: Interview mit Philip Zimbardo: „Wir alle sind verführbar“ (2008); online unter http://www.fr-online.de/home/interview-mit-philip-zimbardo-wir-alle-sind-verfuehrbar-,1472778,3407136.html (zuletzt aufgerufen am 15.04.2015)
- Jakob und Wilhelm Grimm: Deutsches Wörterbuch. Bearbeitet von E. Wückler, R. Meiszner, M. Leopold, C. Welse und der Arbeitsstelle des Deutschen Wörterbuchs zu Berlin. München: Deutscher Taschenbuch Verlag 1984, Band 25, Spalten 360 ff.
- Susanne Illmer: Die Macht der Verführer. Liebe, Geld, Wissen, Kunst und Religion in Verführungsszenarien des 18. und 19. Jahrhundert. Dresden: Thelem 2007, S. 11
- Manuel Montesinos Caperos: Verführerisches Verhalten in den Märchen der Brüder Grimm (2007); online unter http://publikationen.ub.uni-frankfurt.de/frontdoor/index/index/docId/12364, S. 14 (zuletzt aufgerufen am 15.04.2015)
- Wilfried F. Schoeller und Redaktion: Der Besuch der alten Dame. Aus: Walter Jens (Hg.): Kindlers Neues Literaturlexikon. Band 4. München: Kindler Verlag 1996, S. 925

(Bei den Materialien wurde die Orthografie zu Prüfungszwecken moderat an die geltenden Regelungen angepasst.)

M1 Auszug aus einem Interview mit dem Schauspieler Jürgen Vogel zum Filmstart von „Die Welle“ (2008) *Markus Flohr & Christian Hambrecht*

„Die Welle“: Verfilmung nach dem gleichnamigen Roman von Morton Rhue, der am Beispiel einer Schulklasse, die von ihrem Lehrer manipuliert wird, die Funktionsweise und Aktualität des Faschismus aufzeigt

SPIEGEL ONLINE: „Verführung“, das klingt so positiv, nach Knutschen oder Sex. Aber nach Faschismus?

VOGEL: Du wirst subtil verführt: Im Vordergrund steht der Gemeinschaftsgeist. […] Es geht um das Gefühl, gemeinsam für etwas zu sein – und gegen etwas. Plötzlich gibt es keine Cliquen mehr, keine Außenseiter, keine Chefs. Alle verschmelzen zur „Welle“. Es ist nicht verkehrt, sich einer Gruppe zugehörig zu fühlen. Man darf nur nicht denken, diese Gruppe sei besser als irgendeine andere. […]

M2 Wordcloud zum Thema Verführung

Anmerkung

Diese Wordcloud (Wortspeicher) ist das Ergebnis der Umfrage „Welche Begriffe fallen dir/Ihnen spontan zum Thema Verführung ein?“, die Ihr Kurs an Ihrer Schule durchgeführt hat.

M3 Der Sündenfall als Urszene der Verführung: Reliefdarstellung der Verführung von Adam und Eva durch die Schlange und Auszug aus einer Radiosendung

Text: Simon Demmelhuber; Foto: lamio

[...] Judentum, Christentum und Islam wurzeln in einer gemeinsamen Ursprungserzählung. [...]

Alle drei kennen ein von Gott geschaffenes Paradies als verlorenen Wohngarten der ersten Menschen, alle drei das von den Stammeltern gebrochene Verbot, vom Baum der Erkenntnis zu essen, alle drei auch die Strafe der Vertreibung und Verfluchung. [...]

M4 Zitatspeicher

... und führe uns nicht in Versuchung
(Bitte aus dem Vaterunser, Matthäus-Evangelium 6,13)

EMILIA: Was Gewalt heißt, ist nichts: Verführung ist die wahre Gewalt.
(Gotthold Ephraim Lessing: Emilia Galotti. 5. Aufzug, 7. Auftritt)

Die Menschen sind der Verführung ausgesetzt; sei es durch Selbstüberschätzung, durch den Glanz der Größe oder durch List schlechter Menschen, dass ihr Gewissen hintergangen werden kann, hätten sie auch die allerbesten Vorsätze.
(Friedrich II., 1712 – 1786, preußischer König)

M5 Auszug aus einem Interview mit Philip Zimbardo: Wir alle sind verführbar (2008) *Frankfurter Rundschau*

Philip G. Zimbardo, 75, ist Psychologe und Professor an der kalifornischen Stanford University. International bekannt wurde er durch sein Stanford Prison Experiment 1971, bei dem er beobachten wollte, wie es sich auf das Verhalten auswirkt, wenn man eine bestimmte Rolle einnimmt.

Professor Zimbardo, ist der Mensch im Kern böse?
Nein, gar nicht. Um es extrem zu formulieren: Viele Menschen haben keinen Kern. Wer wir sind und wer wir glauben, dass wir sind, ist geformt von Gewohnheiten, von Situationen, die wir kennen. Gleiche Freunde, gleiches Essen, gleiche Orte: Das gibt uns das Gefühl von Kontrolle. Das Böse entsteht fast immer dann, wenn jemand in eine ungewohnte, neue Situation kommt, wo die alten Gewohnheiten nicht funktionieren. Automatisch versucht man herauszufinden, was dort die akzeptierte Form des Verhaltens ist. Wenn das Rassismus und Misshandlung sind, ist die Gefahr groß, dass man mitmacht.

Die Psychologie des Bösen haben Sie auch mit dem inzwischen berühmten „Stanford Prison Experiment" ergründen wollen. Da ließen Sie 24 Studenten zwei Wochen lang eine Gefängnissituation simulieren. Zwölf waren Häftlinge, zwölf Wärter. Die Misshandlungen der Wärter eskalierten aber so, dass Sie das Experiment nach sechs Tagen abbrachen. Die „Guten" unter den Wärtern haben nicht bei Ihnen Alarm geschlagen?
Nein, nie. Keiner versuchte, die bösen Wärter zu stoppen. Sie hätten sagen können: Lass uns aufhören, verrückt zu spielen. Wir kriegen das gleiche Geld, wenn wir nichts tun und Karten spielen. Gerade in der Nachtschicht. Die Häftlinge schliefen ja. Aber einige Wärter taten das Schlimmste. [...] Warum? Macht! Es war eine Chance, totale Macht auszuüben. Und das war unwiderstehlich. Will man das Böse im Kern verstehen, muss man wissen: Es geht um die Ausübung von Macht. [...]

Glauben Sie trotz Ihrer Erkenntnisse, dass es gute Menschen gibt, die niemals auf den schlechten Pfad geführt werden könnten?
Wenige schaffen es, dem Druck zu widerstehen, dem Gruppendruck, dem Druck

der Autorität. Faszinierend finde ich, dass wir nie vorhersagen können, wer das sein wird. Ein wichtiger Faktor ist das akzeptierte Sozialverhalten in der Gruppe. Was tun die anderen? Für was wird man belohnt? […]

M6 Worterklärung aus dem Deutschen Wörterbuch (1888)
Jakob & Wilhelm Grimm

VERFÜHRUNG: ableitung, ablenkung vom eingeschlagenen weg. […] das ablenken, verleiten vom richtigen, gesetzmäszigen, als handlung und vorgang (in activem sinne). […] in passivem (intransitivem) sinne, das verleitetwerden, das abgehen, abweichen vom richtigen; so besonders in moralischer beziehung, verleitung zur unzucht.

M7 Die Macht der Verführer (2007) *Susanne Illmer*

[…] Über das Motiv der Verführung wird […] vorgeführt, wie Machtverhältnisse herausgefordert und dabei die Möglichkeiten und Grenzen der Konvertierbarkeit von Macht in Liebe, Geld, Kunst, Wahrheit ausgetestet werden. Literatur beobachtet dabei Gesellschaft und benutzt dazu das gleiche Medium wie ihre gesellschaftliche Umwelt, nämlich Sprache. […]

M8 Verführerisches Verhalten in den Märchen der Brüder Grimm (2007)
Manuel Montesinos Caperos

[…] Meiner Meinung nach spielt die Verführung in den Märchen eine erziehende Rolle, denn die meisten Kinder lesen diese Märchen nicht, sondern hören sie von ihren Eltern oder Großeltern, die ihnen beim Märchenerzählen die genauen Erklärungen geben können, […] wobei das Kind daraus lernen kann, was erlaubt ist, was verboten ist, was schlimm ist, was gut ist, oder wo Gefahr lauert. […]

M9 Auszug aus „Kindlers Neues Literaturlexikon“ zu Friedrich Dürrenmatts „Der Besuch der alten Dame“ (Uraufführung 1956)
Wilfried F. Schoeller & Redaktion

[…] In der Handlung des Stücks […] sind zwei Themen miteinander verknüpft: der Abfall einer kleinen Stadt von moralischen Konventionen unter dem Zugriff der Macht und der Verführung des Geldes, denen die Bewohner ‚nur schwach, nicht böse‘ erliegen, und die Geschichte eines Schuldigen, der dazu gelangt, seine Schuld anzuerkennen und zu sühnen. […] Der Krämer Alfred Ill […] hatte seine Freundin [Claire] verleugnet, als sie vor fünfundvierzig Jahren ein Kind von ihm erwartete, und sie damit auf den Leidensweg der Auswanderung und Prostitution gestoßen. […] Claire macht ihre Stiftung [eine Million für den Ort] davon abhängig, dass ‚Gerechtigkeit‘ und ‚totale Rache‘ geübt werden. Ill soll für sein damaliges Vergehen von seinen Mitbürgern umgebracht werden. Die Bürger lehnen anfangs das Ansinnen ‚im Namen der Menschlichkeit‘ entrüstet ab, beruhigen sich dann damit, es werde sich schon alles ‚arrangieren‘ lassen, und erliegen schließlich der Versuchung des Geldes. Sie beschließen, Ill zu töten […].

Inhaltliche Teilleistungen

Grundlage des materialgestützten Verfassens eines informierenden Texts sollte in jedem Fall ein Schreibplan sein, der der eigenen Kontrolle dient, aber nicht in die Notengebung einfließt. Bei diesem ist wichtig, dass zunächst eine klare Struktur des Aufsatzes gefunden wird (siehe Beispielschreibplan), da gerade ein Vortragstext logisch und nachvollziehbar aufgebaut sein muss. Zusätzlich sollte das vorgegebene Material klar ausgewertet werden. Dies kann in Form kurzer Exzerpte wie auch mithilfe von Markierungen in den vorgegebenen Materialien geschehen. Dies dient durchaus dem eigenen Interesse, da sich üblicherweise viele gute Argumente, Gedanken, Aspekte aus den Materialien erschließen lassen, die dann „hemmungslos" im eigenen Aufsatz genutzt werden können und dürfen.

In stilistischer Hinsicht sollte darauf geachtet werden, dass der Text – trotz seiner Untergliederung – als homogenes Textganzes erscheint.

Beispielschreibplan

(Hinweis: Seit dem Abitur 2017 soll ein frei wählbarer Schreibplan für Ihre Klausurlösung angefertigt und auch abgegeben werden, der der eigenen Kontrolle dient, aber nicht in die Notengebung einfließt. Das folgende Beispiel zeigt nur eine von vielen Möglichkeiten.)

1 Gretchen und Faust: Wer will hier wen?

Die Einleitung führt möglichst motivierend zum Thema hin und zugleich zu dem im Hintergrund mitgeführten literarischen Werk „Faust I".

2 Verführung als Führung

Dieses erste Kapitel des Hauptteils klärt den Kernbegriff dieses Vortrags und ordnet ihn ein.

3 „Faust I" als Manifest der Verführung

Das in der Aufgabenstellung geforderte zugrunde liegende literarische Werk wird in Richtung des zentralen Themas Verführung gelesen bzw. gedeutet. Der Projekttag steht unter der Gesamtüberschrift „Versuchung – Verführung – Manipulation", der Abschnitt 3.1 betrachtet die Zusammenhänge von Versuchung und Verführung im „Faust I", 3.2 die Beziehung Verführung und Manipulation.

4 Faszination der Verführung

Dieses dritte Kapitel des Hauptteils zeigt die Faszination der Verführung auf, zum einen für Kunstschaffende (4.1) und zum anderen für den Nutzer (4.2).

5 Verführung als Dauerbrenner

Der Schlussteil greift den Eingangsgedanken auf und lädt zur Nutzung des Themenraums ein.

Beispiellösung

(Hinweis: Die in der Beispiellösung eingeflochtenen Zahlen „[1]“ – „[4]“ dienen lediglich der Anknüpfung an den oben stehenden Beispielschreibplan. In Ihrer Klausurschrift müssen sie natürlich nicht mehr auftauchen.)

Gretchen und Faust: Wer will hier wen?

[1] „Bin weder Fräulein noch schön, kann unbekleidet nach Hause gehen“ – natürlich schlägt Gretchen Fausts Annäherungsversuch mit „unbegleitet nach Hause gehen“ aus. Diesen Versprecher haben wahrscheinlich auch Sie, liebe Eltern, liebe Lehrkräfte, schon absichtlich eingesetzt, als Sie damals in Ihrer Schulzeit das Standardwerk Goethes „Faust I“ gelesen haben, und sich dabei wenigstens schmunzelig komisch, wenn nicht witzig gefunden. Von euch, liebe Schulkameradinnen und -kameraden, weiß ich, dass ihr das gerade so in dieser Art gelesen habt.
Wieso „Faust I“ an dieser Stelle, an der ich Sie und euch einführen soll in den Themenraum „Verführung in der Literatur“ im Rahmen unseres Projekttages „Versuchung – Verführung – Manipulation“?
Ich lese „Faust I“ als das Manifest einer Verführung. Was heißt einer? Mehrerer!
Und wenn Gretchen tatsächlich unbekleidet gegangen wäre, nun ja, dann gäbe es eine weitere, ganz manifeste Verführung in diesem Werk!

Verführung als Führung

[2] Was meinen wir, wenn wir von Verführung reden? Die Trias des Titels unseres Projekttages legt nahe, dass Verführung den Resonanzboden der Versuchung braucht und in sich die Kehrseite der Manipulation birgt. Verführung funktioniert, wenn jemand für Versuchung offen ist, und kommt als subtile Form der Manipulation daher. In Verführung steckt das Wort führen, also eigentlich eine Lenkung in eine klar definierte Richtung. Das Präfix versignalisiert das Intransitive, Ablenkende, Unzielstrebige, dass eigentlich mit Führung nicht zu assoziieren wäre. Kurzum: Verführung bedeutet eine durch andere gesteuerte „ablenkung vom eingeschlagenen weg“, wie schon das Deutsche Wörterbuch 1888 konstatierte. Dieses stellt zudem eine inhaltliche Klammer zwischen „moralischer beziehung“ und „verleitung zur unzucht“ her. Es gibt also einen Widerspruch zwischen der durch Verführung ausgeübten Handlung und dem eigentlichen Wertekorsett der ausführenden Person, sonst ist Verführung keine Ver-Führung!
Wichtig: Der Verführer übt Macht aus. Er ist der agierende Abänderer fremden Verhaltens. Sein Mittel ist nicht körperlich konkret, er ist kein grober Gewalttäter. Sein Mittel ist die Versuchung, Verführung, Manipulation durch die Subtilität im Singsang der Sprache.

„Faust I“ als Manifest der Verführung

[3] Schauen wir, inwiefern das auf den „Faust I“ zutrifft bzw. wie oft wir das in diesem Werk finden können!
Also auf Anhieb: Faust verführt Gretchen, ihn zu heiraten.
Oder: Gretchen verführt den angehimmelten Faust, um aus ihrer engen Welt herauszukommen.
Mephisto verführt Faust, ihm seine Seele zu versprechen.

Aber: Faust verführt Mephisto, ihm Befriedigung für alle Sinne zu verschaffen.
Vorher schon: Gott verführt Mephisto, sich auf das Spiel um Fausts Seele einzulassen.
Oder: Mephisto verführt Gott, um eine Menschenseele zu wetten, was nun eigentlich nicht Gottes Sache sein sollte.
Und das war nur spontan gesammelt.
Goethes „Faust“ als Manifest der Verführung: Jeder verführt jeden zu irgendwas. Wer der Ur-Verführer ist, lässt sich kaum feststellen.
Können wir diese These verifizieren?
[3.1] Zur Verführung braucht es einen zur Versuchung bereiten Resonanzboden, wie ich bereits ausführte.
Gretchen hat ihn sicher: Sie ist heiratsfähig und -willig, in gewisser Weise ehrgeizig, zumindest strebsam, ein wenig naiv, sicher leicht zu beeindrucken. Ein fruchtbarer Boden für jeden Verführer.
Faust hat ihn ebenso sicher: Er ist unzufrieden, ehrgeizig, wissens- und vor allem erkenntnisdurstig. Seine Kehrseite ist nicht minder offen für die Versuchung: Er ist skrupellos, egoistisch, berechnend. Er geht buchstäblich wie symbolisch auch über Leichen. Das brüllt geradewegs nach Verführung.
Mephisto hat ihn ebenfalls sicher: Er braucht Seelen, aber auch Bestätigung. Er erscheint wie jemand, der sich ritzt, weil er sich nicht spüren kann. Er ist leicht anzusetzen auf solch einen kolossal kooperativen wie auch kompromisslosen kogenialen Kameraden wie unser Dr. Faust. Er ist leicht zu verführen.
Und Gott: Was ist sein Resonanzboden der Verführung? So wie Goethe ihn zeichnet, ist er ein zynischer Spieler, der nur halbherzig an die Standhaftigkeit seines Akteurs Faust glaubt. Im Grunde gibt er diesen Scheinprotagonisten früh auf und hält sich an den deutlich attraktiveren Mephisto. Goethe hinterfragt vieles an Gott, indem er ihn zeichnet, wie er ihn zeichnet, insbesondere dessen Allmacht. Wir wissen nicht um einen manipulativen Masterplan Mephistos, aber wir wissen, dass Goethes Gott zur alles Weitere anstoßenden Wette verführt wird.
[3.2] Zur Verführung braucht es, eventuell subtile, Manipulation, wie ich schon sagte.
Nun, wie Faust Gretchen manipuliert, muss hier kaum genannt werden. Gretchen wird sich am Ende des Stückes selbst jedenfalls nicht wiedererkennen, so schleichend unauffällig ging die Metamorphose – gewollt oder unbewusst gesteuert durch Faust, bis er die Fäden selbst nicht mehr in der Hand hält.
Schwieriger festzustellen ist die Manipulation Fausts durch Mephisto. Klar, er steuert den Gelehrten, zeigt ihm die – vermeintlichen – Schätze der Welt. Aber erstens ist das wenig subtil und zweitens auch wenig erfolgreich. Fausts Drang bremst sich kaum und Befriedigung stellt sich eher nicht ein. Fausts Einsatz „Werd ich beruhigt je mich auf ein Faulbett legen, so sei es gleich um mich getan!“ tritt nicht ein. Da zappelt sich Mephisto ab, aber Faust findet das Faulbett einfach nicht. Man müsste also hinsichtlich Mephisto eher von Manipulationsversuchen sprechen, teils durchaus erfolgreich, in letzter Konsequenz aber nicht. Wer hier wen verführt – in letzter Abrechnung bleibt das offen.
Manipuliert Mephisto Gott? Wie ungeheuerlich, wenn das zuträfe. Wie gesagt ist Goethes Gottesbild doch eher pessimistisch. Allmacht geht anders. Somit ist Gott durchaus manipulierbar, zumindest in Goethes Kosmos.

Faszination der Verführung

[4] Was ist eigentlich mit Goethe los, dass er ein so verschachteltes Verführungswerk wie „Faust I“ schrieb? Und: Was ist mit uns los, dass wir es heute als Klassiker, als DAS Standardwerk betrachten?

[4.1] Der Mensch, damit auch der dichtende Mensch, erlebt schon immer die Faszination der Verführung. Sie ist anthropologische Konstante, egal ob Biologen über die Mehrung des Genpools im Zuge der Durchmischung verschiedener Urmenschenstämme reden oder ob die Bibel zentral Verführung thematisiert, von Adam und Eva bis hin zu apokalyptischen Reitern. Damit ist sie natürlich Thema der Künste, egal ob Carmen mit ihrem Feuer, die alte Dame Claire mit ihrem Geld oder Mona Lisa mit ihrem Lächeln. Warum sollte ausgerechnet Goethe, der selbst so viele Frauen wie schwache Momente hatte, sich dem Thema Verführung versagen? Und seien wir ehrlich: Wollten wir selbst ein Buch schreiben, was käme uns thematisch als Erstes in den Sinn? Entweder die geschlechtliche, die monetäre oder die machtgeile Verführung! Oder etwa nicht?

[4.2] Und: Wir erleben die Verführbarkeit an uns selbst. Wer kann sicher sagen, dass er nicht schwach werden würde, böte ihm jemand die Chance, für einen vergleichsweise geringen Einsatz seinen beengten Verhältnissen entfliehen zu können. Oder seinen Status und sein Prestige zu verbessern. Oder Reichtum zu gewinnen, Vorteile zu haben. Oder – nicht nur erotisch – Grenzen zu überschreiten, den Reiz des Verbotenen zu erleben, Triebe zu befriedigen. Oder – ganz schlicht – reich zu werden. Hand aufs Herz, alle hier im Raum: Sagen Sie, sagt ihr mit verlässlicher Gewissheit: „Ich nicht!“?

Verführung als Dauerbrenner

[5] Kurzum: Verführung ist auch deshalb ein Dauerbrenner, weil wir alle allzu bereit sind, andere zu verführen oder selbst verführt zu werden. Wir alle sind sowohl Gretchen, die kokett vorgibt, alleine gehen zu wollen, als ggf. auch Faust, der es versucht: „Bin weder Fräulein noch schön, möcht oft gar nicht unbegleitet nach Hause gehen!“ Denken Sie und denkt ihr beim Durchwandern unseres Themenraumes „Verführung in der Literatur“ daran, sich durch unsere Exponate verführen zu lassen, einer Versuchung nach- und sich sanfter, subtiler Manipulation hinzugeben.

Abitur 2016

Aufgabenformat V: Textbezogenes Argumentieren, auch in freieren Formen

Verliert das Lesen im Zeitalter digitaler Medien an Bedeutung?

Aufgabenstellung

Bearbeiten Sie eine der beiden folgenden Varianten.

Variante 1:
Erörtern Sie die Frage, ob das Lesen im Zeitalter digitaler Medien an Bedeutung verliert! Nutzen Sie dazu die folgenden Materialien und beziehen Sie eigene Erfahrungen und eigenes Wissen ein!

ODER

Variante 2:
Immer wieder ist vom „Ende der Schriftkultur“ die Rede (vgl. M2, Z. 21).
Deshalb plant Ihre regionale Tageszeitung eine Wochenendbeilage zur Frage „Verliert das Lesen im Zeitalter digitaler Medien an Bedeutung?“. Darin sollen auch Beiträge junger Leser veröffentlicht werden.

Verfassen Sie einen Kommentar, in dem Sie sich zu dieser Frage positionieren! Nutzen Sie dazu die folgenden Materialien und beziehen Sie eigene Erfahrungen und eigenes Wissen ein! Wählen Sie eine geeignete Überschrift!

Ihr Kommentar soll etwa 800 Wörter umfassen.

Zitate aus den Materialien werden dem Stil eines Kommentars entsprechend ohne Zeilenangabe nur unter Nennung des Autors und ggf. des Titels angeführt.

Materialgrundlage

- Schwarwel: Buch. Online unter http://de.toonpool.com/cartoons/Buch_93264 (zuletzt aufgerufen am 25.06.2015)
- Markus Günther: Nur noch Analphabeten. Aus: Frankfurter Allgemeine Sonntagszeitung vom 25.05.2014, S. 2
- Reinhard Otter: Lesen hat Zukunft. Online unter http://www.readersdigest.de/lesen_hat_zukunft_2147 (zuletzt aufgerufen am 25.06.2015)
- Konrad Paul Liessmann: Geisterstunde. Die Praxis der Unbildung. Aus: Frankfurter Allgemeine Zeitung vom 24.09.2014; online unter http://www.faz.net/aktuell/

feuilleton/forschung-und-lehre/schlechte-rechtschreibung-analphabetismus-als-ziel-13167836.html (zuletzt aufgerufen am 25.06.2015)
- Klaus Ceynowa: Der Text ist tot. Es lebe das Wissen! Aus: Hohe Luft, Philosophie-Zeitschrift 1 (2014), S. 52–57
- Boersenblatt.net: Bücher, Bücher! Allensbacher Markt- und Werbeträgeranalyse 2013; online unter http://www.boersenblatt.net/628917 (zuletzt aufgerufen am 25.06.2015)
- GfK Austria: Assoziationen zum Lesen. Online unter http://www.planunganalyse.de/news/vermischtes/pages/protected/Lesen-Information-und-Vergnuegen_4450.html (zuletzt aufgerufen am 25.06.2015)

(Bei den folgenden Materialien wurde die Orthografie der jeweiligen Textquellen beibehalten.)

M1 Buch (2010) *Schwarwel (*1968)*

Schwarwel (eigentlich Thomas Meitsch) ist Grafiker, Illustrator, Comiczeichner, Karikaturist und Regisseur.

M2 Nur noch Analphabeten (2014) *Markus Günther (*1965)*

Der Journalist Markus Günther ist Autor bei der Frankfurter Allgemeinen Sonntagszeitung.

Über die Zukunft von Buch und Zeitung wird seit Jahr und Tag debattiert. Nur eine simple Frage wird erstaunlicherweise nie gestellt: Kann der Mensch der Zukunft überhaupt noch lesen? Die Antwort lautet: nein. Nicht das Papier wird überflüssig, sondern die alphabetisierte Gesellschaft schlechthin. Die Welt von morgen wird kaum noch Menschen brauchen, die lesen und schreiben können. [...] Die revolutionäre Veränderung nimmt gerade erst richtig Fahrt auf. Die entfesselten Kräfte der vernetzten und audiovisuell organisierten Welt lassen keinen Stein auf dem anderen. Die fast vollständige Alphabetisierung der Gesellschaft war ein kurzlebiges Phänomen – auch wenn das heute noch so schwer vorstellbar ist wie anno 1900 eine Welt, in der Autos die Pferdekutsche überflüssig machen.

Dass das Ende der Schriftkultur so schwer vorstellbar ist, liegt daran, dass die geschriebene Sprache allgegenwärtig ist. Nie zuvor ist – dank Smartphone, E-Mail und SMS – so viel geschrieben worden. Keine Arbeit, keine Ausbildung, kein Leben als Mensch unter Menschen kommt ohne Schriftkultur aus. Doch bei genauerem Hinsehen hat die Erosion schon begonnen. Wer heute einen Einkaufszettel, eine E-Mail oder Textnachricht schreiben will, kann das auch mündlich tun. Die Programme, die jedes Smartphone bietet, nehmen Diktate ganz passabel auf. Und es versteht sich von selbst, dass der Empfänger die Nachrichten nicht lesen muss. Er kann eine Taste drücken und sie sich von einer sehr sympathischen Stimme, wahlweise Mann oder Frau, vorlesen lassen. Das alles funktioniert noch nicht reibungslos, das stimmt. Noch ist das schnelle Tippen einfacher. Es ist eben eine Technologie in den Kinderschuhen. Doch sie wird bald erwachsen sein. Dann kann die exzessive Alltagskommunikation zuverlässig durch Sprechen und Hören erledigt werden.

[...] An vielen Stellen, an denen früher eine Gebrauchsanweisung in Bibelumfang studiert werden musste, ersetzt heute ein Kurzvideo die Erklärungen. Und das Video führt zu besseren Ergebnissen, wie man nicht nur in der Flugzeugindustrie festgestellt hat, wo die Wartung und Reparatur für die Mechaniker immer häufiger audiovisuell auf mobilen Bildschirmen dargestellt wird.

Auch in vielen anderen Branchen ist die audiovisuelle Kommunikation auf dem Vormarsch. Dabei muss man nicht nur an die praktischen Tätigkeiten im produzierenden Gewerbe oder im Dienstleistungssektor denken. Piktogramme, Blink- und Piepsignale zeigen dem Pommes-frites-Brater im Schnellrestaurant genau, was er zu tun hat. Aber auch ein guter 90-Minuten-Lehrfilm über die Bauchspeicheldrüse trägt mehr zur medizinischen Ausbildung bei als ein dreitägiges Studium des entsprechenden Lehrbuches. Audiovisuelle und interaktive Didaktik sind der Textlektüre in vielen Bereichen überlegen. Auch das wird die Schriftkultur weiter zurückdrängen. [...]

M3 **Lesen hat Zukunft (2013)** *Reinhard Otter (*1969)*

Reinhard Otter schreibt als freier Journalist Gastbeiträge für verschiedene Medien. Der Auszug entstammt einem Artikel zum 60-jährigen Bestehen der Zeitschrift Reader's Digest.

[...] Heute lesen wir tagtäglich, meist, um uns zu informieren: in Zeitungen, Zeitschriften und Fachbüchern, aber auch auf Straßenschildern, in Bedienungsanleitungen oder einfach den Busfahrplan. „Es wird generell immer mehr gelesen“, bestätigt Professor Klaus Schönbach von der Universität Friedrichshafen. Auch das

Internet, so der Kommunikationswissenschaftler, sei ja oft ein echtes Lesemedium. Zu jedem Medium gehört eine spezielle Art zu lesen. Romane etwa lesen wir kontinuierlich von vorn bis hinten, um der Handlung folgen zu können. In einer Bedienungsanleitung dagegen suchen wir meist gezielt nach Informationen, wie wir bestimmte Funktionen eines Gerätes nutzen können. Und Zeitungen sind so aufgebaut, dass Leser die wichtigsten Punkte erfassen, selbst wenn sie nur Überschriften und Vorspänne lesen. Dagegen beschäftigen wir uns mit wissenschaftlichen Texten meist intensiv: Forscher und Studenten arbeiten sie durch, streichen wichtige Passagen an. Im Internet hingegen lesen wir nur selten eine Seite komplett, sondern picken wichtige Informationen heraus. „Hat man einen weiterführenden Verweis zum Thema gefunden, klickt man ihn an und liest auf der nächsten Seite weiter", beschreibt Bodo Franzmann, von 1997 bis Anfang 2008 Leseforscher der Stiftung Lesen, die Technik. [...]

M4 **Geisterstunde. Die Praxis der Unbildung (2014)**

*Konrad Paul Liessmann (*1953)*

Konrad Paul Liessmann ist ein österreichischer Philosoph und Essayist. In seiner Streitschrift „Geisterstunde. Die Praxis der Unbildung" setzt er sich kritisch mit dem Wandel des Bildungswesens auseinander.

[...] Der Eingang in das Reich der Literatur aber hatte seinen Preis: Erfordert war eine Disziplinierung der Sinne und des Körpers, wie sie kein anderes Medium dem Menschen abverlangte. Im Gegensatz zur Sprache, zum Hören und zum Sehen ist uns das Entziffern und Arrangieren von Buchstaben nicht von Natur gegeben. Lesen und Schreiben sind mehr als eine menschheitsgeschichtlich betrachtet sehr spät erfundene Kulturtechnik – sie sind eine Form der Weltaneignung und Welterzeugung, die in bestimmter Weise die Negation der unmittelbaren Selbst- und Welterfahrung zur Voraussetzung hat. Wer liest oder schreibt, dem muss im Wortsinn Hören und Sehen erst einmal vergehen. Der Sinn von Schule lag einmal darin, diese Negation erfahrbar zu machen und einzuüben. [...] Wer nicht ständig liest, verlernt das Lesen wieder; wer Sprache und Texte nur unter pragmatischen Gesichtspunkten sieht, wird nur dann lesen, wenn es gar nicht anders geht; wer für die Schicksale, Geschichten, Tragödien und Komödien der Literatur keinen Enthusiasmus entwickeln kann, wird Lesen letztlich als Zumutung empfinden [...].

M5 **Der Text ist tot. Es lebe das Wissen! (2014)** *Klaus Ceynowa (*1959)*

Klaus Ceynowa ist Generaldirektor der Bayerischen Staatsbibliothek.

Offensichtlich lesen die Nutzer online nicht im traditionellen Sinn, aber es gibt Anzeichen, dass neue Formen des Lesens entstehen – etwa indem Nutzer horizontal durch Titel, Inhaltsverzeichnisse und Zusammenfassungen browsen, um schnelle Erfolge zu erzielen. [...]

Wenn ein wissenschaftlicher Beitrag mit Forschungsdaten und virtuellen Experimenten verlinkt wird, wenn aus einem Rezeptbuch ein virtueller Kochkurs und aus einem Roman ein nicht linearer, vom Rezipienten manipulierbarer Fiktionsraum wird, verschwindet tendenziell die Dominanz des Textes und mit ihm die traditionelle Figur des Lesers, der Zeile für Zeile und Seite für Seite einem Argumentationsgang oder einer „Geschichte" folgt. [...]

Die Figur des sich konzentriert am Text abarbeitenden Lesers wird damit sukzessive abgelöst durch die Figur des sich in vernetzten Wissensräumen agil bewegenden Entdeckers. In seiner Welt fehlt das Monolithische abgeschlossener, textuell tradierter Wissensbestände. An ihre Stelle tritt die Anschlussfähigkeit vielfältiger „Knoten" in einem Netz, das niemals reißt.

Eine Kultur ohne Text mag schwer vorstellbar erscheinen, aber eine Kultur, in der der Text nicht mehr im Zentrum unseres Wissens steht, sondern nur ein Element in einem multimedial entgrenzten Informationsfluss bildet, ist im Digitalen bereits Wirklichkeit. Und je mehr diese Wirklichkeit der Ort unseres Denkens, unseres Gestaltens, unserer Kreativität wird, umso mehr wird sich die Frage aufdrängen: Ist unsere Präferenz für den Text vielleicht nicht nur eine historische Episode? [...]

M6 Allensbacher Markt- und Werbeträgeranalyse 2013

Das Institut für Demoskopie Allensbach gibt in der Neuauflage seiner Allensbacher Werbeträgeranalyse (AWA) Einblick in das Medienverhalten der Deutschen; die Ergebnisse basieren auf mehr als 25.000 Interviews.

- Rund 50 Millionen Deutsche sind an Büchern interessiert (49,98 Mio.) – das entspricht [...] 71,1 Prozent der Einwohner. [...]
- Dass sie täglich Bücher lesen, sagen 11,7 Millionen Deutsche über sich (AWA 2012: 11,59 Mio.). Mehrmals pro Woche liest die größte Gruppe: 14,96 Millionen (AWA 2012: 14,48 Mio.).
- Längere Texte lesen die meisten nach wie vor auf Papier (47,03 Mio.) – für 15,24 Millionen Deutsche macht allerdings Print oder digital in diesem Punkt keinen großen Unterschied mehr. Sie sagen, das eine sei ihnen bei längeren Texten genauso recht wie das andere. Dass sie lieber am Bildschirm lesen würden (als auf Papier), sagen gut vier Millionen (4,15 Mio.).
- Zur aktuellen Entwicklung am Markt (laut Branchen Monitor Buch) passt, dass im Kontext der AWA-Interviews diesmal offenbar mehr Leute angegeben haben, dass sie Bücher kaufen. Die Frage „Haben Sie in den vergangenen 12 Monaten ein Buch / Bücher gekauft?" beantworteten diesmal 41,59 Millionen Deutsche mit Ja – im Jahr zuvor taten dies 40,99 Millionen.
- Im Kontrast dazu: E-Books kauften in den letzten zwölf Monaten 4,22 Millionen [...].
- Das Hörbuch verliert an Zulauf: Hier stehen 5,17 Millionen (AWA 2013) gegen 5,43 Millionen Käufer (AWA 2012). [...]

M7 Assoziationen zum Lesen (2011) *GfK Austria*

Eine Telefonumfrage der österreichischen Gesellschaft zur Konsumforschung ermittelte 2011 Lesegewohnheiten und -motivation unter 500 Befragten, die nach Zufallsprinzip ausgewählt wurden.

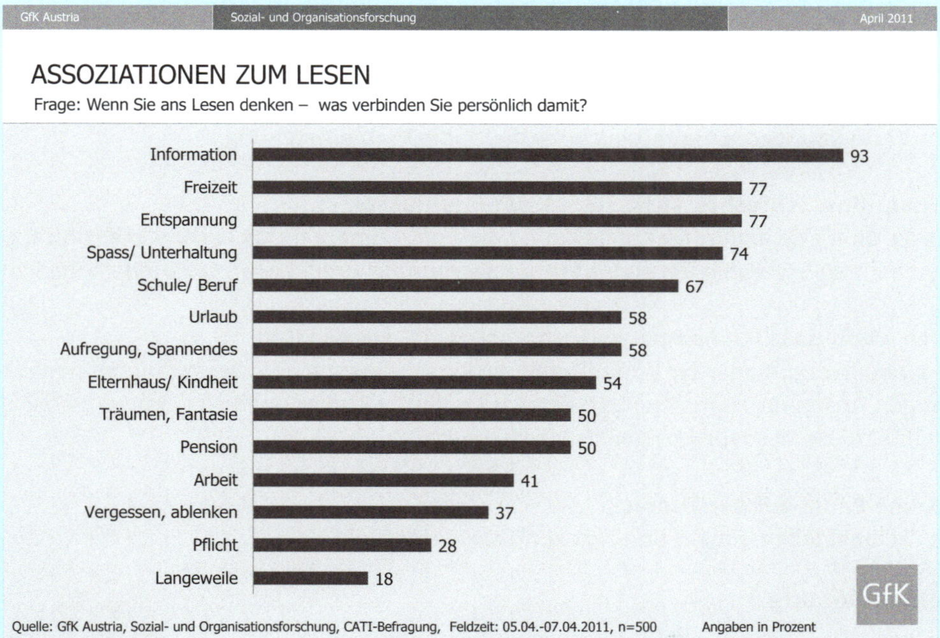

Inhaltliche Teilleistungen

Grundlage der Erörterung und des Kommentars (der hier ausgeführten Variante 2) sollte in jedem Fall ein Schreibplan sein, der der eigenen Kontrolle dient, aber nicht in die Notengebung einfließt. Bei diesem ist wichtig, dass zunächst eine klare Struktur des Aufsatzes gefunden wird (siehe Beispielschreibplan), da gerade der Kommentar logisch und nachvollziehbar aufgebaut sein muss. Zusätzlich sollte das vorgegebene Material klar ausgewertet werden. Dies kann in Form kurzer Exzerpte wie auch mithilfe von Markierungen in den vorgegebenen Materialien geschehen. Dies dient durchaus dem eigenen Interesse, da sich üblicherweise viele gute Argumente, Gedanken, Aspekte aus den Materialien erschließen lassen, die dann „hemmungslos" im eigenen Aufsatz genutzt werden können und dürfen.
In stilistischer Hinsicht sollte darauf geachtet werden, dass der Text – trotz seiner Untergliederung – als homogenes Textganzes erscheint.

Beispielschreibplan

(Hinweis: Seit dem Abitur 2017 soll ein frei wählbarer Schreibplan für Ihre Klausurlösung angefertigt und auch abgegeben werden, der der eigenen Kontrolle dient, aber nicht in die Notengebung einfließt. Das folgende Beispiel zeigt nur eine von vielen Möglichkeiten.)

1 Ende des Lesens und Schreibens – Ende des Abendlandes?!
Die Einleitung führt möglichst motivierend zum Thema hin.

2 Totgesagte leben länger
Das erste Kapitel des Hauptteils umschreibt die Problemstellung.

3 Häuptling Schlechte Augen und Krummer Rücken
Dieses eher argumentative Kapitel konstatiert eine Zunahme des Lesens, die konträr zur allgemeinen und zunächst angerissenen Vermutung steht, Lesen sei auf dem Rückzug.

4 Ich weiß, dass ich nichts weiß, aber ich weiß, wo es steht
Das zweite argumentative Kapitel zeigt die Einschränkung auf, die gegenüber dem vorherigen Abschnitt zu machen ist: Es wird bestimmt immer noch viel gelesen, aber die Qualität dieses Lesens hat sich deutlich geändert.

5 Keine Panik auf der Titanic!
Der Schlussteil resümiert und lädt zur Gelassenheit ein.

Beispiellösung

(Hinweis: Die in der Beispiellösung eingeflochtenen Zahlen „[1]" – „[5]" dienen lediglich der Anknüpfung an den oben stehenden Beispielschreibplan. In Ihrer Klausurschrift müssen sie natürlich nicht mehr auftauchen.)

Ende des Lesens und Schreibens – Ende des Abendlandes?!

[1] Sie lesen gerade! Sie tun es! Und: Sie können es! Vermutlich haben Sie es zuvor auch schon einmal getan und werden es wiederholen. Also ist die Behauptung eines Endes der Lesekultur im Gefolge des Untergangs des Schreibens nur Panikmache? Also handelt es sich um die x-te journalistische Sommerlochvariante vom Erspähen des Ungeheuers von Loch Ness oder vom Ankauf Mallorcas als siebzehntes Bundesland? Also hören wir die alarmistische Warnung bildungsbürgerlicher Bewahrer, die ebenso ein Ende der Tischmanieren und eine Generation von Jugendlichen registrieren, die sowieso nie aufsteht, wenn Senioren einen Sitzplatz in der Straßenbahn begehren?

Totgesagte leben länger

[2] Abgesehen davon, dass die Lese- und Schreibkultur unserer Breitengrade so puristisch abendländisch gar nicht ist, sondern grundlegend im Morgenland verwurzelt ist, beweisen Sie selbst ja gerade, dass der Abgesang auf das Lesen und Schreiben verfrüht ist: Totgesagte leben länger.

Aber verliert vielleicht das Lesen im Zeitalter digitaler Medien an Bedeutung? Dieses Verlieren signalisiert neben rein quantitativer Abnahme auch einen qualitativen Malus. Lesen wird weniger viel, weniger wichtig und eventuell weniger gut. Die, die das behaupten, müssten es beweisen. Und da bekommen die Auguren des „Fin de Lese-Siècle" Schwierigkeiten. Denn grundsätzlich sprechen die Kennziffern gegen Schwarzmalerei.

Häuptling Schlechte Augen und Krummer Rücken

[3] Die Werbeträgeranalyse (AWA) des renommierten Instituts für Demoskopie Allensbach 2013 weist nach Auswertung von 25.000 Interviews auf ein ungebrochenes Interesse am Lesen hin: 71,1 % der Einwohner Deutschlands sind am Lesen interessiert, 11,7 Millionen Deutsche lesen täglich Bücher, noch mal 14,96 Millionen mehrmals pro Woche. Papier ist das Medium für längere Lesetexte (47,03 Millionen), nur 4,15 Millionen lesen lieber am Bildschirm. Mehr als die Hälfte aller Deutschen haben in den letzten zwölf Monaten ein oder mehrere Bücher gekauft. Nahezu alle Zahlen bedeuten einen Zugewinn gegenüber dem Vorjahr. Die nackten Zahlen klingen aus Sicht eines „Lese-Gralshüters" zunächst beruhigend. Nichtsdestotrotz treffen diese Zahlen nur quantitative Aussagen, Nutzen und Bedeutung des Lesens werden nicht so richtig deutlich. Und selbst Zahlen und Statistiken lassen erste Zweifel deutlich werden, wenn die Ergebnisse einer Umfrage der österreichischen Gesellschaft für Konsumforschung 2011 in einer Telefonumfrage zeigen, dass 93 % der zufällig Angerufenen mit Lesen Information verbinden und literarischer Genuss nur bei um die 50 % aus den Antworten Träumen, Fantasie oder etwas besser Aufregung bzw. Spannung zu vermuten ist. Da deutet sich selbst in den grundsätzlich recht guten Zahlen eine Bedeutungsänderung des Lesens und selbstverständlich damit des zugrunde liegenden Schreibens an. Verliert das Lesen im Zeitalter digitaler Medien an Bedeutung? Neben den genannten Zahlen spricht auch die Alltagserfahrung gegen diese Vermutung.
Schauen Sie mal kurz von Ihrer Zeitung hoch. Schauen Sie in den Raum vor Ihnen oder aus dem Fenster, wo auch immer Sie gerade sind. Was sehen Sie?
Gebückte Menschen. Was machen die? Sie schauen auf ihr Smartphone und ... lesen. Alle! Es wird nicht mal mehr telefoniert, also gesprochen, sondern gewhatsappt, getwittert, gefacebookt, gewischt oder getippt – alles geschrieben und gelesen. Manche Orthopäden sagen, dass Archäologen fernerer Zukunft Skelettfunde unserer Epoche anhand der „déformation digitale", d. h. der zusätzlich rundgekrümmten Wirbelsäule und den beiden rundverkrampften Spiel- und Wischdaumen, klassifizieren und einordnen werden. Also: Häuptling Schlechte Augen und Krummer Rücken als Bewohner des modernen Neandertals am Rande der Silikonschlucht. Was hat jedoch diese Generation Handy den ganzen Tag so getrieben? Geschrieben und gelesen!
Verliert das Lesen im Zeitalter digitaler Medien an Bedeutung? Quantitativ eher nicht, zumindest nicht dramatisch, eher qualitativ: Das Lesen im Zeitalter digitaler Medien verliert nicht an Bedeutung, sondern es verändert sich.

Ich weiß, dass ich nichts weiß, aber ich weiß, wo es steht

[4] Lesen wird anders. So unternahm der Prototyp des Lesers früherer Zeiten zweckfreie Versenkung in literarische Welten, sitzend im Ohrensessel neben knisterndem Kaminfeuer, gewandet in gemütlicher Strickjacke. Der Klischeeleser moderner Zeiten und Welten googelt

jederzeit jede noch so nichtige Information: Er liest elektronisch sofort ein modern-digitales Kanapee der Informationen, wenn irgendjemand nur den Begriff Pantoffeltierchen, Wankelmotor oder Feldhockey Landesmeister Südbaden in das breite Gemurmel einer Menschengruppe hineinwirft. Information ist alles, jederzeit und jederorts, Anlass und Ergebnis reflexartiger Griffe nach dem Smartphone, indiziert durch die für unsere Zeit typische Sucht, kognitive Diskrepanz mittels allverfügbarer Wissensquellen erträglicher zu gestalten: Ich weiß, dass ich nichts weiß, aber ich weiß, wo es steht. Und: Ich kann es jederzeit jederorts LESEN!
Dieses moderne Lesen ist anders: diskontinuierliche Texte im lexikonartigen Kurzinfohäppchendesign zum schnellen Erfassen, schnellen Verdauen, schnellen Abspeichern. Wenig verschnörkelte Literatur, keine Blumenkästen an den prächtigen Fassaden des Elternhauses Briest, keine enigmatischen Leerstellen in dadaistischen Literaturen, keine verschlungenen assoziativen Erzählpfade mit grassscher Blechtrommel als Taktgeber, sondern die bloße reine Info nach Art des anderen Günters, nämlich jauchscher Antwortmöglichkeiten aus vieren. Überhaupt hat unsere Zeit mehr Jauch als Grass, Quizduell und Kreuzworträtsel als Reader's Digest der Folgegeneration.

Keine Panik auf der Titanic!

[5] Die Bedeutung des Lesens ändert sich. In heutiger Zeit gilt es, Lesekompetenz zu beweisen, die gezielte Informationsentnahme, intensives wissenschaftliches Lesen, kursorisches, vernetztes Lesen in diskontinuierlichen Texten verlangt. Textbasierte digitale Medien, die online (nahezu) alles Wissen der Welt verfügbar machen, korrespondieren mit neuen Darbietungsformen für deren vernetztes Nutzen.
Und trotz allem bleibt ein Aber: Untergangsstimmung und hektische Betriebsamkeit zur Rettung des Lesens sind unangebracht. Denn das Lesen wird auch weiterhin Spaß machen, ja möglicherweise Glücksgefühle erzeugen, den Horizont erweitern, eine Form der Entspannung und Unterhaltung bleiben. Und der belesene Mensch wird weiterhin als der gebildete Mensch gelten. Diese Belesenheit im Sinne eines umfassenden Bildungsideals ist dann aber sicher auch mehr als die bloße utilitaristische Wissensentnahme aus Textmedien. Das Überflüssige, das Amüsante, das Geistreiche bleibt das Sahnehäubchen, das sich Literatur lesend erschließt. Das hat doch ein jeder von uns schon erfahren: Natürlich googeln wir, zumindest die Jüngeren unter uns, mehr, als dass wir Rilke-Gedichte verschlingen oder im Zauberberg schmökern. Aber erinnern wir uns angeregt und beglückt an den letzten Konsum eines Wikipedia-Artikels? Dann doch eher an „unnütze" Literatur, oder?
Und wer weiß: Wie bei allem wird es zusätzlich vielleicht bald die Retromode „Bücherlesen" geben, auch die Schallplatten sind ja nicht totzukriegen.

Basiswissen

Grundlegende Arbeitstechniken

Arbeitsschritte zur Lösung von Abituraufgaben

Arbeitsschritte	Handlungen
Zeit einteilen und effektiv nutzen	– Zeit einplanen für die Auswahl der Aufgabe – überlegte Auswahl der Aufgabe treffen – Zeit einteilen für • die Texterschließung und die Bearbeitung der Aufgaben • das Schreiben und das Überarbeiten
Aufgabenstellung lesen, verstehen und den Operatoren zuordnen	– die Aufgabenstellung gründlich lesen – den inhaltlichen und methodischen Schwerpunkt klären – das eigene (fachliche) Vorwissen vergegenwärtigen – die in der Aufgabenstellung geforderten Operatoren und das damit einhergehende Vorgehen klären – sich für einen Vorschlag entscheiden, die anderen abgeben
Text(e) mit Blick auf die Aufgabenstellung lesen, verstehen und analysieren	– Textsorte klären (Handelt es sich um einen literarischen oder einen Sachtext?) – den Text vollständig lesen (Worum geht es?) – die entsprechenden Lese- und Verstehensstrategien anwenden (→ S. 107 ff.) – das erzählte/dargestellte/erlebte Geschehen (literarischer Text) bzw. das Ausgesagte (Sachtext) für sich klären und mit eigenen Worten formulieren – Text analysieren und interpretieren
Klausur schreiben	– einen Schreibplan aufstellen, der die wesentlichen Aspekte enthält (Gliederung/Struktur) – eine Gliederung auf dem Konzeptpapier vorformulieren – Abarbeitung des Schreibplans (→ Texte schreiben, S. 118 ff.) – dabei mit Zitaten und Textbelegen arbeiten (→ S. 123) – Tipp: Behalten Sie die Uhr im Blick, ggf. sollten Sie auf eine Vorformulierung von Textpassagen auf dem Konzeptpapier verzichten. Lassen Sie genug Abstand zwischen den Zeilen für mögliche spätere Einfügungen oder Verbesserungen.
Klausur überarbeiten	– Text überarbeiten in Hinsicht auf: • die inhaltlichen Vorgaben der Aufgabenstellung • die Logik der Gedankenführung • die Beachtung der vorgegebenen Textsorte bzw. des Textmusters sowie die thematische Entfaltung • die formale Richtigkeit von Sprache (Orthografie, Zeichensetzung, Syntax), die Treffsicherheit der Formulierungen sowie die sprachliche Angemessenheit

	• das Schreibziel und den Adressatenbezug (Mit welchem Ziel schreibe ich für wen?), die Leserführung – eine aussagekräftige, möglichst in Nominalphrasen formulierte und den Aufsatz sinnvoll strukturierende Gliederung verfassen

Aufgabenstellungen lesen, verstehen und auswählen

Bei der schriftlichen Abiturprüfung im Fach Deutsch muss von fünf verschiedenen Aufgabenvorschlägen einer ausgewählt werden. Die Aufgabenvorschläge entsprechen den Aufgabenformaten I–V (→ S. 6).

Bei der Auswahl der Aufgabe können Sie sich an folgenden Fragen orientieren:
- Verstehe ich die Aufgabenstellung?
- Weiß ich, was die Operatoren, die in den Aufgabenstellungen erwähnt sind, für Handlungsanweisungen geben?
- Verstehe ich den Text bei einem ersten überfliegenden Lesen?
- Bezieht sich der Text auf ein Thema, das ich gut vorbereitet habe?

Sie wählen am besten den Vorschlag aus,
- dessen Aufgabenstellung für Sie klar verständlich ist, sodass Sie sie bewältigen können,
- dessen Textvorlage Sie insgesamt problemlos verstehen bzw. zu dem Sie schnell einen Zugang finden und
- zu dessen Thema Sie genügend Fachkenntnisse haben und das Sie in einen größeren Zusammenhang einordnen können.

Vorwissen aktivieren, Vorarbeiten durchführen

Im Rahmen der Vorüberlegungen empfiehlt es sich, bereits Bekanntes wachzurufen, denn die Aktivierung von Vorwissen hilft, sich in das Thema einzudenken und einen ersten Zugang zu finden: Was weiß ich bereits über das in dem Text angesprochene Thema?

Notieren Sie stichwortartig
- Ihre Leseerwartung,
- Ihre ersten Leseeindrücke und Titelassoziationen,
- Ihre Beobachtungen zur (gattungspezifischen) Gestaltung,
- Ihr Sachwissen über die Gattung, den Autor, die jeweiligen historischen und gesellschaftlichen Hintergründe sowie
- eventuelle Unklarheiten und weitere Fragen an den Text.

Texte erschließen

Lese- und Verstehensstrategien

Zunächst ist zu klären, ob es sich bei der Klausur um einen literarischen oder einen Sachtext handelt, der zu verarbeiten ist. In beiden Fällen sollten Sie den Text zunächst einmal vollständig lesen, um sich eine Orientierung über Inhalt und Struktur zu verschaffen: Worum geht es? bzw. Was wird erzählt (→ Epik, S. 159 ff.), dargestellt (→ Drama, S. 165 ff.) oder erlebt (→ Lyrik, S. 149 ff.)? Wie ist der Text aufgebaut (welches Textmuster)? Welcher Gattung gehört er an? Die ersten Leseeindrücke zu Inhalt, Verständnis und Machart und Ihrer Meinung bzw. Ihrem Vorwissen sollten Sie sich notieren.

In einem nächsten Arbeitsschritt wird der Text erarbeitend gelesen, das bedeutet eine mehrmalige Lektüre im Ganzen sowie eine gezielte Lektüre einzelner Textstellen. Hierzu gehört jetzt auch die Arbeit am Text mit Unterstreichungen und Anmerkungen am Rand.

Handelt es sich um einen **Sachtext**, ist folgendes Vorgehen sinnvoll:

Art des Lesens	Handlungen und Arbeitsschritte
antizipierendes Lesen	– Welche ersten Informationen haben Sie durch Titel, Untertitel/ Zwischenüberschrift, Layout und die Erstlektüre erhalten? (Bestimmung des Themas) – Über welches Vorwissen verfügen Sie hinsichtlich des Themas? – Gegebenenfalls entfällt dieser Arbeitsschritt, wenn Sie ihn im Rahmen der Aufgabenauswahl bereits durchgeführt haben. ZIEL: Anforderungen und Erwartungen für sich klären
überfliegendes Lesen	– Welche Informationen geben die äußeren Textmerkmale in Hinblick auf Thema, Autor, Titel, Textsorte (Kritik, Kommentar, Essay, Rede), Quelle und die Intention? – Handelt es sich um einen informierenden oder um einen persuasiven Text? (Wo ist er für wen mit welcher Absicht veröffentlicht?) – Gibt es Hervorhebungen, Illustrationen ...? ZIEL: Funktion/Intention des Textes klären
klärendes Lesen	– Welche Begriffe bzw. welche Textpassagen müssen geklärt werden? Was habe ich verstanden, was (noch) nicht? – Was steht in den einzelnen Abschnitten, wie stehen sie zueinander? Wie ist die Argumentation? Hier geht es darum, Zentrales zu markieren und den Text, seiner Argumentation folgend, in eigenen Worten zusammenzufassen, zunächst in Stichsätzen oder -worten am Rand. Eine hilfreiche Strategie besteht darin, Fragen an den Text zu stellen.

klärendes Lesen	Auch das Um- und Ausformulieren (= Erweitern) von Sätzen hilft dem eigenen Verstehen. ZIEL: den Text im Ganzen erfassen – Was ist (sind) die zentrale(n) Aussage(n) und wo steht (stehen) sie? – Wie ist der Text gedanklich aufgebaut? Wie ist seine Argumentationsstruktur? ZIEL: Klärung von Inhalt und Argumentationsstruktur
vertieftes, konzentriertes Lesen	– Welche sprachlichen Mittel verwendet der Autor, um seine Argumentation zu verdeutlichen und seine Aussageabsicht zu verwirklichen? ZIEL: Verknüpfung von Inhalt, Struktur und Machart (sprachlicher und formaler Textgestaltung)
reflektierendes, beurteilendes Lesen	– Inbezugsetzung des Textes zum eigenen Vorwissen, der eigenen Meinung, den eigenen Bildern oder Ansichten: Was wusste ich vorher, was hat der Text mir vermittelt bzw. wovon will er mich überzeugen? Persönliche Assoziationen werden so bewusst gemacht und ermöglichen eine Beurteilung der zentralen Textaussage(n). Manchmal hilft es, den Text dafür zu visualisieren (z. B. als Mindmap) und mit eigenen Worten zu reformulieren. – Abschluss: erneute und letzte Textlektüre, um zu prüfen, ob man alles richtig verstanden hat ZIEL: das eigene Verstehen prüfen, mit der eigenen Meinung vergleichen und beurteilen

Handelt es sich um einen **literarischen Text**, ist folgendes Vorgehen sinnvoll:

Art des Lesens	Handlungen und Arbeitsschritte
antizipierendes, erstes Lesen	– Welche ersten Informationen haben Sie durch die Erstlektüre erhalten? – Handelt es sich um einen epischen, lyrischen oder dramatischen Text? – Ist es ein Auszug aus einem längeren Text (Erzählung/Roman, Drama) oder ist der Text eigenständig (abgeschlossen)? – erste Eindrücke zum Verstehen notieren, erste Bestimmung des Themas – Über welches Vorwissen verfügen Sie hinsichtlich des Themas, Textes, Autors, der Entstehungszeit usw.? (Stichworte notieren) – Gegebenenfalls entfällt dieser Arbeitsschritt, wenn Sie ihn im Rahmen der Aufgabenauswahl bereits durchgeführt haben. ZIEL: Sie müssen die Anforderungen und Erwartungen der Aufgabenstellung für sich klären.

klärendes Lesen, um dem Text die Informationen zu entnehmen	Lesen Sie den Text zunächst im Ganzen, danach konzentriert ausgewählte Textstellen und schließlich noch einmal fokussiert solche Textstellen, die beim ersten Lesen nicht (so genau) verstanden wurden. In diesem Arbeitsschritt wird das „Was“ geklärt: Epik – Wer sind die Aktanten (Haupt- und Nebenfiguren)? – An welchem Ort / welchen Orten und zu welcher Zeit / welchen Zeiten findet das Erzählte statt? – Was wird erzählt? Was geschieht nacheinander? Wer macht was mit wem, mit welcher Folge und wann? Was ergibt sich daraus für wen, wie endet es? – Was sind die wesentlichen Textstellen? Lyrik – Gedicht lesen (leise, aber mit Betonung im Geiste) – Wer spricht im Gedicht und wie charakterisiert sich das lyrische Ich durch das Sprechen? Ist es weiblich oder männlich? – Spricht das lyrische Ich emotional beteiligt, engagiert-appellativ oder eher distanziert/sachlich-reflektierend? – Wovon spricht das lyrische Ich? Hier kann es hilfreich sein, die stark verdichtete Sprache zu erweitern, also den verwendeten Worten Wortfelder und eigene Assoziationen hinzuzuschreiben (textnahes Lesen). – Wechselt das lyrische Ich innerhalb der Strophen das Thema? Wie beziehen sich die Themen aufeinander? – Um welches Thema / welche Themen geht es vorwiegend (Natur, Großstadt, Liebe, Tod, ein gegenwärtiges Erleben, eine Geschichte [typisch für Balladen], Gedanken, philosophische Betrachtungen usw.)? – Wie steht das lyrische Ich zum Thema? Welche Stimmung (Freude, Traurigkeit, Interesse/Anteilnahme, politisch-gesellschaftliches Engagement usw.) vermittelt es? – Wen spricht das lyrische Ich an? Gibt es einen (direkten) Adressaten? Dramatik – Gibt es Regieanweisungen, die über Ort, Zeit usw. informieren? – Wer sind die beteiligten Haupt- und Nebenfiguren? – In welcher Beziehung stehen die Figuren zueinander? – Was weiß der Lesende über die Ereignisse und Ergebnisse der

klärendes Lesen, um dem Text die Informationen zu entnehmen	Vorgeschichte? Mit welchen Voraussetzungen (Intentionen, Haltungen) gehen die Figuren mit wem in die Gespräche? – Welches Geschehen wird dargestellt? – Was sind die Ergebnisse und Ereignisse des Dialogs/Monologs? – Werden Probleme (für wen in welcher Weise) aufgeworfen oder gelöst? – Kommt es zu einem Wendepunkt oder zu Lösungen? Werden Konflikte offenbar? Trägt die Szene am Ende zu einer Konfliktlösung bei oder endet sie offen? – Was sind die wesentlichen Redebeiträge? (Textstellen markieren)
vertieftes, konzentriertes Lesen	Es geht um die Anwendung des Wissens über die Textsorten und deren Gestaltungsmöglichkeiten – um das Aktivieren des Vorwissens also. Hier wird das „Wie" geklärt, das immer mit dem Inhalt in Beziehung steht (diesen betont, verstärkt, unterstützt usw.). Epik: Wie ist der Text gemacht? (→ Epische Texte, S. 159 ff.) – Wird chronologisch (vorausdeutend) oder anachron (rückwendend) erzählt? – Wird analytisch (Ereignis folgt auf Ereignis) oder synthetisch (aus dem Moment heraus) erzählt? – Wie ist die Dauer des Erzählten? Zeitdeckend, gedehnt, gerafft, mit Zeitsprüngen, mit Pausen? – Werden sich wiederholende Ereignisse einmal oder mehrfach erzählt? – Wie mittelbar ist das Erzählte? Wird die gesprochene Rede direkt als wörtliche Rede / innerer Monolog / Bewusstseinsstrom oder vermittelt, also indirekt, präsentiert? – Wer erzählt aus welcher Sicht? Gibt es einen Erzähler, der mehr weiß/sagt, als irgendeine Figur weiß/sagt, und selbst am Geschehen gar nicht beteiligt ist? Kommentiert er vielleicht beim Erzählen („auktorial") oder ist er als Figur Teil des erzählten Geschehens und erlebt (in der 3. Person „personal", in der 1. Person „Ich-Erzähler") oder erzählt der Erzähler neutral, als ob er protokolliert, was er gerade wahrnimmt? – Welche Distanz hat der Erzähler zum Erzählten? Ist es eine deutliche räumliche und/oder zeitliche Distanz oder wird gleichzeitig erlebt und erzählt? – Welche Haltung hat der Erzähler zum Erzählten? Ist er unbeteiligt (distanziert, urteilend, überlegen) oder beteiligt (mitleidig, kritisch, ironisch)? – Gibt es einen (deutlichen) Adressaten, dem erzählt wird?

vertieftes, konzentriertes Lesen	– Mit welchen sprachlichen Mitteln arbeitet der Erzähler? Gibt es Modus- oder Tempuswechsel (und wo)? Welche Symbole, sprachlichen Bilder (Metaphern usw.) werden verwendet und was hat ihre Verwendung mit dem Inhalt zu tun? – Wie und wodurch werden die Figuren konzipiert (direkt, indirekt, durch Redeformen usw.), wie ihre Beziehungen gestaltet? Lyrik – Wie ist das Gedicht gemacht, was fällt formalsprachlich auf? (→ Lyrische Texte, S. 149 ff.) – Wie ist die Gedichtform, wie die Gliederung der Strophen? (→ Die wichtigsten Fachbegriffe zur Lyrik, S. 156 f.) – Wie sind Betonung/Metrum/Versfüße und Zeilensprünge gesetzt? – Wie werden Kadenzen und ggf. Reimform behandelt? – Welche sprachlichen Bilder (Metapher, Vergleich, Allegorie, Metonymie) werden verwendet, woher stammen sie? – Welche Sinne werden besonders angesprochen? (Wortfelduntersuchung zum Hören, Sehen, Schmecken bzw. Riechen, Fühlen) – Aus welchen Wortfeldern stammen die verwendeten Wörter? Tragen sie im Text Bedeutungen in sich oder über die eigentliche Bedeutung hinaus? Gibt es Neologismen? – Wie ist der Satzbau? Gibt es Ellipsen? – Welche (Interpunktions-)Zeichen werden verwendet? – Wie wird die Stimmung durch Verwendung von Lauten unterstützt (hell/dunkel/gleich klingende Laute)? Dramatik – Wie wird das Geschehen dem Zuschauer vermittelt? (→ Dramatische Texte, S. 165 ff.) – Regieanweisungen: Wie groß ist der Anteil an außersprachlicher Handlung (z. B. Gestik und Mimik der Figuren)? – Dialogverlauf: Wie groß sind die Redeanteile der Figuren? Dominiert eine Figur? Welche Figur ergreift die Initiative? Welche beendet das Gespräch? Kann man Gesprächsphasen unterscheiden? Welche Konflikte prägen das Gespräch (siehe oben) und wie wird das sprachlich deutlich? Gibt es einen Wendepunkt, der sprachlich zu markieren ist? – Welche Sprechakte bestimmen/dominieren den Dialogverlauf? Welche Absichten verfolgen diese? Lassen sich argumentative Strategien erkennen? Welchem Gesprächstyp könnte man die Szene zuordnen? – Welche sprachlich-stilistischen Mittel werden (von welcher

vertieftes, konzentriertes Lesen	Figur) verwendet? Auf welchem Sprachniveau entwickelt sich das Gespräch? Welche Wörter werden wiederholt, welche ausgelassen? Welche Bilder werden verwendet? Wird mit sprachlichen Mitteln des Kontrastes bzw. der Steigerung gearbeitet? Wie sind die Sätze in den Reden der Figuren gebaut?
reflektierendes, beurteilendes Lesen	Hier geht es darum, das Analysierte mit den ersten Eindrücken abzugleichen, sich darüber ein Verstehensmodell bzw. eine Hypothese zu vergegenwärtigen und dieses oder diese mit weiterem Wissen zu kontextuieren (Autor, Zeit, Intertextualität), um schließlich zu einem eigenen Verstehenskonzept zu kommen (= Interpretation) und dies ggf. (bei entsprechender Aufgabenstellung) vergleichend mit anderen Texten zu werten. – Welche Informationen, die nicht direkt genannt werden, aber indirekt deutlich werden (immanent sind), kann man zur Interpretation nutzen? – Welche Stoffe, Motive, bekannten/tradierten Handlungsmuster werden wie verwendet? – Welche Kenntnisse aus dem eigenen Vorwissen kann man nutzen, um die Interpretation zu stützen? Wichtig: Sie müssen sich in die Figuren und in deren erzählte, vermittelte, dargestellte Handlungs- und Denkweisen hineinversetzen und vermeiden, Ihre eigene Sicht über den Text zu legen („Hineininterpretieren"). – Zudem müssen Ihre Aussagen am Text belegbar sein. – Beim Interpretieren müssen sie damit rechnen, dass der Text Sie mit ungewohnten Denk- und Verhaltensweisen konfrontiert (Alteritätserfahrung). Versuchen Sie, nicht sofort ins Urteilen zu kommen, sondern lassen Sie sich auf das Fremde ein, versetzen Sie sich in die Fiktion und lassen Sie dem Erleben des Neuen und vielleicht Ungewohnten Raum. – Analysieren Sie, ob und inwiefern das „Wie" dem „Was" dienlich ist.

Das Verstehen von literarischen Texten erfordert damit Wissen, Wollen und Können.

Was müssen Sie wissen?
- Literarische Texte sind grundsätzlich polyvalent (mehrdeutig) angelegt.
- Sie sind ästhetische Konstruktionen, die zunächst für sich stehen und damit außerhalb der eigenen Lebenswirklichkeit der Lesenden zu sehen sind.
- Sie lösen sehr häufig beim Lesen Irritationen aus, die es auszuhalten (vielleicht auch zu genießen?) gilt, was sowohl inhaltlich bedingt ist als auch durch die poetische Sprache erzeugt wird.

- Das Lesen und Verstehen der literarischen Texte ermöglicht Ihnen auf der Grundlage eigener (moralischer) Urteilsfähigkeit eine Selbstreflexion.
- Schließlich erfordert das Verstehen von literarischen Texten von Ihnen eine ganze Reihe von Kenntnissen über den Umgang mit Texten (etwa Textsorten- und Genrewissen, Wissen über die Sprache und ihre Gestaltung, möglicherweise über den Autor und seine Zeit), also ein Sachwissen über gesellschaftliche und zeitgeschichtliche Zusammenhänge seiner Entstehung (= Kontexte), und schließlich häufig die Kenntnis anderer Texte, auf die im Text in irgendeiner Weise Bezug genommen wird (= Intertextualität).

Welche Haltung müssen Sie haben? Was müssen Sie wollen?
- Sie müssen sich zunächst auf die Fiktion überhaupt einlassen (wollen), das gilt auch für die historische oder kulturelle Distanz.
- Sie müssen bereit sein, sich auf fremde Perspektiven (etwa die der Figuren) einzulassen, sich in sie hineinzuversetzen.
- Sie müssen sich auf typische kulturelle Gefühlsmuster einlassen und diese erforschen wollen (z. B.: Was ist Liebe, Freundschaft, Naturerfahrung hier im Text und wie wird sie verarbeitet?)

Was müssen Sie können im Umgang mit literarischen Texten?
- Zunächst müssen Sie dem Text seine Informationen entnehmen: Was wird erzählt, dargestellt oder erlebt?
- Um den Handlungsverlauf bestimmen zu können, müssen Sie
  - die Figuren des Textes identifizieren (Was sind die Hauptfiguren, was Nebenfiguren, wo steht der Erzähler, das lyrische Ich?) und
  - Zeit und Ort, Konflikte (und möglicherweise ihre Vorgeschichte) sowie Lösungen erkennen.
- Sie müssen Mittel der sprachlichen Darstellung identifizieren, benennen und hinsichtlich ihrer Wirkung – auch im Vergleich zu anderen Texten – beschreiben können.
- Dafür dient die Identifizierung von Stoffen, Motiven und Handlungsmustern als Grundlage, die Sie für die Interpretation nutzen können.

Rhetorische Mittel erkennen, verstehen und selbst einsetzen

Folgende rhetorische Figuren und Fachbegriffe können Ihnen als Hilfsmittel für die Textanalyse sehr von Nutzen sein:

Fachbegriff/ rhetorische Figur	**Erklärung**	**Beispiel**
Allegorie	Sinnbild für einen abstrakten Begriff	*Justitia* als Frau mit verbundenen Augen; Waage und Schwert als Sinnbild für *Gerechtigkeit*
Alliteration	Wiederkehr des gleichen Anlauts bei mehreren aufeinanderfolgenden Wörtern	Milch macht müde Männer munter
Anakoluth	grammatisch fehlerhafte Satzkonstruktion, Satzbruch	Es ist zwar teurer und es ist klein.
Anapher	Wiederholung mindestens eines Wortes am Vers- oder Satzanfang	Es zu kämmen gegen den Strich / Es zu paaren widernatürlich / Es nackt zu scheren (M. L. Kaschnitz, „Ein Gedicht“)
Antithese	Gegenüberstellung gegensätzlicher Aussagen	Tages Arbeit; abends Gäste; / Saure Wochen, frohe Feste! (J. W. Goethe, „Der Schatzgräber“)
Aposiopese	bewusster Abbruch eines Satzes vor der entscheidenden Aussage	Mit diesen kleinen Händen hätt ich ihn –? (H. v. Kleist, „Penthesilea“)
Apostrophe	Form der Anrede: Abwendung vom Publikum, Hinwendung zu anderen Ansprechpartnern	Ihr Götter, steht mir bei!
Assonanz	Reim nur der Vokale, nicht der ganzen Silbe	Romanzen vom Rosenkranz (C. Brentano)
Asyndeton / asyndetische Reihung	Aneinanderreihung ohne beiordnende Konjunktion (Gegenteil → Polysyndeton)	Falschgeldprägen, Lichtausknipsen, Zähneputzen, Totschießen. (G. Grass, „Die Blechtrommel“)
Chiasmus	kreuzweise bzw. spiegelbildartige Stellung von Satzgliedern	Die Kunst ist lang! / Und kurz ist unser Leben. (J. W. Goethe, „Faust I“)

Chiffre	sprachliches Bild/Symbol, dessen Bedeutung nur aus dem Textzusammenhang hervorgeht, diesen aber erst verständlich macht/bestimmt	schwarze Milch der Frühe (P. Celan, „Todesfuge")
Ellipse	unvollständiger Satz, Auslassungssatz	Wohin gehst du? *Nach Hause.* *Ende gut, alles gut.*
Enjambement (Zeilensprung)	Der Satz- und Sinnzusammenhang reicht über das Vers- oder Strophenende hinaus. Das Enjambement hebt vor allem Begriffe am Versende hervor.	Über allen Gipfeln / Ist Ruh ... (J. W. Goethe, „Ein gleiches / Wandrers Nachtlied")
Enumeratio	Aufzählung	Alles rennt, rettet, flüchtet. (F. Schiller, „Die Glocke")
Epipher	Wiederholung derselben Worts / derselben Wörter am Schluss parallel gesetzter Wortgruppen oder Sätze	Doch alle Lust will *Ewigkeit,* / will tiefe, tiefe *Ewigkeit!* (F. Nietzsche, „Also sprach Zarathustra")
Euphemismus	Untertreibung, mildernder oder beschönigender Ausdruck	*eine kleine Herausforderung* (statt: *eine schwierige Situation*)
Hyperbel	Übertreibung	blitzschnell; himmelhoch; Schneckentempo
Inversion	Umstellung von Wörtern im Gegensatz zur üblichen Syntax	Einen Krimi lese ich gern.
Ironie	Es wird das Gegenteil von dem gesagt, was gemeint ist.	Ich freue mich sehr darüber, dass du heute wieder zu spät kommst.
Klimax	Höhepunkt, steigernde Reihung	Heute back' ich, morgen brau' ich, übermorgen hol' ich der Königin ihr Kind. (Rumpelstilzchen)
Litotes	stärkere Hervorhebung durch Verneinung oder Abschwächung des Gegenteils	*nicht hässlich* (statt: *schön*); *nicht übel* (statt: *gut*)
Metapher	Bedeutungsübertragung in der Beziehung der Ähnlichkeit, sprachliches Bild	Mauer des Schweigens; Licht der Wahrheit; *Durchbohrt* hat mich der Läst'rung *giftiger* Speer. (F. Schiller)

Metonymie	Ersetzung eines Wortes durch ein anderes, das mit ihm in einer logischen Verbindung steht	*Das Weiße Haus* meldet ... (statt: *Der amerikanische Präsident* ...)
Neologismus	Wortneuschöpfung	schwerschwarz (G. Grass, „Die Blechtrommel“)
Onomatopoesie	Lautmalerei, sprachliche Nachahmung von Geräuschen durch ähnlich klingende Worte	grrrrmpft!; knistern und knastern
Oxymoron	Verbindung zweier sich widersprechender Begriffe	bittersüß; Hassliebe; stummer Schrei; beredtes Schweigen
Paradoxon	(scheinbarer) Widerspruch	Die Tragödie des Alters ist nicht alt zu sein, sondern jung. (O. Wilde)
Parallelismus	Wiederholung derselben Wortstellung bei nebeneinandergereihten Satzgliedern oder Sätzen	Heiß ist die Liebe, kalt ist der Schnee. Wie ist das Wetter, wie ist die See?
Parenthese	Einschub, Schaltsatz	Ich möchte dir – ich fasse mich kurz – von den Ereignissen erzählen.
Personifikation	Vermenschlichung von Tieren, Gegenständen oder abstrakten Begriffen	Väterchen Frost; die Sonne lacht
Pleonasmus	überflüssige Verbindung von Wörtern mit gleicher Bedeutung zur Verstärkung	schwarzer Rappe; weißer Schimmel
Polysyndeton	Reihung von beiordnenden Konjunktionen (Gegenteil → Asyndeton)	*Und* es wallet *und* siedet *und* brauset *und* zischt. (F. Schiller, „Der Taucher“)
Prämisse	Grundannahme, auf der weitere Überlegungen aufbauen	Ich glaube an den Menschen und das heißt, ich glaube an seine Vernunft! (B. Brecht, „Leben des Galilei“)
Refutatio	Vorwegnahme eines möglichen Einwands, der sogleich widerlegt wird	Sie werden sagen, dass ..., aber ...
rhetorische Frage	Frage, auf die keine Antwort erwartet wird oder deren Antwort bereits feststeht	Möchten Sie gerne Ferien?

Suggestivfrage	Frage, die eine bestimmte Auslegung durch den Zuhörer nahelegt	Könnte es vielleicht sein, dass Ihnen Hausarbeiten lästig sind?
Syllogismus	logische Denkfigur, bei der aus zwei Prämissen ein Schluss gezogen wird	Stimmbänder sind notwendig, um sprechen zu können. Fische haben keine Stimmbänder. Also können Fische nicht sprechen.
Symbol	ein konkretes Zeichen für ein bestimmtes Handeln oder einen bestimmten Gegenstand	*Kreuz* als Symbol des christlichen Glaubens; *Taube* als Symbol für Frieden
Synästhesie	Vermischung verschiedener Sinneseindrücke	heiße Musik; schreiende Farben
Synekdoche	Bezeichnung, die einen Teil für das Ganze setzt (Pars pro Toto) oder das Ganze durch einen Teil wiedergibt (Totum pro Parte)	Wir flehen um ein *wirtlich Dach* (für: *gastfreundliches Haus*) (F. Schiller)
Tautologie	Doppelaussage, oft synonym zu → Pleonasmus gebraucht	nackt und bloß; einzig und allein; heiter und froh; alter Greis
Trikolon	dreigliedriger Ausdruck	Und wiegen und tanzen und singen dich ein. (J. W. Goethe, „Erlkönig“)
Vergleich	bildhafter Hinweis auf einen anderen Bereich	Er ist schlau wie ein Fuchs.
Wiederholung	mehrfaches Auftreten identischer Wörter, Satzteile oder ganzer Sätze	Singet leise, leise, leise.
Wortspiel	geistreiches Spiel mit Worten, um eine witzige Wirkung zu erzielen	Entrüstet Euch! (Wahlspruch der Friedensbewegung)

Texte schreiben

Schreibstrategien verwenden

Bei fast allen Texten/Textmustern, die von Ihnen erwartet werden, ist das Produkt ein Fachtext, der Sachverhalte darstellt und erläutert, also nüchtern gehalten ist; eine Ausnahme stellt hier lediglich der Essay dar. Ihr Text ist grundsätzlich im Präsens zu verfassen (bei Textwiedergaben muss man jedoch bei Vorzeitigkeit auf das Perfekt ausweichen).
Die Verwendung des Konjunktiv I (ggf. II) kennzeichnet Textinhalte und Textstellen, die von fremden Autoren übernommen wurden. Alternativ kann man auch den Indikativ verwenden, muss aber deutlich kennzeichnen (etwa im Einleitungssatz), wer der Urheber der anschließenden Aussagen ist. Alle Texte sind sinngerecht und aussagekräftig zu gliedern.

Das Niederschreiben der Klausur kann durch die Berücksichtigung folgender Vorgehensweise organisiert werden:

1. Schritt	**Den Schreibprozess organisieren** Bevor Sie mit dem Schreiben beginnen, sollten Sie überlegen: – Wie viel Arbeitszeit steht mir (noch) zur Verfügung und wie verteile ich diese auf die Aufgaben? – Wie viel Zeit benötige ich für ein effizientes, abschließendes Korrekturlesen? • Diese Zeit sollte nicht zu knapp bemessen sein (vgl. Schritt 5). ZIEL: Die genaue Zeitplanung vor dem Schreiben ermöglicht während des Formulierens ein konzentriertes Arbeiten – entsprechend der Schwerpunktsetzung – für alle Aufgaben sowie am Ende für das abschließende Korrekturlesen.
2. Schritt	**Den Schreibprozess vorbereiten** – Überprüfen von Aufgabenstellung und Operatoren – Vergegenwärtigen der zentralen Arbeitshypothesen zu den Aufgaben und den Themen, z. B. *In dem Text geht es um ... / Der Text handelt von ... / Der Autor vertritt die Position ...* (bei Sachtexten) ZIEL: Die intensive und konzentrierte Vorarbeit für das Verfassen der Klausur bildet die Basis für deren inhaltlichen Gehalt und logischen Aufbau. Diese Vorarbeit ist zeitintensiv, weil Sie hier (!) Probleme lösen.
3. Schritt	**Arbeitsergebnisse in eine Struktur bringen (= Gliederung)** Je nach Schreibaufgabe ist diese Struktur unterschiedlich. Allgemein aber gilt, dass auf jeden Fall eine plausible gedankliche Reihenfolge angelegt werden muss. Dabei hilft das Verfassen eines Gliederungs-

	entwurfs (zunächst) auf dem Konzeptpapier. Zu klärende Vorüberlegungen dazu sind: – Was ist für mich wichtig? Was will ich mitteilen? – Wer sind die Adressaten und was will ich bei Ihnen erreichen? (vgl. dazu auch die in den Aufgaben enthaltenen Schreibanlässe) – Wie baue ich meinen Text auf, damit eine Logik / ein roter Faden erkennbar ist? Dazu ist Folgendes nötig: • Zuordnung der Ergebnisse aus der Arbeit an den Texten und Aufgaben zu Oberthemen • Oberthemen weiter untergliedern, d. h., Inhalte/Thesen/Argumente in eine logische Abfolge (als lineare Gliederung oder Mindmap/Cluster) zu Unterthemen ordnen, dabei auch die eigenen Ideen zum Text einbringen und mögliche Abschlüsse festhalten – Was steht am Anfang und wie endet mein Text? ZIEL: Durch eine solche Gliederung bleibt beim Schreiben der Kopf frei für Punkte, die Ihnen im eigentlichen Schreibprozess noch einfallen, da sie jederzeit (in der Gliederung oder später im Fließtext) ergänzt werden können. So vermeiden Sie es, sich später darüber zu ärgern, dass Sie *die Hälfte vergessen haben / noch so viel hätten schreiben können …*
4. Schritt	Die Klausur formulieren/schreiben – Die Klausur wird nun aufgabenweise auf Basis der Planung ausformuliert (= geschrieben). Jeder Gliederungspunkt bestimmt einen Abschnitt und sollte nach Möglichkeit ohne Unterbrechung niedergeschrieben werden. – Beim Schreiben liegt die Aufmerksamkeit zwar immer auf dem Inhalt. Denken Sie dennoch beim Formulieren daran: • Wofür / Für wen schreibe ich und was will ich meinem Adressaten vermitteln? Wie mache ich meine Ergebnisse deutlich? • Welche Sprache / sprachlichen Mittel verwende ich dazu? Wie stelle ich die Verknüpfungen her? – Um die gedanklichen Zusammenhänge und Verknüpfungen im Text für die Lesenden zu verdeutlichen, bedarf es der gezielten Verwendung von sprachlichen Konnektoren: • Aussagen, Thesen und Argumente werden aneinandergereiht durch: *zunächst, darüber hinaus, ergänzend, ferner …* • Die logische Verknüpfung erfolgt durch: *weil, obwohl, da, indem, dementsprechend, hier, dabei, in diesem Zusammenhang …* • Verweise auf Einschränkungen, Gegenargumente kennzeichnet man z. B. durch: *andererseits, demgegenüber ist zu erkennen/bedenken, zwar … aber, im Gegensatz dazu steht …*

4. Schritt	• Schlussfolgerungen und Ergebnisse werden deutlich durch Signalformulierungen wie *zusammenfassend ist zu sagen, festzustellen, hervorzuheben …, man kann daran / aus alledem erkennen / ersehen, dass …, man kann also festhalten, dass …* ZIEL: Ihre bisherige Textarbeit soll sich nun in Ihrem geschriebenen Text wiederfinden und dem/den Adressaten zeigen, wie genau und mit welchem Ergebnis Sie gearbeitet haben und über welche Schreibkompetenz (Darstellungsleistung) Sie verfügen. Sie sollten jetzt dieselben Kriterien der Bewertung, die auch Ihre Prüfer später anwenden, für Ihre eigene Korrekturen nutzen. Sie beziehen sich auf Sprachangemessenheit, Aufbau und Prozess: **Wortwahl** Ist die Wortwahl präzise und angemessen? Werden Füllwörter, Floskeln und Umgangssprache/Jugendsprache vermieden? Werden Fachtermini sachlich richtig bzw. treffend verwendet? **Satzbau** Ist der gewählte Satzbau der Aufgabe und dem Leser angemessen? Sowohl Bandwurmsätze als auch einfache, kurze Aussagesätze sind zu vermeiden. Die Satzteile müssen zusammenpassen und bei eingeschobenen Ergänzungen ist auf die grammatisch korrekte Weiterführung oder Beendigung des Satzes zu achten. **Textmuster** Wird ein der Aufgabe angemessenes Textmuster verwendet? **Textaufbau** Ist der Text sinnvoll aufgebaut? Ist eine innere/äußere Gliederung erkennbar? **Thematische Entfaltung** Geschieht die thematische Entfaltung in einer der Fragestellung angemessenen Art? Werden Belege verwendet? **Leserführung** Gibt es genügend textstrukturierende Mittel (als aktive Leserführung)? **Planen/Überarbeiten** Lässt der Text Planungs- und Überarbeitungsspuren erkennen?
5. Schritt	**Die Klausur überarbeiten** – Die Klausur wird gelesen und dabei überarbeitet im Hinblick auf • das verwendete Textmuster und dessen Merkmale, • den sachlogischen Aufbau (äußere und innere Gliederung), • die thematische Entfaltung und das Belegen (Zitate), • die schlüssige Verknüpfung der einzelnen Teile (Konnektoren) • und die Treffsicherheit und Angemessenheit in Wortwahl und Satzbau. – In einem zweiten Schritt folgt die Untersuchung hinsichtlich formal-sprachlicher Richtigkeit auf • Rechtschreibung, Zeichensetzung, Grammatik sowie • korrekte Zitation.

	Hinweis: Auf diesen letzten Teil können Sie sich bereits in der Vorbereitung auf das Abitur einstellen. Schauen Sie sich Ihre alten Klausuren an und analysieren Sie typische Fehler: Welche Worte schreibe ich falsch, an welchen Stellen setze ich falsche oder gar keine Kommas? Welche Formulierungen, Ausdrücke und falschen Worte habe ich verwendet und wie könnte ich (im Nachhinein) besser, treffender, genauer oder weniger redundant formulieren ...?

Das Zählen aller von Ihnen geschriebenen Wörter ist üblicherweise nicht nötig.

Typische Schwierigkeiten beim Schreiben

Schwierigkeit	**Tipps**
Ich weiß nicht, wie ich anfangen soll.	– Schreiben Sie zunächst das auf, worin Sie sich sicher sind. – Schreiben Sie erst, wenn Sie die Textgrundlagen bearbeitet (und verstanden) haben. – Skizzieren Sie den Aufbau der Arbeit in einer Gliederung, Mindmap, einem Schaubild oder Diagramm.
Ich erzähle nur den Text nach, analysiere ihn nicht; oft verbinde ich einfach nur Zitate miteinander.	– Schreiben Sie erst, wenn Sie zuvor die Arbeitsschritte zum Texterschließen (→ S. 107 ff.) und zur Vorbereitung auf das Schreiben vollzogen haben. – Versuchen Sie, Zitate so knapp wie möglich zu halten und in Ihre eigenen Formulierungen einzubinden. – Überprüfen Sie die Funktion der Zitate und verwenden Sie diese nur, wenn Sie sie für bedeutungstragend und weiterführend halten. Zitieren ist nötig und zeigt im Deutschunterricht erworbene Fähigkeit, erfüllt aber keinen Selbstzweck. – Reformulieren Sie nicht den Text, sondern lösen Sie sich von dem Wortlaut der Textvorlage. Häufig sind eigene Formulierungen ausführlicher als die des Primärtextes. – Vergegenwärtigen Sie sich, inwiefern Sie über das im Primärtext Erzählte/Erlebte/Dargestellte oder Ausgesagte/Behauptete hinausgehen (eigene Beobachtungen).
Meine Klausuren werden häufig zu lang, ich werde kaum mit der Aufgabe fertig.	– Schreiben Sie erst, wenn Ihre Gliederung steht. Arbeiten Sie zunächst mit Stichworten. – Entwerfen Sie das Konzept in wenigen Sätzen, die den Grundgedanken der Klausur (bzw. Aufgabe) skelettartig verdeutlichen. Dazu kann es auch hilfreich sein, diese Grundgedanken als Überschriften zu formulieren. – Vermeiden Sie Redundanzen, indem Sie – ausgehend von den Überschriften bzw. dem skelettartigen ersten Entwurf – möglichst gezielt Ihre Beobachtungen und Gedanken formulieren und ggf. belegen.

Ich weiß manchmal gar nicht, was ich zu einem Gliederungspunkt schreiben soll. Häufig fällt mir nur ein Satz ein.	– Vergegenwärtigen Sie sich, dass das, was Sie im Kopf haben, so formuliert werden muss, dass ein Außenstehender Ihre Gedanken verstehen kann (Adressatenbezug!): Für wen schreibe ich in welcher Weise und was will ich dem Lesenden vermitteln? – Unterstützen Sie Ihre Thesen/Beobachtungen/Aussagen mit Argumenten, Beispielen und Belegen. – Lassen Sie ggf. lieber einen Gliederungs(unter)punkt weg, als ihn nur in einem Satz, der womöglich nur eine Nominalisierung der Überschrift ist, zu realisieren. Ein Gliederungs(unter)punkt, der im Aufsatz nicht wirklich realisiert wird, ist kontraproduktiv. – Allerdings sollten Sie niemals in „eins" differenzieren, also etwa nur 2.1, ohne dass ein 2.2 folgt.
Ich weiß nicht, wie ich gute Überschriften formulieren soll.	– Überschriften werden als Nominalphrasen formuliert. Sie sind keinesfalls „nur" verkürzte bzw. grammatikalisch falsche Sätze. Die Formulierung „Kaltblütigkeit im Verhalten" ist besser als „Verhalten kaltblütig", da Letzteres eher ein Satz mit weggelassenem Prädikat als eine echte Nominalphrase ist. – Möglich sind auch feststehende Redewendungen („Ende gut, alles gut") oder rhetorische Fragen. Diese müssen dann grammatikalisch gesehen keine Nominalphrasen sein.
Mir fällt es schwer, meine Gedanken zu einem logischen Aufbau zu verbinden.	– Überdenken Sie Ihre Gliederung: Was gehört zusammen und an welche Stelle? – Vergegenwärtigen Sie sich selbst die Logik der Zusammenhänge und verwenden Sie passende Konnektoren, z. B. *im Hinblick auf, im Gegensatz zu, anders als …*
Ich weiß nicht, wie ich den Inhalt knapp zusammenfassen soll.	– Zentrale Fragen: Worum geht es? Was wird erzählt, dargestellt, erlebt oder (für Sachtexte) erklärt? Was geschieht wo und wann nacheinander? Was ergibt sich daraus für wen, wie endet es? – Analysieren und interpretieren Sie an dieser Stelle nicht, hier geht es nur um das Was!

Rhetorische Figuren und Fachbegriffe können Ihnen als Hilfsmittel für die Textanalyse sehr von Nutzen sein. Eine ausführliche Auflistung finden Sie dazu auf S. 114 ff.

Mit Zitaten und Textbelegen arbeiten

Zitate und Textbelege haben die Funktion, die eigenen Aussagen durch Verweise auf den Ausgangstext abzusichern und nachvollziehbar zu machen.

Regeln für die Arbeit mit wörtlichen Zitaten

- Eine Textstelle, d. h. eine Formulierung, ein Satz oder mehrere Sätze, wird wörtlich aus einer Vorlage übernommen (mit Besonderheiten der Rechtschreibung und Zeichensetzung, z. B. bei Textvorlagen in alter Rechtschreibung).
- Zitate werden durch Anführungszeichen deutlich gemacht.
- Auslassungen in einem Zitat werden ausnahmslos durch eckige Klammern mit drei Punkten gekennzeichnet: [...]. Ein Zitat darf nie derart gekürzt werden, dass die Aussage verfälscht wird.
- Zitate, die man in den eigenen Text einpasst, müssen in einigen Fällen inhaltlich (z. B. durch ein erklärendes Wort) oder grammatisch (z. B. durch eine Veränderung des Kasus) dem eigenen Satzbau angepasst werden. Die Eingriffe kennzeichnet man durch die Verwendung eckiger Klammern, z. B. *„Er wirft ihm [Danton] vor, dass [...].“*
- Zitate in Zitaten kennzeichnet man mit einfachen Anführungszeichen, z. B. *„wenn Törless die besondere Wirklichkeit immer wieder mit dem Wort ‚es‘ zu fassen sucht.“*
- Zitate werden mit einem Hinweis auf den Fundort beendet. Dies geschieht in Form von Seiten-, Zeilen- oder Versangaben, z. B. *„Er [Törless] hatte jetzt einen ganz neuen Respekt vor der Mathematik“* (S. 75, Z. 3). Bei mehreren Materialien darf die Materialiennummer (M1, M2 usw.) nicht vergessen werden.

Regeln für die Arbeit mit sinngemäßen Zitaten

Gibt man die Gedanken eines anderen wieder, verwendet man

- eine einleitende Formulierung, z. B. *Nach Meinung von ...*, bzw. einen entsprechenden Einleitungssatz, z. B. *Der Autor hebt hervor, dass ...* Durch die einleitende Formulierung wird auch das eigene Textverständnis deutlich.
- indirekte Rede (Konjunktiv I), z. B. *Der Gebrauch von Anglizismen habe in Frankreich nicht in gleichem Ausmaß zugenommen.*

Sinngemäße Zitate werden wie wörtliche Zitate mit einem Verweis auf die Textstelle in Form von Seiten-, Zeilen- oder Versangaben beendet.

TIPP

- Zitate sollten sparsam verwendet werden.
- Jedes Zitat muss ausgewertet werden, d. h. die eigenen Aussagen absichern.
- Fachkundiges Zitieren beweist man durch den Einbau der Textpassagen in den eigenen Gedankengang. Ganze Abschnitte sollten nicht zitiert werden, die eigenständige gedankliche Leistung muss durchweg erkennbar sein.

Texte überarbeiten

Klausurtexte überarbeiten

Klausurtexte sollten im Hinblick auf inhaltliche und formale Anforderungen überarbeitet werden. Die Überarbeitung sollte in zwei Schritten erfolgen:

CHECKLISTE zur inhaltlichen Überarbeitung

- ✓ Habe ich die Vorgaben der Aufgabenstellung entsprechend berücksichtigt?
  - inhaltliche Vorgaben: Texte, Thema, weiterführende Schreibaufgabe
  - methodische Anweisungen: Operatoren (→ S. 8)
- ✓ Hat meine Arbeit einen roten Faden?
  - klare Gliederung
  - präzise Zuordnung der Ergebnisse zu den einzelnen Gliederungspunkten
  - keine Ausführungen, die nicht zum Thema gehören
- ✓ Ist meine Arbeit widerspruchsfrei?
  - sachliche Richtigkeit
  - schlüssige Argumentation
- ✓ Habe ich mein fachliches Vorwissen eingebracht und logisch mit den neu gewonnenen Untersuchungsergebnissen verknüpft?
  - allgemeine Kenntnisse zum Thema
  - (literarische) Fachkenntnisse zu Thema, Entstehungszeit, Vergleichstexte (ggf. Epoche, Autor)

CHECKLISTE zur formalen Überarbeitung

- ✓ Entspricht meine Arbeit der vorgegebenen Textsorte (Textanalyse, Textvergleich, Texterörterung, Stellungnahme usw.)?
  - Einleitung, Hauptteil, Schluss
  - Einteilung in Abschnitte, die aufeinander Bezug nehmen
  - logische Verknüpfungen zwischen den einzelnen Abschnitten durch verbindende Wörter oder Formulierungen
- ✓ Entspricht meine Arbeit den sprachlichen und formalen Erwartungen meiner (ggf. gedachten) Adressaten, für die ich schreibe?
  - präzise Wortwahl
  - Verwendung von Fachvokabular, Vermeidung von Umgangssprache
  - verständlicher, abwechslungsreicher Satzbau
  - korrektes Arbeiten mit Zitaten und Textbelegen
  - sprachliche Korrektheit (Grammatik, Rechtschreibung, Zeichensetzung)

Die Ausarbeitung einer persönlichen Checkliste zur Textüberarbeitung hilft Ihnen, den Blick gezielt auf Ihre individuellen Problemfelder zu lenken.

Literaturgeschichte im Überblick

Was ist Literaturgeschichte?

Angesichts der Vielfalt literarisch-historischer Erscheinungen – angefangen von Daten zur Geschichte bis hin zu philosophischen Strömungen und Einflüssen oder bedeutenden Autorinnen und Autoren – kann hier nur jeweils eine Übersicht dargeboten werden. Wiederholungs- oder Nacharbeitsbedarf besteht dann, wenn Begriffe nicht inhaltlich gefüllt werden können, Fakten unbekannt erscheinen oder Zusammenhänge zwischen Elementen der Übersichten nicht hergestellt werden können.

Literarische Werke, ihre gegenseitigen Einflüsse und Vernetzungen, sind in ihrer Gesamtheit unüberschaubar. Um dieser Unübersichtlichkeit zu begegnen, wird mithilfe der Epochenbegriffe versucht, literarische Werke, aus der jeweiligen Gegenwart begriffen, ein- und zuzuordnen. Mit dieser zeitlichen Unterteilung verbunden ist ein Verstehen in historischen sowie geistesgeschichtlichen Zusammenhängen; ein Verständnis, das den jeweiligen Text in seinen Kontext einbettet, soll dadurch erleichtert werden. Das Verfahren der Epochengliederung hat sich als das wirkungsmächtigste Konzept erwiesen, die Literatur chronologisch zu ordnen, ihre Geschichte bis in die Gegenwart hinein als überschaubar zu erfassen.
Der Epochenbegriff bezeichnet den Raum zwischen zwei Einschnitten, die häufig an historischen Daten orientiert gewählt sind. Beispielsweise wird die Literatur von 1830 bis 1848 „Vormärz“ genannt – mit der Julirevolution in Frankreich 1830 als einer Art Startschuss, mit der Märzrevolution 1848 in Deutschland als Abschluss. Die Epoche der „Exilliteratur“ kann noch exakter eingegrenzt werden: vom 30.01.1933, dem Tag der Machtergreifung Hitlers bzw. seiner NSDAP, bis zur Kapitulation Deutschlands am 08.05.1945. Andere wichtige Einschnitte sind an den Biografien wichtiger Dichterpersönlichkeiten orientiert: Die Epoche der „Klassik“ umfasst z. B. die Jahre von Goethes Reise nach Italien bis zu Schillers Tod.
Solche Epochenbegriffe können zwar der realen Fülle und Vielschichtigkeit der Literatur im entsprechenden Zeitraum nicht gerecht werden, sind aber als Beschreibungen üblich und in gewisser Weise notwendig. Über den Charakter als Konstruktion, also über die Notwendigkeit, Epochenbegriffe auf ihr Herkommen, ihren Gebrauch und ihre Leistung bzw. ihre Grenzen zu befragen, sollte sich der Nutzer dieser Begriffe klar sein. Beispielsweise müssen zum Thema passende Gedichte der deutsch-jüdischen Autorin Nelly Sachs zur Exilliteratur gezählt werden, auch wenn sie erst nach 1945 entstanden sind. Auch die mit jedem Epochenbegriff verbundene Schwierigkeit einer Zuordnung, ohne dass das literarische Werk „in eine Schublade“ gerät, muss sich derjenige, der einen Epochenbegriff benutzt, bewusst machen.
Grenzziehungen und Benennungen sind zwar durchaus unterschiedlich, gelegentlich kontrovers. Aber aus den üblichen Einteilungen lässt sich die folgende Epochenübersicht entnehmen (in Klammern finden sich die Jahrgangsstufen, in denen die Epochen als Schwerpunkte im bayerischen Lehrplan ausgewiesen sind):

Epochenübersicht

Zeit	Epoche	Ergänzende kulturgeschichtliche Begriffe
Literatur vor 1800 (7. – 11. Jahrgangsstufe)		
um 750 – 1600	Alt-, Mittel-, Frühneuhochdeutsche Literatur	Renaissance, Humanismus
um 1600 – 1720	Barock	
um 1720 – 1800	Aufklärung	
um 1740 – ca. 1785	Sturm und Drang	Empfindsamkeit
Von der Klassik bis zum Naturalismus (11. Jahrgangsstufe)		
um 1786 – 1805	Klassik	Weimarer Klassik
um 1790 – 1840	Romantik	
um 1830 – 1848	Vormärz, Junges Deutschland, Biedermeier	Realistische Strömungen des 19. Jahrhunderts
um 1850 – 1890	Bürgerlicher Realismus	
um 1880 – 1900	Naturalismus	
Von der Jahrhundertwende bis 1945 (12. Jahrgangsstufe)		
um 1905 – 1925	Expressionismus	Symbolismus, Impressionismus, Décadence-Literatur, Jugendstil, Fin-de-Siècle-Literatur
um 1920 – 1933	Literatur der Weimarer Republik	Neue Sachlichkeit
um 1933 – 1945	Exilliteratur	Literatur der „inneren Emigration“, literarischer Widerstand
Literatur nach 1945 (12. Jahrgangsstufe)		
um 1945 – 1960	Nachkriegsliteratur	Trümmerliteratur, Literatur des Kahlschlags, DDR-Literatur, Postmoderne
ab 1960	Zeitgenössische Literatur	Gegenwartsliteratur

Literatur vor 1800

Alt-, Mittel- und Frühneuhochdeutsche Literatur

Epochenbegriff
Die drei ältesten Epochen deutschsprachiger Literatur sind an Einteilungen aus der Geschichte angelehnt und beschreiben zudem Entwicklungsschritte zum heutigen Deutsch: Von *althochdeutscher* Literatur ist – wie vom frühen Mittelalter – von 750 n. Chr. bis Mitte / Ende des 11. Jahrhunderts die Rede; *mittelhochdeutsche* Literatur reicht bis zum Ausgang des 15. Jahrhunderts, *frühneuhochdeutsche* bis 1600, verbunden mit *Humanismus* und *Reformation*.

Geschichte und Gesellschaft
um 700 Beginn der Ausbreitung des Christentums
768–814 Karl der Große (800: Kaiserkrönung)
1096 Erster Kreuzzug
1152–1190 Kaiser Friedrich I. Barbarossa (Stauferzeit)
um 1350 Pest in Europa
1356 Goldene Bulle
1452 Bibeldruck Gutenbergs
1492 Ch. Kolumbus in Amerika
1514 N. Kopernikus („Erde dreht sich um die Sonne“)
1517 Martin Luthers 95 Thesen
1524/25 Bauernaufstände

Welt- und Menschenbild
- vor allem in mittel-/frühneuhochdeutscher Zeit Erfahrung der Spannung zwischen Gott und der Welt; Hinwendung zum Jenseits
- in der höfischen Kultur des Hochmittelalters stärkerer Bezug zum Diesseits, aber weiter mit der Aufgabe, Gott und den Menschen zu gefallen
- Wende zur Neuzeit mit zahlreichen Entdeckungen, vor allem der Veränderung zum heliozentrischen Weltbild (Kopernikus, Galilei)
- *Renaissance* als von Italien ausgehende allgemeine kulturelle Blüte; Rückgriff auf literarisches und philosophisches Erbe der Antike

Literarisches Leben – Themen und Motive der Literatur
- Christianisierung einhergehend mit ausstrahlender Kultur der Klöster als Zentren von Bildung; dominant lateinische Zeugnisse
- Haupthelden und Handlungsträger in der hochmittelalterlichen Dichtung sind Vertreter der feudalen Führungsschicht (Helden- und Artusepik); Verarbeitung z. B. des Untergangs des Burgundenreichs im *Nibelungenlied*
- Weg zur dt. Einheitssprache Kennzeichen des Frühneuhochdeutschen

Gattungen, Autor(inn)en, Werke
Hildebrandslied (um 810 niedergeschrieben), Heldenlied / Stabreimdichtung

Nibelungenlied (um 1200)
Hartmann von Aue (1168–1220) *Der arme Heinrich*
Wolfram von Eschenbach (um 1170–1220) *Parzival*
Walther von der Vogelweide (um 1170–1228) Minnelyrik, politische Lyrik

prägend: höfische Dichtung, höfischer Roman, Minnesang, Tagelied

Barock (um 1600 – 1720)

Epochenbegriff

Vom portugiesischen „barucco“ (schiefrunde Perle) abgeleitet, ist Barock zunächst als Stilbegriff für bildende Kunst und Musik benutzt und dann auf Literatur übertragen worden. Zunächst wurde Barock im Sinne von „Schwulst“ auch abwertend verwendet; erst im 19. Jahrhundert entwickelte sich eine positive Begriffsbedeutung. Im 20. Jahrhundert wurde Barock zum Epochenbegriff.

Geschichte und Gesellschaft

1517 Luthers Thesenanschlag: beginnender Gegensatz zwischen katholischen und protestantischen Staaten in Deutschland seit der Reformation

1618 – 1648 Verwüstung weiter Teile Deutschlands im Dreißigjährigen Krieg

1643 – 1715 Ludwig XIV.: frz. Absolutismus

1701 Brandenburg-Preußen Königreich

- Flickenteppich deutscher Fürstentümer und Kleinstaaten; Residenzstädte als Zentren der Künste
- Herausbilden des monarchischen Absolutismus nach frz. Vorbild; Bürger und Bauern dritter Stand nach Adel/Geistlichkeit
- Fortdauer der mittelalterlichen geburtsständischen Ordnung; noch keine allgemeine Bildung breiter Bevölkerungsschichten
- Chancen im neuen Wirtschaftssystem des Merkantilismus für das Gewerbe und Handel treibende Bürgertum
- Auslandsstudium von Männern aus Adel und gehobenem Bürgertum als Zeichen privilegierter Bildung
- katholischer Jesuitenorden einflussreich (Gegenreformation)

Welt- und Menschenbild

- irdische Ordnung weiterhin als Spiegel der göttlichen Heilsordnung (Einheit von Gott und Welt)
- scharfe Kontraste/Zweipoligkeit: Leben und Tod, Zeit und Ewigkeit, Diesseitsfreude und Jenseitssehnsucht
- *Rationalismus* und *Empirismus* versus Hang zur mystischen Innerlichkeit

Gattungen, Autor(inn)en, Werke

prägend: Sonett und Ode in der Lyrik; Petrarkismus, Regelpoetik von Martin Opitz (1597 – 1639)

Geistliches und weltliches Sonett: Simon Dach (1605 – 1659), Paul Fleming (1609 – 1640), Andreas Gryphius (1616 – 1664), Catharina Regina von Greiffenberg (1633 – 1694), Christian Hofmann v. Hofmannswaldau (1617 – 1697), Paul Gerhardt (1607 – 1676)

Epigramm: Friedrich v. Logau (1604 – 1655)

Schelmenroman: H. J. C. v. Grimmelshausen (1621/22 – 1676) *Der abenteuerliche Simplicissimus Deutsch*

Literarisches Leben – Themen und Motive der Literatur

- weiter Dominanz des Lateinischen
- Alamode: Nachahmung frz. Kleidungsart und Lebensweise
- Sprachgesellschaften
- Vanitas – Memento mori / carpe diem als Lyrikmotive
- beliebte Zusammensetzung aus Bild und Text, als *Emblem* eigene Kunstform

Aufklärung (um 1720 – 1800)

Epochenbegriff

Als besonderer Einschnitt wird aus Sicht von Zeitgenossen wie im Rückblick die Epoche der *Aufklärung* angesehen. Der Begriff – im Englischen und Französischen noch deutlicher als „age of enlightenment“ bzw. „siècle de lumière“ bezeichnet – steht für das Bild vom Licht, das der Gebrauch der Vernunft in die Menschheit bringe. Bei Immanuel Kant ist vom „Ausgang [des Menschen] aus seiner selbst verschuldeten Unmündigkeit“ die Rede. Bürgerlich-philosophisches Aufbegehren gegen die Autorität von Adel und Kirche, Kritik am absoluten Wahrheitsanspruch der Religion und an der absoluten Monarchie spiegelten sich in der Literatur in neuen Genres wie dem bürgerlichen Trauerspiel wider.

Geschichte und Gesellschaft

1740 – 1786 Friedrich der Große
1755 Erdbeben von Lissabon
1756 – 1763 Siebenjähriger Krieg
1768 Erfindung der Dampfmaschine
1775 Letzter Hexenprozess in Deutschland
1776 USA: Unabhängigkeitserklärung
1789 Französische Revolution

- Bürgertum als ökonomisch bedeutendste Schicht (Manufakturwesen)
- Aufgeklärter Absolutismus (Fürst als erster Diener des Staates)

Welt- und Menschenbild

- Siegeszug der Naturwissenschaften und des naturwissenschaftlich geprägten Denkens
- Begründung der neuzeitlichen Philosophie durch R. Descartes (1596 –1650): „Ich denke, also bin ich.“ (Rationalismus)
- Wegbereiter der Aufklärung vor allem I. Newton, F. Bacon, B. Spinoza, J. Locke (Empirismus), in Deutschland G. W. Leibniz
- Immanuel Kant (1724 –1804) *Beantwortung der Frage: Was ist Aufklärung?*
- Fortschrittsglaube, Weisheit und Tugend als Kernbegriffe
- Menschenbild einer angeborenen Humanität, Toleranzgedanke

Literarisches Leben – Themen und Motive der Literatur

- Universallexika, z. B. *Enzyklopädie* von Diderot und d'Alembert mit 35 Bänden als Darstellung des Wissens einer Zeit
- deutlich erweitertes Lesepublikum; erheblich größerer Markt für Zeitschriften und andere Publikationen
- Aufgabe von Dichtung ist „prodesse et delectare“ (nützen und erfreuen) im Gegensatz zu höfischer Dekoration
- Bürgerliches Trauerspiel in Abgrenzung von der Ständeklausel des Barock; Akzent als Familiendrama; Mitleiden des Zuschauers als Ziel

Gattungen, Autor(inn)en, Werke

J. Ch. Gottsched (1700 – 1766) *Versuch einer Critischen Dichtkunst vor die Deutschen*
G. E. Lessing (1729 – 1781) *Minna von Barnhelm, Emilia Galotti, Nathan der Weise, Hamburgische Dramaturgie, Fabeln*
Ch. M. Wieland (1733 – 1813) *Die Abderiten*
G. Ch. Lichtenberg (1742 – 1799) *Aphorismen*
Ch. F. D. Schubart (1739 – 1791) *Deutsche Chronik*
M. Claudius (1740–1815) Gedichte, Kurzprosa

Sturm und Drang / Empfindsamkeit (um 1740 – ca. 1785)

Epochenbegriff

Als eine europäische Gegenbewegung zur von der *Aufklärung* betonten Rationalität bildete sich die *Empfindsamkeit* heraus, die „Herz" und „empfindsam" zu Modewörtern werden ließ und Seele wie Sensibilität in den Mittelpunkt rückte.
Eng damit verknüpft entwickelt sich – benannt nach dem Titel eines Dramas von Friedrich Maximilian Klinger (1752 – 1831) – die literarisch-revolutionäre Bewegung des *Sturm und Drang*. Junge Literaten feiern dabei den natürlichen, unverbildeten Menschen in seiner Individualität. Besonders hervorgehoben wird das Gefühlvolle und Schöpferische, zugespitzt im Begriff des „Genies". Freiheit von Bevormundung und unbegründeter Autorität knüpfen an Gedankengut der Aufklärung an.

Geschichte und Gesellschaft

→ Aufklärung

1774 Erscheinen des *Werther* von J. W. Goethe

Literarisches Leben – Themen und Motive der Literatur

- Gefühlsintensität mit metaphorischen Wendungen wie „Meer der Empfindungen", „Sturm der Begeisterung" oder „Mutter Natur"
- Suche nach der natürlichen Form der Sprache, dem spontan Gesprochenen (z. B. Ausrufe, unvollständige Sätze im Drama)
- Vorstellung vom dichterischen Genie als Orientierung an der Bibel, Homer oder Shakespeare als idealisierte Beispiele für Weltliteratur
- „Wertherfieber": Goethes Briefroman als Schlüsseltext der Epoche mit großer gesellschaftlicher Wirkung
- Genres wie *Tagebuch*, *Autobiografie* und *Briefroman* als Träger der Gefühlskultur
- Freiheitsdrang und Aufbegehren gegen Willkür ohne direkte politische Richtung in den Dramen von Schiller und Goethe
- Abkehr von Begrenzungen und formalen Regeln

Welt- und Menschenbild

- Einfluss des *Pietismus* (lat. *pietas* Frömmigkeit); Bewegung einer Erneuerung des Protestantismus, die dem Dogmatismus einer erstarrten Kirche entgegengesetzt auf eine alternative Frömmigkeit setzte
- Kultur der Affekte, Suche nach einer volksnahen, sinnenkräftigen und bildreichen Sprache
- Dichter als Schöpfer in Anlehnung an J. J. Rousseaus Aufforderung „Zurück zur Natur"
- Dichter des *Sturm und Drang* stark geprägt vom Pantheismus, der Vorstellung eines Weltganzen, in dem Mensch, Natur und All verbunden sind

Gattungen, Autor(inn)en, Werke

F. G. Klopstock (1724 – 1803) *Der Messias*
J. G. Herder (1744 – 1803) *Stimmen der Völker in Liedern*
J. M. R. Lenz (1751 – 1792) *Der Hofmeister, Die Soldaten*
J. W. Goethe (1749 – 1832) *Götz von Berlichingen, Die Leiden des jungen Werthers*, Gedichte (u. a. *Prometheus, Willkommen und Abschied, Mailied*)
F. Schiller (1759 – 1805) *Die Räuber, Kabale und Liebe*

Von der Klassik bis zum Naturalismus

Vom Höhepunkt der Aufklärung bis zur Abkehr von der idealistischen Weltsicht (um 1786 – 1900)

Um 1800 wird das literarische Selbstverständnis von Stilrichtungen, mentalen Konzepten und philosophischen Neuausrichtungen wie Aufklärung, Sturm und Drang, Empfindsamkeit, Klassik und Romantik geprägt, die sich als Reflexe auf eine Welt im beschleunigten Wandel und Umbruch deuten lassen. Zentrales Ereignis mit weitreichenden Wirkungen war die Französische Revolution 1789 mit ihrer Leitidee der Befreiung, der Emanzipation der Bürger.

Der Lebensentwurf und die Weltsicht des Bürgertums setzte sich in Mitteleuropa, auch in Deutschland, zunehmend durch: Der Standesdünkel des Adels mit den durch die Herkunft ererbten Privilegien war dem Verständnis vom Bürger mit Blick auf Entfaltung der Persönlichkeit, auf Vorrang der eigenen Leistung und Tugend allein schon in moralischer Hinsicht nicht gewachsen. Ob im streng rationalen Denken der *Aufklärung* oder im Geniekult des *Sturm und Drang*, ob in der allseitig gebildeten Persönlichkeit der *Klassik* oder im übersteigerten Ich der *Romantik* – in allen literarischen Strömungen sind der Einzelne und sein Wert, sein Engagement und letztlich seine Autonomie bedeutsamer als alle gesellschaftlichen Schranken.

Damit gehen gänzlich unterschiedliche politische Entwicklungen einher: Ist in Frankreich gleich dreimal (1789, 1830 und 1848) eine revolutionäre Bewegung von Erfolg – im Sinne veränderter Machtkonstellationen bzw. sozialer Träger – gekrönt, bleiben in Deutschland demokratische, auch nationale Hoffnungen nach den Befreiungskriegen 1813 – 1815 und im gesamten Zeitraum bis zur bürgerlichen Revolution 1848/49 und danach unerfüllt. Die Revolution in Deutschland fand allenfalls auf dem Papier (von Schriftstellern) statt. Die Autoren des *Vormärz* waren Opfer der restaurativ-autoritären Strukturen im von Österreich und Preußen geprägten Deutschland.

Das Überlappen der Epochen, die Gleichzeitigkeit stark divergierender Phänomene, ist ein Kennzeichen des Umbruchs um 1800. Lassen sich *Aufklärung* einerseits und *Sturm und Drang* bzw. *Empfindsamkeit* andererseits noch als Gegensätze und Ergänzung verstehen, sind *Klassik* und *Romantik* sowie *Romantik* und *Vormärz* kaum mehr in eine solche Beschreibung zu integrieren. Zuordnungen – etwa die Heinrich von Kleists zu *Klassik* oder *Romantik* – sind in unterschiedlicher Weise möglich; ein Autor wie Heinrich Heine zwischen *Romantik* und *Jungem Deutschland* verkörpert in seiner Person und seinem breiten literarischen Profil die Tendenzen seiner Zeit gleich mehrfach. *Junges Deutschland* und *Biedermeier* erwachsen zwar aus den gleichen historischen Zusammenhängen der Restaurationsepoche, sind aber grundverschieden: Das *Junge Deutschland* zeichnet die Herausbildung eines politischen Bewusstseins und die Bereitschaft zur Auseinandersetzung aus. *Biedermeier* steht dagegen für eine Abwendung vom politischen Tagesgeschehen und den Rückzug in die private Atmosphäre eines ruhig-beschaulichen Familienlebens. Vor allem die erste Gruppe wendet sich von der überkommenen Dichtungsauffassung ab, die sich in ihrer Sichtweise von der Wirklichkeit entfernt und in eine ästhetisch-moralische Ideenwelt geflüchtet ist. Das Ende der Kunstepoche bedeutet die

Forderung, dass Kunst und insbesondere Literatur in die Gesellschaft kritisch einzugreifen hat. Ein Vertreter dieser Richtung ist Georg Büchner, der mit seinem Sprachrealismus und der Thematisierung sozialer Verhältnisse vor allem in seinen Dramen bereits den Weg in den *Naturalismus* weist.
Die zweite Hälfte des 19. Jahrhunderts ist eine Zeit großer Veränderungen. Neben Fortschritten in Naturwissenschaft, Medizin und Technik zeichnen sich aber auch negative Begleiterscheinungen ab. Am wirkmächtigsten sind die sich vergrößernden sozialen Probleme, die im Gegensatz von Proletariat und Bourgeoisie gipfeln. Die gescheiterte bürgerliche Revolution von 1848 hat das Selbstverständnis des Bürgertums erschüttert, traditionelle Wertekoordinaten aus Ständegesellschaft, Großfamilie und Religion verlieren zusehends an Gültigkeit, sodass sich ein Gefühl der Orientierungslosigkeit breitmacht. Mit dem *Realismus* verbindet sich die Orientierung an dieser neuen Wirklichkeit und die Abwendung von der idealistischen Weltsicht der *Klassik*, aber auch von Fantasie und Übersinnlichkeit der *Romantik*. Den Entwicklungshöhepunkt dieser Sichtwiese bildet der Naturalismus, dessen Vertreter den Menschen als Bedingungsgefüge aus Trieb, Vererbung, Sozialstruktur, Psyche, Urbanisierung und Arbeitswelt sehen.

Klassik (um 1786 – 1805)

Epochenbegriff

Ein „classicus“ (ein Bevorzugter) war bei den Römern ein Bürger erster Klasse. Davon abgeleitet meint *Klassik* einerseits die Blütezeit in der Dichtung oder in den Künsten allgemein eines Volkes oder einer Nation, anderseits bei der *deutschen Klassik* eine Orientierung am Vorbild der Antike, für die Klassiker der Inbegriff der Vollkommenheit. Während als *englische Klassik* die Zeit Shakespeares gilt, ist *Klassik in der deutschen Literatur* mit Goethe und Schiller verbunden, vor allem mit ihrem gemeinsamen Wirken in Weimar. Nach dieser Einteilung ist Schillers Todesjahr 1805 als Ende der Epoche gesetzt, in anderen Versionen Goethes Todesjahr 1832. Auch Hölderlin, Kleist und Jean Paul werden in einigen Darstellungen zu den Autoren der Klassik gezählt.

Geschichte und Gesellschaft

1793 Französische Revolutionstruppen im Rheinland, Gründung deutscher Jakobinerklubs

1799 Staatsstreich Napoleon Bonapartes

1803 Reichsdeputationshauptschluss; Neuordnung in Deutschland unter französischem Einfluss

1804 Code civil; Schaffen modernen Rechts durch Napoleon Bonaparte

Literarisches Leben – Themen und Motive der Literatur

- Freundschaft von Goethe und Schiller (1794 – 1805): *Xenien*
- Weimar als kulturelles Zentrum mit europäischer Ausstrahlung: *Weimarer Klassik*
- Ausgleich und Harmonie in der künstlerischen Gestaltung nach antikem Vorbild
- leitende Vorstellung eines organischen Wachstums, das dichterisch zu gestalten sei, verknüpft mit Vernunft, Selbstzucht und sittlicher Läuterung
- Konzept der ästhetischen Erziehung zur Veredelung des individuellen Charakters
- Monatsschrift *Die Horen*, herausgegeben von Schiller, als Programmschrift der deutschen Klassik

Iphigenie von Tauris Mensch

Welt- und Menschenbild

- Antikeverklärung als „edle Einfalt und stille Größe“ (Kunsthistoriker J. J. Winckelmann)
- Streben nach Vorbildhaftem, Normsetzendem, überzeitlich Gültigem; Empfänglichkeit für „alles Gute, Schöne, Große, Wahre“ (Goethes *Maximen und Reflexionen*)
- Ideal der Humanität in Anlehnung an Leitgedanken der Aufklärung, reflektiert durch Erfahrung mit der Französischen Revolution und der Schreckensherrschaft 1792–1794
- Abkehr vom Subjektivismus des *Sturm und Drang*

Gattungen, Autor(inn)en, Werke

J. W. Goethe (1749 – 1832) *Egmont, Iphigenie auf Tauris, Hermann und Dorothea, Faust I und II*; *Wilhelm Meisters Lehrjahre, Dichtung und Wahrheit*; Gedichte
F. Schiller (1759 – 1805) *Don Carlos, Maria Stuart, Wallenstein-Trilogie, Die Jungfrau von Orleans*; Gedichte/Balladen: *Die Bürgschaft, Der Ring des Polykrates* J. Paul (1763 – 1825) *Titan, Flegeljahre* F. Hölderlin (1770 – 1843) *Hyperion* H. v. Kleist (1777 – 1811) *Michael Kohlhaas*; *Prinz Friedrich von Homburg*; *Der zerbrochene Krug*

Romantik (um 1795 – 1840)

Epochenbegriff

Die Epochenbezeichnung *Romantik* lässt zwar Bezüge zum heutigen Verständnis des Begriffs erkennen, darf aber nicht mit dem Klischee von Romantik – etwa aus der Werbung – verwechselt werden. Eine Betonung des Gefühls ist durchaus Kennzeichen der *Romantik*, dabei geht es den Romantikern um Intensivierung des Lebens, um das Wunderbare und Geheimnisvolle – bis hin zum Dunklen, Geheimnisvollen und Abseitigen. Es besteht eine Sehnsucht nach Entgrenzung und unerreichbarer Ferne, auch eine Idealisierung von Vergangenem, z. B. des Mittelalters. Dabei wird die angestrebte Intensivierung durch ein Poetisieren der Welt erreicht. Statt Auseinandersetzung mit der Wirklichkeit, z. B. der beginnenden Industrialisierung, ist eine Verklärung von Natur zur Idylle kennzeichnend.

Geschichte und Gesellschaft

→ Klassik

1804 – 1814 Napoleon I.

1806 Ende des Hl. Römischen Reiches deutscher Nation

1806 Schlacht von Jena und Auerstedt: vernichtende Niederlage Preußens

1807 – 1814 Preußische Reformen

1813 „Völkerschlacht" bei Leipzig

1813 – 1815 Befreiungskriege

→ Vormärz / Junges Deutschland

Literarisches Leben – Themen und Motive der Literatur

- Interesse an Geschichte, Sprache, Poesie und Mythologie des deutschen Volkes (Mittelalter, *Nibelungenlied*)
- Lebens- und literarische Haltung mit Konzentration auf das Private (Lebensglück in der Familie) und einem Hang zum Resignativen
- Unterschiedliche Zentren: Frühromantiker um die Gebrüder Schlegel (romantische Ironie); Heidelberger Romantik um A. v. Arnim und C. Brentano; schwäbische Romantiker: G. Schwab, W. Hauff, L. Uhland
- Lyriker der Befreiungskriege, u. a. Th. Körner und E. M. Arndt, mit nationalistischen Tönen
- Vorliebe für Volkslieder (Sammlung *Des Knaben Wunderhorn* von C. Brentano und A. v. Arnim), Märchen (J. und W. Grimm) und fantastische Erzählungen

Welt- und Menschenbild

- Philosophie des deutschen Idealismus, vor allem geprägt von J. G. Fichte (1762 – 1814)
- intensiv gelebtes Christentum bei einigen Romantikern, auch Einbeziehen der Schriften von F. Schleiermacher (1768 – 1834) *Über die Religion, Reden an die Gebildeten unter ihren Verächtern*

Gattungen, Autor(inn)en, Werke

A. W. Schlegel (1767 – 1845) *Vorlesungen*
Rahel Varnhagen van Ense (1771 – 1833) Briefe, Tagebücher
Novalis (1772 – 1801) *Heinrich von Ofterdingen*
F. Schlegel (1772 – 1829) *Lucinde*
L. Tieck (1773 – 1853) *Der blonde Eckbert*
E. T. A. Hoffmann (1776 – 1822) *Lebensansichten des Katers Murr*
C. Brentano (1778 – 1842) Gedichte u. a. *Der Spinnerin Nachtlied*
J. v. Eichendorff (1788 – 1857) *Aus dem Leben eines Taugenichts*
H. Heine (1797 – 1856) *Das Buch der Lieder*
W. Hauff (1802 – 1827) Märchen; *Das kalte Herz*

Vormärz / Junges Deutschland / Biedermeier (um 1830 – 1848)

Epochenbegriff

Als *Vormärz* wird die Zeit nach der Julirevolution in Frankreich 1830 bis zur Märzrevolution in Deutschland 1848 bezeichnet. Gemeint sind Autorinnen und Autoren, die im Gegensatz zu den Romantikern – aber durchaus auch in Überschneidungen – in ihren Werken politisch Position bezogen und damit häufig das Risiko von Verhaftung oder Exil in Kauf nahmen. Einige Schriftsteller bildeten als das *Junge Deutschland* eine Oppositionsgruppe, darunter Ludwig Börne und Heinrich Heine. *Biedermeier* meint hingegen die zeitgleich zu beobachtende literarische Strömung eines Rückzugs, einer Akzeptanz des Bestehenden in der Nachfolge der *Romantik*.

Geschichte und Gesellschaft

1814/15 Wiener Kongress, politische Restauration mit Gründung des Deutschen Bundes und der „Heiligen Allianz"

1817 Wartburgfest

1819 Karlsbader Beschlüsse, Verfolgung sog. Demagogen

1830 Julirevolution in Frankreich und revolutionäre Bewegungen in Europa

1832 Hambacher Fest

1835 Erste Eisenbahn in Deutschland

1837 Professorenprotest der „Göttinger Sieben"

1844 Schlesischer Weberaufstand

1848 „Märzrevolution" in Berlin und Wien; erste deutsche Nationalversammlung in der Frankfurter Paulskirche

1849 Ablehnung der Verfassung durch den preußischen König; Scheitern der demokratischen Bewegung

Literarisches Leben – Themen und Motive der Literatur

- satirische Feuilletons, Flugschriften und Kampflieder von literarischem Rang; Ironie als Waffe gegen Zensur
- erste sozialkritische Dramen mit naturalistischen Zügen (G. Büchner *Woyzeck*)

Welt- und Menschenbild

- Parteinahme für demokratische, soziale Bewegungen und für die nationale Einheit Deutschlands
- Selbstverständnis als Vorreiter gesellschaftlicher Emanzipation
- Abgrenzung von Weimarer Klassik und Romantik (H. Heine: „Ende der Kunstperiode")
- Aufwertung journalistischer Formen und journalistischer Tätigkeit von Schriftstellern

Gattungen, Autor(inn)en, Werke

H. Heine (1797 – 1856) journalistische Texte, Reisebilder, Gedichte, Verserzählung: *Deutschland. Ein Wintermärchen*

G. Herwegh (1817 – 1875) Gedichte

F. Freiligrath (1810 – 1876) Gedichte

L. Börne (1786 – 1837) Politische Schriften

G. Weerth (1822 – 1856) Gedichte

G. Büchner (1813 – 1837) *Dantons Tod, Woyzeck*; *Leonce und Lena*; *Lenz*; *Der Hessische Landbote*

Biedermeier

A. v. Droste-Hülshoff (1797 – 1848) *Die Judenbuche*

E. Mörike (1804 – 1875) Gedichte

A. Stifter (1805 – 1868) *Der Nachsommer*

Bürgerlicher Realismus (um 1850 – 1890)

Epochenbegriff

Man unterscheidet zwischen a) typologischem Realismusbegriff (Realismus als epochenübergreifendes Darstellungsmerkmal) und b) literaturgeschichtlichem Epochenbegriff *Realismus*. Der Epochenbegriff *Realismus* bezeichnet die europäische Literaturepoche zwischen Romantik und Naturalismus. Wirklichkeitsnähe, Lebensechtheit, Widerspiegelung der Alltagswelt sind gefordert, zudem Beispielhaftigkeit, Verdichtung, Verklärung („poetischer Realismus") im Sinne eines poetischen Mehrwerts, der das gewöhnliche Bild der Erscheinungen übersteigt. Die Wirklichkeit soll durch Auswahl und Konzentration auf Details entstehen, die Distanzierung des Autors wird gefordert.

Geschichte und Gesellschaft

1848/49 Gescheiterte Revolution
ab 1864 Aufstieg Preußens
1870/71 Deutsch-französischer Krieg, Proklamation des preußischen Königs Wilhelm I. zum Deutschen Kaiser in Versailles, Einigung des Reichs, Bismarck Reichskanzler („Gründerzeit")
1878 „Sozialistengesetze": Unterdrückung sozialdemokratischer Gruppierungen
1888 – 1918 Wilhelm II. deutscher Kaiser („Wilhelminisches Zeitalter"); Beginn des deutschen Imperialismus

- zunehmende Industrialisierung; rasante Technikentwicklung, beschleunigte Lebensverhältnisse; Urbanisierung, Proletarisierung der Arbeiterschicht, soziale Probleme (Klassengegensätze)
- Tendenzen weiblicher Emanzipation: Frauen im Erwerbsleben, zunehmendes Infragestellen traditioneller Rollenbilder

Literarisches Leben – Themen und Motive der Literatur

- großer Einfluss frz. und russ. Epik auf den deutschen Roman (G. Flaubert *Madame Bovary*; L. Tolstoi *Anna Karenina, Krieg und Frieden*)
- Auseinandersetzung von Individuum und Gesellschaft
- soziale und politische Fragen der Zeit, Eheprobleme: kritische Reflexion in Bildungsromanen

Welt- und Menschenbild

- große Veränderungen, aufkommende Naturwissenschaften bewirken sowohl Fortschrittsglauben als auch Orientierungslosigkeit durch Verlust von traditionellen Werten und Normen
- materialistische, diesseits orientierte Grundhaltung, Bedeutungsverlust der Religion
- in Teilen des Bildungsbürgertums trotz wirtschaftlicher Prosperität eher resignative Grundstimmung; konservative Wertehaltung, Gebundenheit an soziale Schicht
- Adel und Offizierskorps bestimmen weitgehend das gesellschaftliche Leben, Vorbildfunktion alles Militärischen: Untertanenmentalität, Pflichterfüllung gegenüber dem Staat

Gattungen, Autor(inn)en, Werke

bevorzugte Gattung: Epik
F. Hebbel (1813 – 1863) *Maria Magdalena* (Drama)
Th. Storm (1817 – 1888) *Pole Poppenspäler, Der Schimmelreiter, Immensee*
Th. Fontane (1819 – 1898) *Irrungen, Wirrungen, Frau Jenny Treibel, Effi Briest*
G. Keller (1819 – 1890) *Die Leute von Seldwyla; Der grüne Heinrich*
C. F. Meyer (1825 – 1889) *Das Amulett, Der Schuss von der Kanzel*
A. Stifter (1805 – 1868) *Nachsommer, Bunte Steine*
Gustav Freytag (1816 –1895) *Soll und Haben*

Naturalismus (um 1880 – 1900)

Epochenbegriff

Der Naturalismus gilt als europäische Strömung; Vorbilder für die deutsche Literatur sind die gesellschaftskritischen Romane des Franzosen É. Zola, die skandinavische Literatur von H. Ibsen, A. Strindberg, die russische von F. Dostojewski, M. Gorki. Das Programm des Realismus wird eingeengt auf a) die Darstellung des Elends von Kleinbürgertum und Proletariat, b) die Kritik an der Doppelmoral und Gleichgültigkeit des Bürgertums hinsichtlich ungelöster sozialer Probleme der Industriegesellschaft. Von Arno Holz wird die Formel *Kunst = Natur – x* entwickelt; x soll möglichst klein sein, d. h., das Kunstwerk gilt als umso vollkommener, je mehr es sich der Natur (= die sozialen Verhältnisse) annähert. Das bedeutet eine möglichst objektive Darstellung der Wirklichkeit, Absehen von der subjektiven Meinung und Deutung der Künstler. Neue Darstellungsmittel werden eingesetzt wie Dialekt und Umgangssprache, Verzicht auf gebundene Sprache (gilt als unnatürlich), *Sekundenstil* (Deckungsgleichheit von erzählter Zeit und Erzählzeit).

Geschichte und Gesellschaft

um 1890 erste Regierungsjahre Wilhelms II., letzte Regierungsjahre Bismarcks: deutschnationale Euphorie

- Hochphase des deutschen Imperialismus (Tendenz zum Militarismus)
- einseitige Entwicklung und Verteilung des Kapitals (u. a. durch Bismarcks Schutzzollpolitik)
- Zuspitzung der sozialen Lage, Verschärfung gesellschaftlicher Gegensätze

Literarisches Leben – Themen und Motive der Literatur

- sozialkritische Tendenzen, Künstler in Opposition zur gutbürgerlichen Gesellschaftsordnung
- Durchschnittsmenschen als Produkt ihres Milieus, ihrer Umgebung
- Großstadt: Arbeitermilieu, Mietskasernen, Elendsquartiere, Arbeits- und Obdachlosigkeit, Familienprobleme, soziale Verelendung, Krankheit, Alkoholismus
- von Wilhelm II. als „Rinnsteinkunst“ diffamiert

Welt- und Menschenbild

- Einbeziehung neuster Erkenntnisse der Naturwissenschaften; antimetaphysischer, empirischer Positivismus
- Einfluss der deterministischen Gesellschaftstheorie des französischen Philosophen Auguste Comte
- der Mensch wird im Bedingungsgefüge (Determinismus) von Psyche, Trieben, sozialem Milieu und Umwelt gesehen und begriffen, dadurch werden seine Verhaltensweisen determiniert
- Leugnung des freien Willens zugunsten eines kausalgesetzlichen Ablaufs der Dinge

Gattungen, Autor(inn)en, Werke

Dominanz des Dramas

Johannes Schlaf (1862 – 1941) und Arno Holz (1862 – 1941) beide vor allem als Autorenteam tätig: *Papa Hamlet, Die Familie Selicke*

G. Hauptmann (1862 – 1946) *Vor Sonnenaufgang, Der Biberpelz, Die Ratten, Die Weber*

Von der Jahrhundertwende bis 1945

Literarische Moderne, Neue Sachlichkeit und Reaktionen auf die deutsche Diktatur

Das Nebeneinander bzw. die Gleichzeitigkeit unterschiedlichster, z. T. widersprüchlichster literarischer Strömungen, Stile (Stilpluralismus), Tendenzen, Entwürfe, Programme (Polarität), basierend auf der Orientierungslosigkeit in einer durch gesellschaftliche, ideologische, normative und ästhetische Brüche gekennzeichneten Welt prägt die Zeit um 1900. Laut Thomas Mann weist dies auf den „Willensausdruck dieser sehr reich bewegten Zeit, in der viele Strömungen [...] sich überkreuzten und ineinander übergingen" hin. Man spricht auch von der „Gleichzeitigkeit des Ungleichzeitigen": Der Widerspruch, z. B. zwischen dem sich als autonom verstehenden Individualkunstwerk und der entstehenden Massenkultur (Trivialliteratur), gilt als Grundmuster der „Literarischen Moderne". Die propagierte „Modernität" ist das gemeinsame Bindeglied dieser heterogenen und disparaten Richtungen und Stile, weshalb die Zeit vor dem Ersten Weltkrieg heute weniger als das Ende des 19. Jahrhunderts, sondern eher als der Beginn des 20. Jahrhunderts gesehen wird.
Den anerkannten literarischen Strömungen des Naturalismus, Impressionismus und Expressionismus werden andere Stilrichtungen, die aus der bildenden Kunst oder aus dem französischen Kulturraum übernommen wurden, an die Seite gestellt: *Symbolismus, Ästhetizismus, Décadence, Fin de Siècle, Neuklassik, Neuromantik, Jugendstil, Dadaismus* und viele andere mehr. Allen gemeinsam ist ein verändertes, teilweise neues Verhältnis zur Sprache, deren Leistungsfähigkeit als Mittel der Kommunikation als problematisch erlebt wurde. Wichtigstes Dokument dieser Sprachskepsis ist Hugo von Hofmannsthals fiktiver Brief des Lord Chandos („Ein Brief", 1901). Zu den bedeutendsten Autoren der Zeit zählen neben Hugo von Hofmannsthal vor allem Stefan George, Franz Kafka, Thomas und Heinrich Mann, Robert Musil und Rainer Maria Rilke.
Anhand der oben skizzierten Auffächerung der Literatur der Jahrhundertwende mit ihren unterschiedlichen Strömungen und Tendenzen, den teils aus der bildenden Kunst, aus der Architektur, der Geschichte übernommenen Bezeichnungen lässt sich das grundsätzliche Problem der Einteilung der Literatur in Epochen, die vermeintlich streng voneinander getrennt sind, sehr gut demonstrieren. Die Epoche des *Expressionismus* lässt sich ohne den Zusammenhang mit den Stilrichtungen des *Impressionismus* und des *Symbolismus* z. B. gar nicht erklären. Fast alle Dichter der Sammelbewegung sind junge Intellektuelle, die sich kritisch mit Problemen der modernen Zivilisation auseinandersetzen, aber auch mit erstarrten Konventionen und verlogenen Moralvorstellungen sowie Stillstand in Sprache und Form. Das Pathos des Spätexpressionismus bzw. dessen gefühlsbetontes, irrationales Moment ist wiederum eine wichtige Ursache für die Hinwendung einer neuen literarischen Bewegung zu eher tatsachenorientierter Literatur, die mehr an inhaltlichen als an formalen Fragen interessiert ist. Die *Neue Sachlichkeit* wird dabei stark durch die funktionale Ästhetik der Bauhausarchitektur beeinflusst.
Eine organische Weiterentwicklung der Literaturszenen wurde am Ende der Weimarer Republik massiv gestört: Am 30.01.1933 wurde Adolf Hitler zum Reichskanzler ernannt.

Unmittelbar nach Einschränkung der Grundrechte durch die „Reichstagsbrandverordnung“ im Februar begann die brutale Verfolgung der Gegner: mehr als 25.000 Kommunisten, Sozialdemokraten und bürgerliche Liberale, Politiker und Schriftsteller wie Willi Bredel, Anna Seghers und Ludwig Renn wurden inhaftiert, linke Autoren wie Erich Mühsam oder Carl von Ossietzky wurden in Konzentrationslagern ermordet oder starben an den Haftfolgen. Viele andere konnten sich der Gestapo nur durch Flucht aus Deutschland entziehen. Es begann die „Gleichschaltung“ der Kulturorganisationen. Für die Literatur war sodann die „Reichsschrifttumskammer“ (RSK) verantwortlich. Die offizielle „Liste schädlichen und unerwünschten Schrifttums“ enthielt nicht nur die zeitgenössische demokratische und sozialistische Literatur, sondern auch Werke aus der deutschsprachigen und der internationalen Tradition, die den Nazis missliebig waren. Wer solche Bücher kaufte, verlegte oder veräußerte, wurde bestraft. Publizieren durften nur von der RSK zugelassene Autoren, jüdische oder halbjüdische Autoren waren generell verboten bzw. ausgeschlossen. Ein Ausschluss bedeutete Berufsverbot. Schriftsteller, die Deutschland verließen, wurden ausgebürgert und ihr Eigentum wurde beschlagnahmt. Die im Dritten Reich geförderte und verbreitete Literatur war völkisch-konservativ oder direkt nationalsozialistisch. Durch die vielfältigen Kontroll-, Verbots- und Unterdrückungsmaßnahmen demokratisch-humanistischer und sozialistisch-antifaschistischer Literatur gaben die Nationalsozialisten den Rahmen vor, innerhalb dessen sich auch die nicht systemkonforme Literatur zu bewegen hatte. Genauso wenig wie die *Exilliteratur* lässt sich die nicht systemkonforme Literatur im Dritten Reich als homogenes Feld beschreiben. Um die Sanktionen zu umgehen und den noch verbleibenden Spielraum zu nutzen, bildeten Autoren, die trotzdem veröffentlichen wollten, verschiedene Formen der „verdeckten Schreibweise“ aus. Das bedeutete, dass ihre Texte eine untergründige Mehrdeutigkeit transportierten und somit komplex und ästhetisch anspruchsvoll waren. Diese für die sogenannte *Innere Emigration* – also die Veröffentlichung von Werken der „verdeckten Schreibweise“ oder das Schreiben für die Schublade – typischen Genres waren historische Stoffe und Naturlyrik.

Mehr als eine halbe Million Menschen wurden durch die Nationalsozialisten aus Deutschland vertrieben. Von den ca. 5500 Kulturschaffenden waren etwa die Hälfte Schriftstellerinnen und Schriftsteller. Manche wie Kurt Tucholsky oder Vicki Baum lebten bereits seit den späten 1920er- oder frühen 1930er-Jahren im Ausland. Am 10.05.1933 fand eine große Bücherverbrennung unter dem Motto „Wider den undeutschen Geist“ statt, bei der Werke von über 250 Autoren vernichtet wurden. Erst danach begann eine große Auswanderungswelle von Schriftstellern aus Deutschland. Viele ließen Familie und Freunde zurück, verloren ihren Besitz und – schlimmer noch – ihr Lesepublikum. Mit der Ausdehnung des nationalsozialistischen Machtbereichs ab 1938 waren weitere Vertreibungen, Internierungen in den besetzten Ländern, Auslieferungen an die Gestapo und Deportationen in Konzentrationslager an der Tagesordnung. Die Emigration war ein Weg in eine ungewisse Zukunft. Manche verzweifelten daran und begingen sogar Selbstmord wie Kurt Tucholsky, Ernst Toller, Walter Benjamin oder Stefan Zweig. Die Exilierten wurden mit einer Vielzahl von Problemen konfrontiert: Die Hoffnung von einer raschen Auflösung der Nationalsozialisten musste bald begraben werden, jegliche Kontakte zum Heimatland waren abgetrennt, das Leben in der fremden Umgebung wurde zudem

erschwert. Nur ein kleiner Teil der emigrierten Autoren verdiente mit seiner schriftstellerischen Arbeit genügend Geld, um einen konstanten sozialen Status aufrechterhalten zu können. Nur sehr wenige wie Thomas Mann oder Franz Werfel konnten sich mit ihren Veröffentlichungen den Lebensunterhalt sichern, die meisten anderen lebten unter materiell dürftigsten Bedingungen.
Die *Exilliteratur* bildet keinen einheitlichen Bestand, wenngleich es natürlich weltanschauliche und literarische Gemeinsamkeiten gibt, allen voran die Gegnerschaft zum Nationalsozialismus. Aus dem Verstummen unter den Exilbedingungen wurde allzu oft ein dauerhaftes Verstummen, wozu auch die Nachkriegsverhältnisse im Westen Deutschlands beitrugen. Man vergaß die Emigranten, die Teil der Geschichte des Dritten Reiches waren, genauso wie das Dritte Reich selbst bald verdrängt wurde. Anders war die Situation in der späteren DDR, wo die zurückgekehrten Emigranten sich am Aufbau des „anderen“ Deutschland beteiligten und die Literatur der frühen DDR mitprägten.

Expressionismus (um 1905 – 1925)

Epochenbegriff

1911 wird *Expressionismus* als Begriff für eine Berliner Sammelausstellung französischer Maler verwendet, danach auf die Literatur übertragen und gilt als Ausdruck des Protests junger Künstler aus mittelständischem, z. T. großbürgerlichem Milieu (oft Doppelbegabungen) gegen das wilhelminische Bürgertum mit seinen erstarrten Konventionen sowie das kapitalistische Wirtschaftssystem. Der Zusammenschluss von Künstlergruppen spiegelt sich in einer Vielzahl von Manifesten und Programmatiken. Die Suche nach dem „Neuen Menschen" („Menschheitspathos"), nach ihm adäquaten neuen Ausdrucksformen, findet sich vor allem in Lyrik und Drama: Ablehnung des Mimesis-Gedankens der Kunst, Propagierung der „Ästhetik des Hässlichen". Oft stehen traditionelle Form (z. B. Sonett) und provozierender Inhalt als Ausdruck für katastrophale Erschütterungen der Zeit in Kontrast. Asyndetischer Reihungsstil, elliptischer Satzbau, starke Bildlichkeit und Metaphorik, Farbsymbolik, Synästhesie, Neologismen und Montage sind weitere epochentypische Mittel und Formen.

Geschichte und Gesellschaft

1908 Automobilisierung (Fließbandproduktion Ford)

1910 Halleyscher Komet: Hoffnung auf Erneuerung und Angst vor Untergang der alten Gesellschaftsordnung

1912 Untergang der *Titanic*: Erschütterung des Fortschrittsglaubens

1914 – 18 Erster Weltkrieg: Zusammenbruch der k.u.k.-Monarchie, Niederlage Deutschlands, Abdankung des Kaisers

1915 A. Einsteins Relativitätstheorie

1917 Russische Oktoberrevolution

1918 Bürgerkrieg in Berlin, Münchner Räterepublik

1918/19 Friedensvertrag von Versailles; Weimarer Republik; „Dolchstoßlegende", hohe Reparationszahlungen Deutschlands

- neue Medien: Rundfunk und Film vereinnahmen die Unterhaltungsindustrie

Welt- und Menschenbild

- kritische Auseinandersetzung mit den Errungenschaften der modernen Zivilisation
- Protestbewegungen gegen erstarrte Konventionen und verlogene Moral einer als überkommen empfundenen bürgerlichen Gesellschaft
- „Janusgesicht der Moderne": Zukunftseuphorie sowie Skepsis gegenüber Technik und Erneuerung; Kriegseuphorie sowie totale Ablehnung des Krieges, Pazifismus
- Kunst als Beitrag zur Weltveränderung

Gattungen, Autor(inn)en, Werke

vorherrschende Gattung: Lyrik, später auch Drama (G. Kaiser); K. Pinthus' Anthologie *Menschheitsdämmerung*

Gottfried Benn, Paul Boldt, Jakob van Hoddis, Georg Heym, Else Lasker-Schüler, Alfred Lichtenstein, Oskar Loerke, Ernst Stadler, August Stramm, Georg Trakl

Literarisches Leben – Themen und Motive der Literatur

- Weltende, Apokalypse, Werteverfall, Gewaltfantasien: Endzeitstimmung als Bild für den Zusammenbruch der abendländischen Kultur
- Großstadt mit all ihren Facetten
- kritische Auseinandersetzung mit technischem Fortschritt (Eisenbahn)
- Krieg, Tod, Sinnlosigkeit des Lebens; Orientierungslosigkeit, Dissoziation des Ich, Anonymität, Kommunikationslosigkeit
- antiidyllische Naturlyrik
- Visionen von Aufbruch, Revolution

Literatur der Weimarer Republik – Neue Sachlichkeit (um 1920–1933)

Epochenbegriff

Neue Sachlichkeit beschreibt eine literarische Strömung als Reaktion auf den oft pathetischen, irrationalen Spätexpressionismus. Stark beeinflusst durch den funktionalen, sachlichen Stil der Architektur des *Bauhauses* kehrt sie zurück zur zeitgenössischen Gegenwart mit ihren sozialen und politischen Problemen. Das Interesse am Inhalt übersteigt das an der Form (teils noch expressionistischen Formen verhaftet): Tatsachenorientierte, oft dokumentarische Literatur analog zu den politischen Gegensätzen der Weimarer Republik entsteht mit der Folge eines kulturellen Pluralismus und der Dominanz des Politischen und Ideologischen vor der künstlerischen Gestaltung. Massenproduktion, Massenmedien, Kunst für die Massen führen zu einer zunehmenden Kluft zwischen Trivialliteratur und gehobener, elitärer Literatur.

Geschichte und Gesellschaft

1923 Hitlerputsch

ab 1924 relative Stabilität, die „Goldenen Zwanziger"; Berlin als kulturelles und wissenschaftliches Zentrum der Republik: Kinos, freie Bühnen, Blüte des Kabaretts, Vielzahl von Zeitungen und Zeitschriften

1929 Börsenkrach in New York, Weltwirtschaftskrise, hohe Arbeitslosigkeit

1933 nationalsozialistische Machtergreifung

- zu Beginn der 1920er-Jahre eine Nation ohne Konsens: gegensätzlichste politische und ideologische Richtungen und Standpunkte; dadurch bürgerkriegsähnliche Zustände
- Nachkriegswirren, Inflation, Besetzung des Ruhrgebiets

Literarisches Leben – Themen und Motive der Literatur

- zeitgenössische Großstadt
- Alltags- und Arbeitsleben von Durchschnittsmenschen
- moderne Medien und Technik
- Collage- und Montagetechnik

Welt- und Menschenbild

- „Tanz am Rande des Vulkans": ambivalentes Lebensgefühl zwischen Sicherheit und Unsicherheit
- Krise des Parteienstaates: Antagonismus der gesellschaftlichen und politischen Gruppierungen, demokratische und antidemokratische Kräfte
- zunehmende Kapitalisierung der Wirtschaft, neue Arbeitsplätze und Berufsbilder, bessere Schulbildung sowie zunehmende Berufstätigkeit und damit Emanzipation von Frauen

Gattungen, Autor(inn)en, Werke

journalistische Textsorten und Kritiken (Alfred Kerr, Egon Erwin Kisch, Karl Kraus, Kurt Tucholsky)

vorherrschende Gattungen: *Reportage, Feature, Zeit- und Lehrstück, Gegenwartsroman, Gebrauchslyrik, Literaturkritik*

Bertolt Brecht, Alfred Döblin, Hans Fallada, Lion Feuchtwanger, Hermann Hesse, Ödon von Horváth, Erich Kästner, Irmgard Keun, Thomas Mann, Kurt Tucholsky, Jakob Wassermann, Stefan Zweig, Carl Zuckmayer

Exilliteratur (1933 – 1945)

Epochenbegriff

Das Exil gilt als existenzielle Grunderfahrung des Menschen seit der Antike; es ist ein zentrales Thema menschlich-literarischer Erfahrung im 20. Jahrhundert: Innerhalb der deutschen Literaturgeschichte wird die Literatur zwischen 1933 – 1945 mit den aus politischen oder sogenannten rassischen Gründen vertriebenen Autor(inn)en als Exilliteratur bezeichnet. Themen dieser Literatur sind Heimat und Heimatverlust, Entfremdungserfahrungen und ihre persönlich-literarische Verarbeitung sowie die Auseinandersetzung mit der meist ungewollten neuen Umgebung, die Auseinandersetzung mit den Verhältnissen im Heimatland, der Situation politischer und ethnischer Verfolgung und Unterdrückung. Die Texte sind vielfach privat oder einer begrenzten Öffentlichkeit (Zensur, Druckverbote) zugänglich gewesen.

Geschichte und Gesellschaft

1930 – 1933 zunehmende Destabilisierung der Weimarer Republik

1933 (30.01.) NS-Machtübernahme, Hitler Reichskanzler, Gleichschaltung; erste Konzentrationslager; Bücherverbrennung

1934 „Röhm-Putsch“; Hitler auch Reichspräsident; zunehmende Verdrängung von jüdischen Deutschen aus ihren Berufen

1938 „Anschluss“ Österreichs

1939 Beginn des Zweiten Weltkriegs

1939/40 Zwang zur Flucht vieler Exilanten aus von Deutschen besetzten Ländern

1942/43 Beginn der systematischen Judenverfolgung

1945 (08.05.) Kapitulation und Kriegsende

- etliche Autoren ins Exil bzw. in die innere Emigration gezwungen durch Verhaftungen und Folter, Zensur, Berufsverbote; „Säuberung“ in Bibliotheken
- deutschsprachige Exilschriftsteller: Schweiz, Frankreich, USA

Welt- und Menschenbild

- Existenzangst, Entwurzelung, tiefe Skepsis, Zweifel
- Erfahrung von Barbarei, Verfolgung, Vernichtung
- Krieg, Holocaust
- Hoffnung auf Neubeginn, Visionen, Träume

Gattungen, Autor(inn)en, Werke

Lyrikerinnen: Hilde Domin, Mascha Kaléko, Else Lasker-Schüler

Th. Mann (1875 – 1955) *Dr. Faustus*
St. Zweig (1881 – 1942) *Schachnovelle*
L. Feuchtwanger (1884 – 1958) *Exil*
B. Brecht (1898 – 1956) *Leben des Galilei*
A. Seghers (1900 – 1983) *Das siebte Kreuz, Transit*
K. Mann (1906 – 1949) *Mephisto, Der Vulkan*

Literarisches Leben – Themen und Motive der Literatur

- unterschiedliche Facetten der literarischen Auseinandersetzung mit der Exilsituation: scharfsinnige politische Analyse, engagierte Literatur, räsonnierend-reflexive Texte sowie auch Resignation, bis hin zum Verstummen (Verlust der Muttersprache als vorrangiges Kommunikationsmittel)
- Heimatverlust, Entwurzelung, Kampf um Existenzsicherung, Sprachverlust, Todessehnsucht
- kabarettistische Auseinandersetzung mit der Erfahrung im Exil
- episches Theater von Bertolt Brecht

Literatur nach 1945

Von der „Stunde null" bis zur Gegenwart

Am 08.05.1945 endete der Zweite Weltkrieg in Europa mit der bedingungslosen Kapitulation Deutschlands. Auf der Potsdamer Konferenz im August 1945 beschlossen die Siegermächte endgültig die Aufteilung Deutschlands und Berlins. Mit der Etablierung der beiden deutschen Einzelstaaten 1949 war die politische Teilung Deutschlands vollzogen. Auch die *Nachkriegsliteratur* war auf vielfache Weise gespalten: Ein Teil der Autoren bemühte sich um eine Verarbeitung der NS-Diktatur, ein anderer Teil um die Verdrängung. Es bestand eine Kontroverse zwischen *Innerer Emigration* und *Exilliteratur*; bald vollzog sich auch eine politische Trennung mit der Etablierung der beiden deutschen Einzelstaaten. In der sowjetischen Besatzungszone fand die Verarbeitung der Vergangenheit von vielen zurückgekehrten Exilautoren eine breite Öffentlichkeit. Zu ihnen gehörten Bertolt Brecht, Anna Seghers, Johannes Becher, Arnold Zweig, Stephan Hermlin und Stefan Heym. Exilautoren, die wie Alfred Döblin in die westlichen Besatzungszonen zurückgekehrt waren, mussten bald feststellen, dass ihr Engagement zur Aufarbeitung der Vergangenheit nicht sehr erwünscht war. Dem widersetzte sich ein Netzwerk von Autoren und Verlegern, die sich einmal im Jahr zu einer dreitägigen Versammlung trafen: die nach dem Jahr ihrer Gründung benannte „Gruppe 47". Sie galt auch als Talentschmiede, da viele der Autoren, die man zu Vorlesungen aus ihren neuen Werken eingeladen hatte, später große Bekanntheit erlangten. Beispiele hierfür sind Ilse Aichinger, Ingeborg Bachmann, Heinrich Böll, Paul Celan, Günter Eich, Günter Grass, Wolfgang Hildesheimer, Uwe Johnson, Wolfdietrich Schnurre und Martin Walser.

Die meisten der hier aufgeführten Autoren bestimmen die literarische Diskussion noch weit nach der Auflösung der Gruppe im Jahr 1977. Seit den 1970er-Jahren begann sich das literarische Feld der *Gegenwartsliteratur* stärker als bisher aufzufächern. Die für die westdeutsche Nachkriegsliteratur prägenden Merkmale wie die Auseinandersetzung mit dem Nationalsozialismus und eine nonkonformistische Haltung gegenüber der bundesdeutschen Wirtschaftswundergesellschaft waren nicht mehr konsensfähig. Erst mit dem Ende der deutschen Zweistaatlichkeit 1989/90 kam es wieder zur Homogenisierung des Literaturbetriebs um das Modethema der Wende – der Herkunft der Autoren gemäß allerdings aus unterschiedlichen Perspektiven.

Die Vielfalt der Themen und Schreibweisen ist heute kaum mehr auf einen Nenner zu bringen. Allenfalls lässt sich beobachten, dass die Entwicklung der elektronischen Medien sowohl in inhaltlicher als auch formaler Hinsicht ihren Niederschlag verstärkt in der Literatur (bis hin zu einer neuartigen Netzliteratur) fanden.

Nachkriegsliteratur (um 1945 – 1960)

Epochenbegriff

Im Westen etablieren sich die Begriffe Kahlschlagliteratur (Weyrauch), Literatur der Stunde null, Trümmerliteratur (Böll): Sie bezeichnen Werke der Emigranten und Heimkehrer nach dem Krieg. In ihnen manifestiert sich ein Misstrauen gegenüber der unter den Nazis zu Propagandazwecken missbrauchten Sprache und eine Suche nach neuen Ausdrucksformen und Ausdrucksmitteln der Literatur. Gründung der *Gruppe 47*.

Im Osten erfolgt die Einbürgerung der Elite der antifaschistischen Literatur. Die Literatur verpflichtet sich dem Programm des „sozialistischen Realismus" als verbindliche Schreibweise: direkte Widerspiegelung der gesellschaftlichen Realität, Darstellung einer positiven Zukunftsperspektive, Parteilichkeit, Inhalt hat Vorrang vor der Form („Formalismusdebatte" in der Kunst). Man benutzt den Terminus *Ankunftsliteratur* (nach dem Roman „Ankunft im Alltag" von Brigitte Reimann). 1959 wird die erste Bitterfelder Konferenz abgehalten mit dem Motto: „Greif zur Feder, Kumpel": Arbeiter werden aufgefordert, ihren sozialistischen Arbeitsalltag literarisch umzusetzen, Schriftsteller gehen in die Produktion.

Geschichte und Gesellschaft

1945 – 1949 Aufteilung Deutschlands in vier Besatzungszonen, Sonderstatus Berlins

1947 Marshall-Plan zum wirtschaftlichen Aufbau Westdeutschlands und Europas

1948 Währungsreform

1948 – 1949 Blockade Berlins, zunehmend Politik des Kalten Krieges

1949 Gründung zweier deutscher Staaten: BRD und DDR

1957 Gründung der Bundeswehr; in der BRD: zunehmender Wohlstand

1961 Bau der Berliner Mauer

1963 Besuch des amerikanischen Präsidenten John F. Kennedy in Berlin

1968 Studentenrevolte in den USA, Frankreich und Westdeutschland

Welt- und Menschenbild

- Kriegserfahrung, Not, Leid, Hunger, Scham und Schuld
- Hoffnung auf politisch-gesellschaftlich-kulturellen Neuanfang
- ambivalentes Welt- und Menschenbild, Zerrissenheit zwischen Resignation und Aufbruchsmentalität

Gattungen, Autor(inn)en, Werke

Dominanz der Lyrik, auch Kurzgeschichten (Orientierung an den USA)

- **BRD:** Ilse Aichinger, Alfred Andersch, Ingeborg Bachmann, Gottfried Benn, Wolfgang Borchert, Heinrich Böll, Paul Celan, Günter Eich, Marie-Luise Kaschnitz, Wolfgang Koeppen, Hans-Werner Richter
- **DDR:** Bruno Apitz, Johannes R. Becher, Bertolt Brecht, Peter Huchel, Anna Seghers

Literarisches Leben – Themen und Motive der Literatur

In der BRD: Misstrauen gegenüber Pathos und emotionalisierendem Sprachgebrauch; Suche nach neuen, adäquaten Ausdrucksmitteln: karge, schmucklose Sprache; hermetische Lyrik; Forderung nach Wahrheit und Mitmenschlichkeit; Krieg und Not, Gefangenschaft, Heimkehrerschicksale; Eintreten für Demokratie; Spannung zur offiziellen Politik der Adenauer-Zeit: Wohlstandsgesellschaft, Remilitarisierung, Spießertum; Politisierung der Literatur; Hinwendung zum Dokumentarischen

In der DDR: antifaschistisches Bündnis aller demokratischen Kräfte; Literatur als Instrument zum Aufbau des Sozialismus; auch Preislyrik auf Lenin, Stalin; polemische Abgrenzung zur BRD; kritische Auseinandersetzung mit der Nazi-Vergangenheit

Zeitgenössische Literatur (Gegenwartsliteratur)

Beim Blick auf die Entwicklung der deutschen Literatur der letzten 50 Jahre kann keine klare Einteilung in Epochen vorgenommen werden; das bleibt künftigen Generationen vorbehalten. Es lassen sich lediglich Tendenzen bzw. literarische Strömungen der Gegenwartsliteratur aufzeigen, die sowohl durch Kontinuität als auch durch Brüche mit der Tradition charakterisiert werden können.
Bis zur Wende 1989 gibt es zwei deutsche Literaturen, die sich aufgrund der stark divergierenden politischen und gesellschaftlichen Rahmenbedingungen jeweils unterschiedlich entwickeln. Wie schon in der Übersicht über die Nachkriegsliteratur skizziert, ist die Literatur der DDR bis zum Ende der 1960er-Jahre eng verbunden mit dem in der Sowjetunion entwickelten Schreibkonzept des „sozialistischen Realismus", das auf den beiden Bitterfelder Konferenzen, 1959 und 1964, programmatisch formuliert wird. Dessen Forderungen seien hier skizziert:

- Bevorzugter Gegenstand des Schreibens ist die sozialistische Produktion, im Mittelpunkt steht der positive Held als Identifikationsangebot.
- Basis der Ästhetik ist die Widerspiegelungstheorie Lenins, derzufolge die Kunst die Wirklichkeit abbildet.
- Die Geschlossenheit der Darstellung wird über die Parteilichkeit und Volkstümlichkeit des Künstlers erwartet.
- Eine typisierende Darstellung soll das Wesen / die Gesetzlichkeit des Lebens wiedergeben. Das ist z. B. die Zugehörigkeit einer Figur zu einer bestimmten gesellschaftlichen Klasse, von der aus sie hinsichtlich ihrer Haltungen und Handlungen geprägt wird: Das Sein bestimmt das Bewusstsein.

Das gesellschaftspolitische Ziel dieses Schreibkonzepts ist es, die Erziehung zur sozialistischen Persönlichkeit (die Identifikation mit den Zielen des politischen Systems) und ein positives Handeln (literarische Figuren als Vorbilder) zur Beschleunigung des politisch-ökonomischen Fortschritts zu ermöglichen. Im Mittelpunkt des Schaffens soll der „neue Mensch" stehen, der Aktivist, der Held des sozialistischen Aufbaus. Parteilichkeit und Wahrheit bilden eine untrennbare Einheit, Parteilichkeit wird zu einer ästhetischen Kategorie. Werktätige werden zum Schreiben aufgefordert, Künstler gehen in Produktionsbetriebe. Beispiele hierfür sind u. a. Christa Wolf „Der geteilte Himmel" (1963) und Erik Neutsch „Spur der Steine" (1964).
Für die westdeutsche Literatur bilden die frühen 1960er-Jahre einen Einschnitt: Sie findet Anschluss an die Weltliteratur mit deutschsprachigen Autoren aus der Schweiz wie Friedrich Dürrenmatt und Max Frisch, der Österreicherin Ingeborg Bachmann sowie mit den in Westdeutschland lebenden Heinrich Böll, Günter Grass, Uwe Johnson, Wolfgang Koeppen, Siegried Lenz sowie Martin Walser. Themen der Romane sind die Vergewisserung der eigenen Identität, kritische Distanz zu den gesellschaftspolitischen Entwicklungen in der BRD und Modellentwürfe einer humanistischen Gesellschaft.
Ende der 1960er-Jahre entwickelt sich, analog zum kritischen Zeitgeist, eine engagierte Literatur der Arbeitswelt sowie der Alltagskultur; ebenso ist die Politisierung der Literatur im Zuge der Studentenrevolte von 1968 und die Hinwendung zum Dokumentarischen zu

beobachten. Diese Literatur (Theaterstücke, Gedichte und Romane) arbeitet häufig mit Tatsachenmaterial, wie z. B. Zeitungsmeldungen, Reportagen, Prozessakten, Protokollen, Interviews, und verarbeitet diese Sachtexte teilweise in Form von Collagen und mithilfe der Montagetechnik. In diesem Zusammenhang seien Günter Wallraff „Der Aufmacher“, „Ganz unten“, Rolf Hochhuth „Der Stellvertreter“, Heinar Kipphardt „In der Sache J. Robert Oppenheimer“, Peter Weiss „Die Ermittlung“ und als Vertreter der politischen Lyrik, anknüpfend an die Tradition Bertolt Brechts, Hans Magnus Enzensberger erwähnt. Der Beginn der 68er-Ära fällt mit dem Ende der „Gruppe 47“ zusammen.
Für die 1970er-Jahre, nach den Studentenunruhen, der APO-Zeit und unter der sozialliberalen Regierung Willy Brandts und Helmut Schmidts, setzt sich die „Neue Subjektivtät“ als Sammelbegriff durch. Die Literatur, die unter diesem Begriff subsummiert wird, ist gekennzeichnet durch die Abkehr von der politischen, gesellschaftskritischen Literatur der 1960er-Jahre. Sie wendet sich wieder stärker der Verarbeitung individueller Erfahrungen und Enttäuschungen und der Auseinandersetzung mit der unmittelbaren Umgebung, der eigenen Lebenssituation und ihrer Krisen zu. Häufig zu finden, entsprechend der Individualisierungstendenz, ist die Ich-Erzählung. In diesem Zusammenhang sei auch die Frauenbewegung genannt, die Emanzipationsprozesse provoziert und vorantreibt, Bewusstseinsänderungen anstößt und auch der Literatur neue Impulse verleiht. Meilensteine sind die Gründungen der Zeitschriften „Courage“ (1976, u. a. durch Sibylle Plagstedt, Sabine Zurmühl und Barbara Duden) und „Emma“ (1977, durch Alice Schwarzer). Letztere hatte schon mit ihrem Buch „Der kleine Unterschied und seine großen Folgen“ (1975) ein wirkungsvolles Beispiel für eine neue Frauenkultur und -literatur gegeben. Bekannte Autorinnen sind Ingeborg Bachmann, Ulla Hahn, Elfriede Jelinek, Sarah Kirsch, Brigitte Kronauer, Angelika Mechtel, Christa Reinig, Brigitte Schwaiger, Karin Struck, Gabriele Wohmann; für die DDR Brigitte Reimann, Maxi Wander und Christa Wolf.
Die Diskussion Mitte der 1980er-Jahre unter dem Stichwort „Multikultur“ eröffnet den Blick für eine deutschsprachige Literatur ethnischer und kultureller Minoritäten, die die Dominanz der deutschen Perspektive durchbricht zugunsten einer differenzierten Sichtweise des Eigenen durch die Konfrontation mit dem Fremden. Eine eigenständige Migrantenliteratur gewinnt seit Ende der 1970er-Jahre zunehmend an Kontur, wird Bestandteil der deutschen Gegenwartsliteratur und thematisiert Erfahrungen der Zerrissenheit und Heimatlosigkeit, das Leben zwischen den Kulturen, Parallelwelten innerhalb der deutschen Gesellschaft sowie Auseinandersetzungen mit der deutschen Sprache, mit positiv genutzter Zweisprachigkeit sowie Sprachverlust.
Mitte der 1980er- bis in die 1990er-Jahre hinein wird der aus der Kunsttheorie stammende und ebenfalls von der Architektur besetzte Begriff der „Postmoderne“ populär. Im Rückgriff auf traditionelle literarische Erzähltechniken (z. B. das auktoriale Erzählen, die chronologisch aufgebaute, geschlossene Erzählung), konventionelle Themen (Entwicklungs- und Bildungsroman des 18. und 19. Jahrhunderts) und historische Themen setzt sich diese Literatur mit der Moderne (1880 – 1925) kritisch auseinander. Die Vielzahl der Stile und Stilmischungen, die ironische Brechung der konventionellen Erzählerfigur und Thematik kennzeichnen diese Literatur, die mit der Tradition spielt. Unzählige Anspielungen auf bekannte Werke, die in Form der Intertextualität in den Werken wiederzufinden sind, setzen einen gut informierten Leser voraus. Als prominente Beispiele gelten die

Romane von Patrick Süskind „Das Parfum“ (1983), Christoph Ransmayr „Die letzte Welt“ (1988) und Robert Schneider „Schlafes Bruder“ (1992).

Entscheidendes Ereignis für neue Themen innerhalb der Gegenwartsliteratur ist die „Wende“ 1989/90 mit der Wiedervereinigung der beiden deutschen Staaten; es geht u.a. um die Auseinandersetzung mit der jeweiligen Vergangenheit, um historische Erinnerungen, geistige, politische und finanzielle Probleme der Vereinigung, Berlin als neue Hauptstadt, persönlichen und kulturellen Identitätsverlust (z.B. Ostalgie und Ostalgiekritik), hohe Arbeitslosigkeit sowie Fremdenhass.

Ein Epochenumbruch ist beim Übergang vom 20. zum 21. Jahrhundert zu konstatieren: Die neue Informations- und Medienkultur, Internet und Globalisierung, die Popkultur und Spaß- bzw. Eventgesellschaft, die verstärkten „turbo“kapitalistischen Tendenzen und die teilweise Abkehr von einer ausgewogenen sozialen Marktwirtschaft finden sich als Themen in der Literatur wieder. Verbunden mit diesen oben genannten Aspekten macht sich bei vielen Menschen Angst breit vor einer ungewissen Zukunft.

Umgang mit Texten

Lyrische Texte

Was ist Lyrik?

Lyrik zeichnet sich durch „verdichteten" Sprachgebrauch aus. Gleichzeitig geht die *Leerstellentheorie* davon aus, dass *Leerstellen* vom Leser aktiv gefüllt werden müssen. Die sinnliche Seite der Sprache steht häufig im Mittelpunkt. Das beinhaltet vor allem
- den Klang der Wörter,
- die Folge der Wörter in einem Sprechzusammenhang (Rhythmus),
- das Verhältnis von betonten und unbetonten Silben sowie
- die Optik der Wörter.

Bildlichkeit trägt in vielen lyrischen Texten zu einer Bedeutungsbildung bei, die Wahrnehmungen und Gefühle in besonders strenger Form, allerdings durchaus mehrdeutig, vorstellt. Individuelle, persönliche Sichtweisen auf Gegenstände überwiegen. Ein Beispiel:

Rainer Maria Rilke (1875 – 1926)
Liebes-Lied (1907)

Wie soll ich meine Seele halten, daß
sie nicht an deine rührt? Wie soll ich sie
hinheben über dich zu andern Dingen?
Ach gerne möcht ich sie bei irgendwas
Verlorenem im Dunkel unterbringen
an einer fremden stillen Stelle, die
nicht weiterschwingt, wenn deine Tiefen
schwingen.

Rainer Maria Rilke: Liebes-Lied. Aus: Ders., Neue Gedichte. Hamburg: tredition GmbH 2012, S. 11

Das lyrische Ich stellt zu Beginn anaphorisch zwei Fragen, die sich aus der Beziehung zu einem anderen Menschen ergeben, der das lyrische Ich so stark an sich bindet, dass dieses offenbar keine unabhängige Existenz mehr führen kann. Die Interjektion „Ach" (V. 4) verstärkt die vermeintliche Klage über den Verlust der Eigenständigkeit, die sich darin äußert, dass die Seele des lyrischen Ichs in Schwingung gerät, sobald die Seele des Du zu schwingen beginnt. Da die Überschrift das Gedicht als „Liebes-Lied" ausweist, muss dieser Auftakt verwundern, da er das Empfinden der Liebe mit Verlusterfahrungen assoziiert.
Dies ist zunächst eine textimmanente Erschließung. Darüber hinaus können Fragen zum biografischen oder literaturhistorischen Kontext Aufschluss geben: Rilke ist ein Repräsentant des Symbolismus. Als solcher sucht er nach Wahrheiten und Empfindungen, die nicht auf der Oberfläche der Erscheinungen zu finden sind und daher auch im Gedicht sprachlich verrätselt zum Ausdruck kommen. Eine vorschnelle Interpretation der Gedichtaussage als Widerschein biografischer Brüche und schwieriger Situationen im Leben des Autors sollte indes vermieden werden (Sprecher im Gedicht, → S. 153 f.).

Ein kurzer Abriss zur Geschichte der Gattung

Lyrik gilt als diejenige poetische Gattung, die menschliche Stimmungen in stärkster Weise ausdrücken kann. Abgeleitet vom griechischen Wort *lyrikós* (zum Spiel der Lyra, der Leier gehörend) wird der Lied- und Vortragscharakter der antiken Herkunft betont. Seit dem 18. Jahrhundert wird die heute noch übliche Definition von Lyrik als eine der drei Hauptgattungen neben Epik (→ S. 159) und Dramatik (→ S. 165) gebraucht. Bei dem Formenreichtum, den die Lyrik seit der Antike entwickelte, sind als Grundkonstanten Rhythmus, Metrum, Vers, teilweise auch Reim und Strophe zu identifizieren.

Die germanische Stabreimkunst, deren Gesetze nicht überliefert sind, sondern erst im 19. Jahrhundert rekonstruiert wurden, ist heute allenfalls in Wendungen wie „Haus und Hof" nachzuweisen, prägte aber bis zum *Hildebrandslied* (althochdeutsch, 9. Jahrhundert) eine eigenständige lyrische Tradition im nordwestlichen Europa.
Als besondere Blütezeit gilt das Hochmittelalter (11. – 13. Jahrhundert). Der höfische *Minnesang* ist vor allem mit Walther von der Vogelweide (um 1170 – ca. 1230) verbunden, aber auch bedeutende Versepen wie das *Nibelungenlied* kennzeichnen diese Epoche.
Eine weitere im deutschsprachigen Raum entstandene Dichtkunst ist der zunftbürgerliche *Meistergesang* im 16. Jahrhundert, verbunden vor allem mit dem Namen Hans Sachs (1494 – 1576).
Als eigentlicher Beginn einer besonders an italienischen Renaissancevorbildern geschulten und orientierten Dichtkunst in deutscher Sprache gilt das aus heutiger Sicht strenge Regeln der Form benennende *Buch von der deutschen Poetere*y (1624) von Martin Opitz (1597 – 1639). Die damit erstmals theoretisch fundierte Barocklyrik fand Ausprägungen im weltlichen und geistlichen Sonett, aber auch in Kirchenliedern oder Epigrammen sowie weiteren in dieser Epoche gepflegten lyrischen Formen.
Als ein Höhepunkt deutscher Literatur gilt (nicht nur in der Lyrik) das dichterische Schaffen von Johann Wolfgang Goethe (1749 – 1832), Friedrich Schiller (1759 – 1805) und Friedrich Hölderlin (1770 – 1843) sowie die Lyrik der Romantik, verbunden mit Namen wie Novalis (1772 – 1801) oder Joseph von Eichendorff (1788 – 1857).
Mit Heinrich Heine (1797 – 1856) wird eine häufig ironisch gebrochene romantische Lyrik verbunden, aber auch politisch engagierte Dichtung des Vormärz.
Während die von Goethe und Schiller geprägte Lyrik des Sturm und Drang und der Klassik als Stimmungs-, Erlebnis- oder Ausdrucksdichtung charakterisiert und als – aus heutiger Sicht – traditionell bezeichnet wird, gilt die sogenannte Moderne als dem Leser gegenüber bewusst sperrig.
Wenn Einfühlen, Nacherleben und Schönheit als nicht nur ästhetische Kategorie das Typische klassischer Lyrik umreißt, ist gerade im Verzicht auf Formbegrenzung bzw. im bloßen Spiel mit der Form die Moderne ausgewiesen, in Frankreich seit der Mitte des 19. Jahrhunderts, in Deutschland eher um 1900.
Die im Naturalismus, Expressionismus oder Dada entwickelten sprachlichen Entgrenzungen haben im 20. Jahrhundert keine ausschließlich daran anknüpfende „Dichterschule", sondern auch Gegenbewegungen und eine von manchen als epigonal (nachahmend) betrachtete Lyrik mit gestalterischen Bezügen auf die klassischen Vorbilder hervor-

gebracht. Eine Tendenz zur Verrätselung und zum Experiment ist allerdings seit dem Epochenumbruch um 1900 aus der deutschsprachigen Lyrik nicht mehr wegzudenken.

Möglichkeiten der Einordnung von Lyrik bieten – zunächst unabhängig von literaturhistorischen Kontexten – thematisch und motivisch begründete Zuordnungen:

Gedichte	Thema/Motiv
Liebeslyrik	Wonnen und Schmerzen der Liebe gehören zu den ältesten Motiven in der Lyrik und werden häufig gefühlsbetont verarbeitet.
Gedankenlyrik	Weltanschauliche und philosophische Fragen werden thematisiert (z. B. Johann Wolfgang Goethe *Grenzen der Menschheit*).
Naturlyrik	Naturbegegnung und Naturerleben – wie der Jahreszeitenwechsel – sind ein vorrangiges Thema (z. B. in der Romantik).
Politische Lyrik	Aussagen zu politischen Ereignissen sind als Appell/Kritik formuliert (z. B. im Vormärz / Junges Deutschland: Heinrich Heine *Die schlesischen Weber*).
Großstadtlyrik	Thema ist das Erleben der Großstadt (vor allem im Expressionismus, z. B. Georg Heym *Der Gott der Stadt*).
Alltagslyrik	Erfahrungssplitter und persönliche Impressionen aus dem Alltag sind kennzeichnend (z. B. in der Lyrik von Rolf Dieter Brinkmann).

Formen der Lyrik

Gedichte können nach inhaltlichen, formalen und literaturhistorischen Gesichtspunkten klassifiziert werden, z. B.:

Formen der Lyrik	Merkmale
Ballade	in Versform erzählte Geschichte mit Dialogelementen; die Zuordnung zur Lyrik ist aber umstritten, da andere Kategorisierungen die epischen und dramatischen Aspekte der Ballade betonen
Elegie	formstrenges Klagelied in der Antike; Trauer, Schwermut und Sehnsucht sind zentral
Epigramm	Sinngedicht; kurz und pointiert formulierter, scharfsinniger Einfall, z. T. satirisch; im Unterschied zum *Aphorismus* in Reimform verfasst
Hymne/ Hymnus	ursprünglich ein Lob- und Preisgesang in der Kirchenliturgie, bei Goethe und Schiller freier gefasst
Lied	oft Volkslied, einfache Verse; Höhepunkte der Lieddichtung im Mittelalter (*Minnesang*) und in der Romantik um 1800
Ode	ursprünglich ein Chorgesang im antiken Drama; dann rhythmisch freier, mit feierlichem Inhalt

Sonett	14-zeilige Gedichtform seit der italienischen Renaissance (besonders beliebt im Barock); besteht in der Regel aus zwei Quartetten und zwei Terzetten

Darüber hinaus gibt es noch weitere Formen bzw. Klassifizierungen, z. B.
- *Anakreontik*, eine Stilrichtung Mitte des 18. Jahrhunderts nach antikem Muster; heitere und graziöse Verse in Anlehnung an Anakreon (ca. 580 – 490 v. Chr.),
- experimentelle Gedichtformen, in denen die Sprache selbst zum Inhalt und Zweck des Gedichts wird, z. B. in der *konkreten Poesie* mit Vertretern wie Eugen Gomringer (* 1925) und Ernst Jandl (1925 – 2000) sowie
- Kleinformen wie *Haiku*, *Elfchen* und *Limerick*.

Das Sonett

Eine besonders typische Gedichtform des Barock (1600 – 1720), mitunter auch im Expressionismus, stellt das Sonett dar, das hier exemplarisch vorgestellt wird. Die 14 Zeilen werden zumeist in zwei *Quartette* (Strophe mit je vier Versen) und zwei *Terzette* (Strophe mit je drei Versen) gegliedert und realisieren sehr häufig ein typisches Reimschema – im Barock nach italienischem Vorbild (Francesco Petrarca 1304 – 1374) – mit doppeltem Blockreim der Quartette abba abba cdc cdc (dagegen bei Shakespeare: abab cdcd efef gg). Am französischen Vorbild orientierte sich die deutschsprachige Barockdichtung beim Versmaß durch den Gebrauch von Alexandrinern.
Der asymmetrische Aufbau des Sonetts erzeugt eine formale und inhaltliche Spannung. Themen können dadurch argumentativ entfaltet werden; der Sprecher im Gedicht kann sein Thema reflektieren.
Im Rahmen der Poetikvorgaben des Barock stellen die Quartette in *These* und *Antithese* Aussagen über einen bestimmten Kanon von Themen (z. B. Liebe, Tod/Vergänglichkeit, Vanitas) vor, die Terzette bündeln diese Aussagen und führen sie zu einer *Synthese*. Das Sonett ist auf das pointierte Ende hin angelegt, zeigt damit eine Finalstruktur. Ein Beispiel:

Paul Heyse (1830 – 1914)
Schlussgedicht der „Waldmonologe aus Kreuth“ (1908)

Sieh das Sonett! Kannst du ein Gleichnis nicht
In seiner Strophen Viergestalt gewahren,
Das Bild von zwei verbundnen Menschenpaaren?
Voran die Eltern, Leute von Gewicht.

Was er mit seinem würd'gen Tone spricht
Bestätigt sie, bemüht, ihm zu willfahren.
So schwierig manchmal auch die Reime waren,
Sie hält sich stets an seiner Seite dicht.

Dann folgen flink den Alten auf dem Fuß
Von schlankem Wuchs leichtherzig die zwei Jungen,
die man für Liebesleutchen halten muss.

Er raunt ins Ohr ihr zarte Liebkosungen,
Und mit des letzten Reims behändem Schluss
Hat sein Terzinchen küssend er umschlungen.

Paul Heyse: Schlussgedicht der „Waldmonologe aus Kreuth". Aus: Ders., Gesammelte Werke. Dritte Reihe. Bd. V. /: J. G. Cottasche Buchhandlung 1924, S. 282

Das Reimschema in Heyses Sonett weicht nur im zweiten Terzett vom Barockmuster ab. Anhand des Bildes von zwei Paaren zweier Generationen wird die Sonettform vorgestellt, nicht stärker vom Vorbild abweichend als schon im Barock möglich.
Nicht nur in klassisch gebauten Gedichten wie im barocken Sonett sind häufig *Gegensatzpaare* zu finden. Gegensätze, Widersprüche, widerstreitende Gefühle im Gedicht sind Möglichkeiten, um der Gedankenstruktur näherzukommen. Auch *Steigerungen* oder *Wendungen* – etwa im abschließenden Vers oder Verspaar – bieten Hinweise.

Elemente lyrischer Texte

Motiv – Thema – Titel

Mit dem Ermitteln von Widersprüchen oder Wendungen sind erste Schritte einer Gedichtanalyse eingeleitet. Diese Analyse ähnelt gelegentlich einer Übersetzungsarbeit, denn die gedankliche Struktur erschließt sich meist nicht auf den ersten Blick. Mithilfe einiger Aspekte ist es möglich, sich dieser Struktur zu nähern:
Oft wird ein *zentrales Motiv* oder auch *Leitmotiv* im Gedicht verarbeitet, das Veränderungen erfährt oder zumindest Präzisierungen (z. B. unglückliche Liebe). Die Worte, die zu diesem Motiv in Beziehung stehen, zeigen die *Motiventwicklung* an. Damit eng zusammenhängend ist das *Thema* des Gedichts, auf das häufig auch der Titel hinweist. Dieser Titel bzw. diese Überschrift, wenn sie nicht dem Eingangsvers entspricht, hat eine Hinweisfunktion, die in der Analyse zu klären ist.

Das Gedicht als Kommunikationsangebot

Sprecher (im Gedicht)

Wie im Bereich der Epik kann der Autor nicht mit dem – ausdrücklich oder unmerklich – Sprechenden im Gedicht gleichgesetzt werden. Eine Nähe oder gar Übereinstimmung zwischen dem, der im Gedicht seine Stimme erhebt, und dem Verfasser des Gedichts ist im Einzelnen und stets anhand von Textbelegen nachzuweisen. Oft wird der Begriff *lyrisches Ich* als Synonym für jedes Sprechen im Gedicht benutzt. Als eine Art Oberbegriff für dieses Sprechen – unabhängig von seiner konkreten Ausprägung – setzt sich aber zunehmend der Terminus *Sprecher im Gedicht* oder nur *Sprecher* durch. Damit werden sowohl die identifizierbaren Sprechrollen (zumeist eine) als auch ein gestaltloses Sprechen (das Fehlen eines erkennbaren Sprechers) benannt.

Sprechweise

Der Sprecher im Gedicht kann in ganz unterschiedlicher Weise kommunizieren: Trotz der subjektiven Färbung und der häufig erkennbaren Selbstäußerung in vielen Gedichten ist auch ein *sachliches Sprechen* möglich. Rainer Maria Rilkes Gedicht *Liebes-Lied* kann als Ausdruck der Selbstverständigung, der Klärung eines ambivalenten Gefühls gedeutet werden.
Eine ironische Aussage ist im Gedicht ebenfalls möglich; die Kurzform des Epigramms gilt als geradezu prädestiniert für Ironie. Ein Beispiel:

Der Deutsche Krieg (um 1628) *Friedrich von Logau (1604–1655)*

Was hat doch bracht das deutsche Kriegen?
Dass wir nun ruhn, weil wir ja liegen.

Friedrich von Logau: Der Deutsche Krieg. Aus: Heinz Ludwig Arnold (Hg.), Deutschland! Deutschland? Texte aus 500 Jahren von Martin Luther bis Günter Grass. Frankfurt a. M.: S. Fischer 2002, S. 73

Vers – Metrum – Reim

Vers und Zeilenumbruch

In Gedichten wird der *Zeilenumbruch*, die Anordnung der Textzeilen auf einer Druckseite, in besonderer Weise genutzt. Dieser Umbruch kann in drei Erscheinungsformen beschrieben werden:

Enjambement (Zeilensprung)	Der Satz- und Sinnzusammenhang reicht über das Vers- oder Strophenende hinaus. Das Enjambement hebt vor allem Begriffe am Versende hervor.	Über allen Gipfeln / Ist Ruh … (J. W. Goethe, „Ein gleiches / Wandrers Nachtlied“)
Zeilenstil	Satz- und Versende fallen zusammen.	Wer reitet so spät durch Nacht und Wind? / Es ist der Vater mit seinem Kind; / Er hat den Knaben wohl in dem Arm, / Er fasst ihn sicher, er hält ihn warm. … (J. W. Goethe, „Erlkönig“)

Hakenstil	In dieser Folge von Enjambements erscheinen die Verse durch die übergreifenden Satzbögen wie verhakt.	Danke ich brauch keine neuen / Formen ich stehe auf / festen Versesfüßen und alten / Normen Reimen zu Hand ... (Ulla Hahn, „Ars poetica“)

Metrum und Rhythmus

In lyrischen Texten werden durch die besondere Gestaltung der sprachlichen Lautungen Wirkungen und Bedeutungen erzeugt. So wechseln etwa in einem Gedicht von Friedrich Schiller betonte und unbetonte Silben ab: *Zum Kampf der Wagen und Gesänge, / ... Zog Ibykus, der Götterfreund.* Diese Regelmäßigkeit (eines vierhebigen Jambus) verleiht dem Text eine bestimmte Lebendigkeit und Impulsivität. In den Zeichen eines anderen Gedichts (Joseph von Eichendorff) wechseln ebenfalls betonte und unbetonte Silben, doch in anderer Weise und mit anderer Wirkung: *Nacht ist wie ein stilles Meer, / Lust und Leid und Liebesklagen / Kommen so verworren her.* Diese (trochäischen) Betonungsverhältnisse verstärken das Getragene und Schwere der Worte und ihrer Bedeutungen. Nicht immer jedoch ergänzen sich die Aussage der Worte und die Gestaltung der Betonungsverhältnisse. So stehen in den folgenden Versen von Heine die (jambischen) Betonungen in Spannung zu den Formulierungen: *Mein Herz, mein Herz ist traurig.* Diese Spannung trägt zur ironischen Brechung der Aussage des lyrischen Ichs bei.
Während die ganz regelmäßig wiederholenden Betonungsverhältnisse als Metrum oder Versmaß (z. T. auch als Takt) begriffen werden, so bezeichnet der Rhythmus eines Gedichts das Sprechen in dieser Gleichmäßigkeit, aber mit Rücksicht auf Betonungen nach dem Sinn der Worte und Sätze. In der zweiten Zeile des Heine-Gedichts *Mein Herz, mein Herz ist traurig* heißt es: *Doch lustig leuchtet der Mai.* Geht man streng nach dem Metrum, so müsste *der* betont sein und *Mai* unbetont bleiben, doch im sinnbetonenden Lesen wird eher *Mai* betont und *der* nicht. Für die Beschreibung des sich wiederholenden Metrums ist es sinnvoll, das sinnbezogene Betonen zu meiden und sich ergebende Betonungen besonders hervorzuheben. Es ist oft hilfreich, sich der Betonungen eines Wortes beim Sprechen zu vergewissern.

Die wichtigsten Fachbegriffe zur Lyrik

Begriff	Erläuterung	Beispiel
Metrum	Versmaß mit Versfüßen als kleinsten Einheiten	betonte Silbe: x̂ unbetonte Silbe: x
Hebungen	betonte Silben im Vers: je nach Zahl der Hebungen im Vers kann etwa vom fünf- oder sechshebigen Jambus gesprochen werden	Vor grauen Jahren lebt' ein Mann in Osten ... (G. E. Lessing) x x̂ x x̂ x x̂ x x̂ x x̂ x (Blankvers: 5-hebig) Du siehst, wohin du siehst, nur Eitelkeit auf Erden (A. Gryphius) x x̂ x x̂ x x̂ x x̂ x x̂ x x̂ x (Alexandriner: 6-hebig)
Senkungen	unbetonte Silben im Vers	
Versfüße		
Jambus	zweisilbiger Versfuß: unbetont – betont	Der Mond ist aufgegangen x x̂ x x̂ x x̂ x
Trochäus	zweisilbiger Versfuß: betont – unbetont	Nacht ist wie ein stilles Meer x̂ x x̂ x x̂ x x̂
Daktylus	dreisilbiger Versfuß: betont – unbetont – unbetont	Leidenschaft führt mir die ... x̂ x x x̂ x x
Anapäst	dreisilbiger Versfuß: unbetont – unbetont – betont	Aus der Hand frisst der Herbst ... x x x̂ x x x̂
Versformen		
Hexameter	epischer Vers aus sechs Versfüßen (meist Daktylen) um eine Silbe gekürzter letzter Versfuß	Hûrtig mit Dônnergepôlter entrôllte der tûckische Mârmor (Homer)
Alexandriner	sechshebiger Vers mit 12 oder 13 Silben	siehe Hebungen
Knittelvers	vierhebiger, unregelmäßiger Vers	Hâbe nun, âch! Phîlosophîe, Jûristerêi und Mêdizîn ... (J. W. Goethe)
Blankvers	fünfhebiger Jambus	siehe Hebungen
Distichon	Kombination von zwei Versen: ein daktylischer Vers mit sechs bzw. fünf Versfüßen (Hexameter, Pentameter	Wanderer, kommst du nach Sparta, verkündige dorten, du habest / uns hier liegen gesehn, wie das Gesetz es befahl. (griech. Grabinschrift – Epitaph – übersetzt von F. Schiller)

Strophen	Abschnitte eines lyr. Textes, für die die gleichen Regeln gelten; Strophenformen unterscheiden sich durch regelmäßige Versmaße und Reimschemata	
einfache Liedstrophe	vierzeilige Strophe mit häufig regelmäßigem Wechsel betonter und unbetonter Silben und Endreim mindestens zweier Verse	Wie herrlich leuchtet Mir die Natur! Wie glänzt die Sonne! Wie lacht die Flur! (J. W. Goethe, „Mailied")

Reim

Das klangliche Element des *Reims* prägt traditionell gebaute Gedichte. Mithilfe des Reims sind zahlreiche Möglichkeiten dichterischen Ausdrucks verbunden:

Begriff	**Erläuterung**	**Beispiel**
Reim	Gleichklang zweier oder mehrerer Lautgruppen	
Reimarten	– *Stabreim:* anlautende Konsonanten – *Endreim:* auslautende Vokale und Konsonanten – *Assonanz:* gleichlautende Vokale – *Binnenreim:* zwei oder mehr Wörter in einem Vers reimen sich	Man(n) merkt manches Strand – Sand Zug – Buch Oh Holpern und Stolpern
Reimschema/Reimstellungen	Darstellung der verschiedenen Endreimformen durch Kleinbuchstaben	– *Paarreim:* aabbcc ... – *Kreuzreim:* abab ... – *umarmender Reim:* abba
Versende		
Kadenz	Form des Versendes: – *klingende oder weibliche Kadenz:* Abschluss mit betonter und unbetonter Silbe (x^ x) – *stumpfe oder männliche Kadenz:* Abschluss mit einer betonten Silbe (x x^)	Fest gemauert in der Erden x̂ x x̂ x x̂ x x̂ x Steht die Form, aus Lehm gebrannt. x̂ x x̂ x x̂ x x̂ (F. Schiller, „Das Lied von der Glocke")

Wortwahl und Satzbau

Eine ungewöhnliche Satzstellung ist vielen Gedichten eigen, auch unvollständige Sätze oder gar Satzfetzen finden sich in moderner Lyrik häufiger. Damit kann z. B. ein pathetischer Ton verbunden sein; Ungewohntes und damit Ungewöhnliches wird erzeugt. Ein Beispiel:

Bertolt Brecht (1898–1956)
Erinnerung an die Marie A. (1924)

1
An jenem Tag im blauen Mond September
Still unter einem jungen Pflaumenbaum
Da hielt ich sie, die stille bleiche Liebe
In meinem Arm wie einen holden Traum.
[...]

Bertolt Brecht: Erinnerung an Marie A. Aus: W. Hecht u. a. (Hg.), Bertolt Brecht. Werke. Große kommentierte Berliner und Frankfurter Ausgabe. Bd. 11: Gedichte I. Frankfurt a. M.: Suhrkamp 1988, S. 92

Mit Ellipsen, Wiederholungen (Anapher, Parallelismus) von Wörtern oder Satzteilen erzeugen Gedichte ihre je eigene Stimmung. Diese Mittel sind auch in der Rhetorik gebräuchlich (→ Rhetorische Mittel, S. 114 ff.).

Sprachliche Bilder / Bildlichkeit

Sprachliche Bilder werden in allen mündlichen und schriftlichen Kommunikationssituationen gebraucht. Wenn ein Baby als *Sonnenschein* bezeichnet wird, ist das Alltagssprache. Das *sprachliche Bild* ist der Oberbegriff zu Metapher, Vergleich, Metonymie, Allegorie und Symbol. All diese Bilder sind auch außerhalb von Lyrik zu finden; viele werden oft unbewusst angewendet. Manche Bilder sind im Sprachgebrauch bereits so etabliert, dass sie gar nicht mehr als solche erkannt werden. (*Ich habe einen Berg von Aufgaben.*)

In der modernen Dichtung sind Verrätselungen in sprachlichen Bildern zu finden; man bezeichnet sie als *Chiffren*. Ursprünglich meint Chiffre ein Geheimzeichen, das nur durch Kenntnis eines „Schlüssels“ entziffert, also: dechiffriert, werden kann. In der Lyrik geht es um Worte, die – abgelöst von ihrer ursprünglichen Bedeutung – ihren Sinn erst im vom Dichter geschaffenen Assoziationsraum gewinnen. In Paul Celans *Todesfuge* handelt es sich bei der Wendung von der „schwarzen Milch der Frühe“ um eine solche Chiffre (die dort die Verkehrung des Glücks in Unglück meint). In der Lyrik des Expressionismus steht die Farbe „Blau“ für einen solchen neu geschaffenen Assoziationsraum.

Epische Texte

Was ist Epik?

Die Begriffe *Epik* und *episch* werden gebraucht für die Gattung der erzählenden Dichtung (lat. *prosa*) und gehen zurück auf das griechische Wort *epos* bzw. das Adjektiv *epikos*: das „Gesagte“, das „Berichtete“ oder die „Erzählung“. Das griechische Epos, z. B. die *Odyssee* oder die *Ilias* von Homer, ist ein umfangreiches Erzählgedicht in Versform, das augenscheinlich für den öffentlichen Vortrag bestimmt war. Mit den Ritterepen des Mittelalters, z. B. dem *Nibelungenlied*, hält die Epik Einzug in die frühe deutsche Literaturgeschichte (→ S. 125 ff.).
Ein epischer Text erzählt eine Geschichte. Dem Erzähltext liegt ein Erzählgegenstand zugrunde, eine *Fabel (story, plot)*. Die Fabel stellt die Summe der Handlungen eines Textes in ihrer logischen Verknüpfung dar. Damit ist die Fabel ein geordneter, gegliederter und in Zusammenhänge gebrachter Stoff. Sie braucht nicht vollständig oder linear erzählt zu sein: *Rückblenden* können Vergangenes, Ausgespartes ergänzen, *Vorgriffe* können auf Zukünftiges hinweisen, *Einschübe* können Gedanken und Gefühle verdeutlichen. Manches wird stillschweigend übergangen und konkretisiert sich erst in der Fantasie des Lesers (sogenannte *Leerstellen* des Textes), anderes bekommt durch die detaillierte Beschreibung besonderes Gewicht.
Das die Gattung bestimmende Element ist das Vorhandensein eines (*fiktiven*) *Erzählers* als Vermittler der Handlung (Achtung: Der Erzähler ist nicht der Autor!), der in unterschiedlicher Form im Text in Erscheinung tritt. Er kann selbst ein Teil des fiktiven epischen Figurenensembles sein oder auch als engagierter oder distanzierter Beobachter außerhalb der Handlung das Geschehen darbieten.
Im Verlauf der Gattungsgeschichte nimmt der Erzähler in einem epischen Text höchst unterschiedliche Rollen ein, gebunden an den jeweils historischen Kontext, dem ein Text entstammt. So weist der traditionelle *Entwicklungs- und Bildungsroman* des 18. und 19. Jahrhunderts vor allem das auktoriale Erzählverhalten auf, während bereits am Ende des 19. Jahrhunderts und vor allem im 20. Jahrhundert die personale bzw. neutrale Erzählhaltung überwiegt.
In der Literatur der 1970er-Jahre und speziell der *Gegenwartsliteratur* findet man vor allem die Erzählform des *Ich-Erzählers*, während die *Literatur der Postmoderne* (Achtziger- und frühe Neunzigerjahre des 20. Jahrhunderts) mit den Erzählhaltungen und Erzählformen der traditionellen Epik spielt und das auktoriale Erzählverhalten in ironischer Weise bricht.

Ein kurzer Abriss zur Geschichte der Gattung

Die ersten Romane unseres Kulturkreises entstammen der hellenistischen Zeit nach Alexander dem Großen. Der Roman zählte jedoch nicht zur Dichtung, sondern galt als „Unterhaltung“. Die wenigen Romane, die erhalten blieben, wie z. B. der *Alexanderroman* und der *abenteuerliche Liebesroman*, dienten als Vorlage für die mittelalterlichen

Versromane und den Roman im Barock (H. J. Ch. von Grimmelshausen „Simplicissimus“). Auch die deutsche Poetik nimmt den Roman erst seit dem 18. Jahrhundert ernst. Johann Wolfgang Goethe schuf mit seinem Briefroman „Die Leiden des jungen Werther“ den ersten Weltbestseller; auch seine späteren Romane „Wilhelm Meisters Lehrjahre“, „Wilhelm Meisters Wanderjahre“ (Entwicklungs- und Bildungsroman) und „Die Wahlverwandtschaften“ sowie der psychologische Roman „Anton Reiser“ von Karl Philipp Moritz gelten als Vorzeigemuster ihrer Gattung. Der beliebte Trivialroman des 18. Jahrhunderts nimmt sich Ritter-, Räuber- und Schauergeschichten zum Thema.

Die Epoche der *Romantik* ist reich an Romanen von Autoren wie Jean Paul, Novalis, Friedrich Schlegel und E. T. A. Hoffmann und bevorzugt den *Künstlerroman*. Seit 1830 entwickelt sich der *realistische Roman* (Karl Immermann, Otto Ludwig, Friedrich Spielhagen, Wilhelm Raabe, Gottfried Keller, Adalbert Stifter, Theodor Fontane), der sich auch an den großen europäischen Vorbildern (Gustave Flaubert, Leo Tolstoi) orientiert. Im *Naturalismus* des ausgehenden 19. Jahrhunderts dienen ebenfalls ausländische Autoren wie Émile Zola und Fjodor Dostojewski als Modell.

Die großen Werke des Epochenumbruchs zu Beginn des 20. Jahrhunderts sind gesellschaftliche Romane und werden u. a. von den Brüdern Thomas Mann („Buddenbrooks“) und Heinrich Mann („Professor Unrat“, „Der Untertan“) sowie von Hermann Hesse und Joseph Roth verfasst. Sie eröffnen neue Gestaltungsmöglichkeiten, die von Autoren wie Franz Werfel, aber auch expressionistischen Autoren wie Franz Kafka („Der Prozess“, „Amerika“) und Alfred Döblin („Berlin Alexanderplatz“) sowie von Robert Musil („Der Mann ohne Eigenschaften“) weiterentwickelt werden und schließlich zu einer Formauflösung führen unter Verzicht auf einen stringenten, linearen Handlungsablauf durch Montage von Erlebnissen des Unbewussten (*erlebte Rede, innerer Monolog, Stream of Consciousness*).

Neue Anregungen nach 1945 erhält der deutsche Roman durch amerikanische Vorbilder (Ernest Hemingway, William Faulkner). Grundthema der Nachkriegsliteratur wird die Orientierung in einer veränderten Welt und die Aufarbeitung der Vergangenheit bei den Mitgliedern der *Gruppe 47*, Heinrich Böll („Ansichten eines Clowns“), Günter Grass („Die Blechtrommel“), Wolfgang Koeppen („Tauben im Gras“), Alfred Andersch („Kirschen der Freiheit“). Charakteristisch jedoch für die Zeit der späten 1950er- und frühen 1960er-Jahre ist der Moment des Aufbruchs, der sich gegen die Erstarrung der „Wirtschaftswunder-Gesellschaft“ richtet und neues politisch-gesellschaftliches Engagement zeigt und fordert (Uwe Johnson, Martin Walser, Max Frisch, Siegfried Lenz, Peter Handke).

Die *Gegenwartsliteratur* ist nicht mehr mit der Literatur nach 1945 (*Nachkriegsliteratur*) identisch, sondern grenzt sich formal und inhaltlich von dieser ab. Sie ist so heterogen, sowohl Brüche als auch Traditionen des Erzählens manifestierend, dass es unmöglich ist, all diese unterschiedlichen Tendenzen in einem Überblick zusammenfassend darzustellen. Als Stichworte seien u. a. genannt: *politisch engagierte Literatur, Arbeiterliteratur, Dokumentarliteratur, Subjektivismus und Rückzug in die Innerlichkeit, Frauenliteratur, experimenteller Roman, Intertextualität* sowie *Postmoderne* (z. B. Peter Stamm „Agnes“).

Formen und Elemente epischer Texte

Zur Epik gehören unterschiedlich lange und strukturierte Textsorten wie
- der Roman als epische Großform: u. a. *Abenteuerroman, Bildungsroman, Entwicklungsroman, historischer Roman, Schelmenroman, psychologischer Roman, Zeitroman* sowie
- epische Kleinformen: u. a. *Anekdote, Erzählung, Fabel, Gleichnis, Parabel, Legende, Märchen, Novelle, Kurzgeschichte, Sage*.

Epische Kleinformen bieten dem Leser immer nur eine ausschnitthafte, pointierte Begebenheit, während der Roman Anspruch auf die Darstellung eines größeren äußeren oder innerseelischen Zeitraums erhebt. Jedoch sind weder die oben erwähnten Romanformen und Textsorten noch die dem Text vorangestellten Bezeichnungen immer eindeutig, einheitlich und trennscharf. Die folgende Tabelle stellt Grundbegriffe zur Beschreibung, Analyse und Interpretation epischer Texte dar.

Grundformen des Erzählens

Erzählsituation	
Erzählverhalten	– **auktorial**: Der Erzähler ist allwissend („olympisches Erzählen“), verfügt souverän über alle Momente des epischen Textes, kommentiert, reflektiert, bewertet, blickt zurück oder voraus; das Geschehen und dessen Deutung wird von ihm gelenkt; er führt den Leser durch den Text. – **personal**: aus Sicht einer Figur, von einem Standpunkt im Geschehen, daher eingeschränkte Sichtweise; subjektiv; Leser erhält unmittelbaren Einblick in subjektives Erleben. Um verschiedene Sichtweisen zu verdeutlichen, erfolgt die Darstellung mehrerer Figuren in direkter Figurenrede (Multi-/Polyperspektivität). – **neutral**: sachlich, unkommentiert, weder aus der Sicht einer Figur noch aus der eines auktorialen Erzählers; Erweckung des Anscheins von größter Objektivität
Erzählform	– **Er/Sie-Form**: Es wird von anderen erzählt. – **Ich-Form**: Ich-Erzähler: subjektiv, wirkt authentisch – *Erzählerbericht* und *Erzählerkommentar* als Grundform des auktorialen Erzählens; auch in der Ich-Form kann der Erzähler auktorial als sich erinnerndes, erzählendes Ich rückblickend und kommentierend erzählen. – *Erlebte Rede* und *innerer Monolog* sind Hauptformen des personalen Erzählens. – *Sachlicher, dokumentarischer Vergangenheitsbericht* (Erzählerbericht) oder *szenisches Erzählen* sind Hauptformen des neutralen Erzählers, z. B. Gesprächswiedergabe ohne Kommentare.

Erzählperspektive	– **Außensicht**: Aussehen, äußerliche Informationen über Figuren, Handlungen, Beobachtungen – **Innensicht**: Gefühle und Gedanken einer Figur
Erzählstandort	Position des Erzählers zum Erzählten: Nähe/Distanz in räumlicher oder auch zeitlicher Hinsicht
Erzählhaltung	Einstellung des Erzählers zum Erzählten: neutral, ironisch, kritisch, (ab)wertend, ambivalent, zustimmend, euphorisch ...
Figuren	
direkte Figurencharakterisierung	Charakterisierung einer Figur durch den Erzähler (Außensicht) oder von anderen Figuren (Innensicht), indem z. B. ihr Äußeres beschrieben, ihre Beziehungen zu anderen Personen dargestellt, ihr Handeln thematisiert wird
indirekte Figurencharakterisierung	Wenn sich die Figuren durch Inhalt und Form ihrer eigenen Äußerungen (z. B. Verhalten, wörtliche Rede, Gedanken) und ihr erzähltes Verhalten selbst charakterisieren.
Figurenkonzeption	– statische, sich nicht verändernde und – dynamische, sich verändernde Figuren – (Zeit-)Typus (mit wenigen verallgemeinerbaren Zügen) – Individuum (individuell ausgestaltete Persönlichkeit)
Figurenkonstellation	Zusammenwirken der Figuren und ihr Verhältnis zueinander; bestimmt meist den zentralen Konflikt des epischen Textes; Prägung durch – die Art der Beziehung der Figuren zueinander je nach: Geschlecht, Alter, Verwandtschaft, Bildung, beruflicher Stellung, Herkunft/Milieu, sozialem Status, Werthaltung, charakterlicher Einstellung und psychischem Verhalten (z. B. Interessen, Gefühle, Wünsche, Bedürfnisse) – die kompositorische Konstellation der Figuren: *Parallelfiguren* (Wiederholung bestimmter Figurengruppen, z. B. auf einer anderen sozialen Ebene), *Kontrastfiguren* (z. B. bei Entgegensetzung von Lebensentwürfen)
Redeformen	
Erzählerrede	abgegrenzt von direkter (Figuren-)Rede: Erzählerbericht, -kommentar, indirekte (Figuren-)Rede, Beschreibung
direkte Figurenrede	szenische Darstellung, Dialoge, in denen sich die Figuren unmittelbar mitteilen, in traditionellen Texten durch Anführungszeichen gekennzeichnet; gibt dem Text einen dramatischen Akzent, bezieht den Leser direkt in das Geschehen ein; der Erzähler tritt hinter die Figuren zurück
indirekte Figurenrede	oft im Konjunktiv durch den Erzähler wiedergegeben, erzeugt Distanz zum erzählten Geschehen

erlebte Rede	Wiedergabe der Gedanken einer Figur aus der Innensicht; in der Regel im Indikativ Präteritum der 3. Pers. Singular (zu sich selbst Distanz schaffend); Mischung von direkter und indirekter Rede; oft nicht direkt zu erkennen, wo die indirekte Rede aufhört und die erlebte Rede beginnt, da diese nicht ausdrücklich gekennzeichnet wird
innerer Monolog	unmittelbare Wiedergabe der Gedanken einer Figur in Form eines Selbstgesprächs; völliges Zurücktreten des Erzählers; in der Regel im Präsens und in der 1. Person Singular
Stream of Consciousness (Bewusstseinsstrom)	vielschichtig verflochtene, formlose Aneinanderreihung von Bewusstseinsinhalten (Gedanken, Ideen, Wahrnehmungen, Gefühle, Wünsche, Träume usw.) einer Figur; erzähltechnisch eine Erweiterung des inneren Monologs, da im SoC oft Satz- und Wortfetzen vorkommen und Grammatik- oder Syntaxregeln nicht eingehalten werden (müssen); dennoch sind z. B. leitmotivische Wiederholungen erkennbar
Zeitstrukturen	
Erzähltempus	Im traditionellen Roman ist das Erzähltempus das Präteritum, weil nur erzählt werden kann, was bereits geschehen ist. Das „historische Präsens", eingebettet in das Präteritum, kann an zentralen Stellen des Textes die Funktion des Präteritums übernehmen. Die Erzählung im Präsens besitzt größere Unmittelbarkeit. Das Präsens suggeriert dem Leser, die erzählte Geschichte sei noch nicht fertig, alles sei noch möglich. Es bewirkt aber auch einen Mangel an Illusion und Geschlossenheit.
historische Zeit	der historische Kontext, in den ein Text eingebettet ist, der die Handlungen der Figuren bestimmt und auf den der Text in vielfältiger Weise (Accessoires, Sprachduktus, Thematik, Topografie, Daten usw.) Bezug nimmt
Erzählzeit **erzählte Zeit**	zeitliche Dauer des Erzählvorgangs zeitliche Dauer des erzählten Geschehens Das Verhältnis beider Aspekte ist eine interessante Grundlage für die Analyse: – Sie können in etwa deckungsgleich sein (z. B. im Dialog zwischen dem Ich-Erzähler und Agnes in Peter Stamms *Agnes*: „Ich will nicht ewig leben. Im Gegenteil. Ich möchte keine Spuren hinterlassen." „Doch", sagte Agnes. „Komm", sagte ich, „gehen wir zurück ins Bett. Es ist noch zu früh.") – Die erzählte Zeit kann vielfach gerafft werden: Ich rasierte mich, und Agnes ging nach unten in den Laden, um Toastbrot und Orangensaft zu kaufen. „Der Verkäufer hat mich angestarrt", sagte sie, als sie zurückkam. (P. Stamm *Agnes*)

Erzählzeit erzählte Zeit	– Die erzählte Zeit kann gedehnt werden (häufig durch lange Betrachtungen des Erzählers oder der Figuren): Als wir näher traten, zerfiel das Bild vor unseren Augen in ein Meer von kleinen Punkten. Die Konturen verschwammen, die Flächen flossen ineinander. Die Farben auf dem Bild waren nicht gemischt, sondern zusammengesetzt wie auf einem Gobelin. (...) Jede Fläche enthielt alle Farben und wirkte erst aus der Distanz als Ganzes. (P. Stamm *Agnes*). – Es können Sprünge (die Erzählung steht still, das Geschehen geht weiter) und Pausen (die Erzählung geht weiter, das Geschehen steht still) vorkommen. Gerade diese Möglichkeiten setzen sprachlich inhaltliche Schwerpunkte und sind wichtig für die Analyse. Experimentellere Umgangsformen mit der Zeit zielen z. T. auf eine Auflösung der chronologischen Struktur ab (z. B. Anwendung der Montagetechnik, um Simultaneität vorzuspiegeln).
Motive und Raum	
Motiv	Das Motiv ist die kleinste strukturbildende und bedeutungstragende Einheit im einem Werk bzw. Text. Eine spezielle Form ist das *Leitmotiv*, z. B. Farben, Stimmungen, Symbole, Personen, Sätze, Redewendungen usw. Es kann als sprachliches Bild eine ordnende oder verbindende Funktion haben oder durch seine häufige Wiederholung die Charakteristika einer Figur, eines Ortes, eines Konflikts betonen.
Raum/ Schauplatz	Der Raum spiegelt nicht immer eine reale Topografie wider. Selbst wenn das fiktive Geschehen an einem in der Realität auffindbaren und konkret benannten Ort spielt, dient dieser vor allem dazu, die Atmosphäre, das soziale Umfeld, das Lokalkolorit zu vermitteln, in denen die Figuren leben und handeln und das sie prägt. Der Text kann daher ein hohes Maß an Authentizität gewinnen sowie eine Wiedererkennungs- und Identifikationsmöglichkeit für den Leser schaffen (besonders im „historischen Roman“ bzw. „Zeitroman“). Die fiktive Topografie eines epischen Textes weist vielseitige gestalterische Funktionen auf, da sie immer in Bezug zum Handeln der Protagonisten entsteht und dieses z. B. beeinflussen, konterkarieren, motivieren kann. Im realistischen Zeit- und Gesellschaftsroman des 19. Jahrhunderts können topografische Besonderheiten leitmotivische Funktion innerhalb des Textes übernehmen. Die Raumgestaltung kann durchaus auch jeden realen Bezug verlieren und der Spiegelung und Vergegenständlichung innerer Zustände und Prozesse (innerseelische Topografie) dienen.

Dramatische Texte

Was ist ein Drama?

Der Begriff *Drama* (griech.: Handlung) bezeichnet als Oberbegriff jegliche Form von Theaterstücken. Je nach Aufbau und Ausgestaltung unterscheidet man verschiedene Formen:

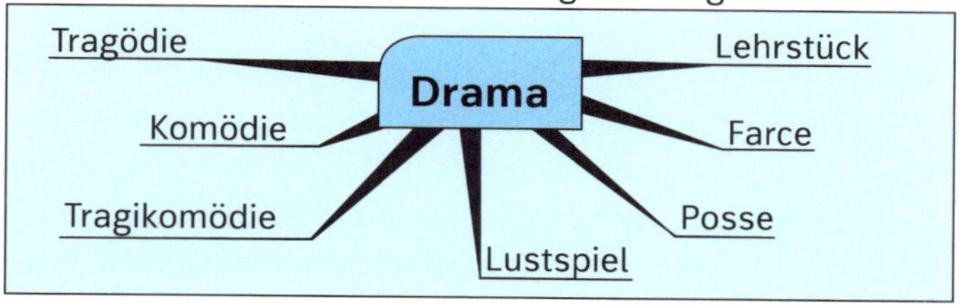

Im weiteren Sinn werden die Begriffe *Drama* und *Schauspiel* auch zur Bezeichnung von weniger streng aufgebauten Theaterstücken verwendet, die sich keiner der in der Abbildung genannten Unterkategorien zuordnen lassen. Vor dem Hintergrund historisch-gesellschaftlicher und technischer Entwicklungsprozesse haben sich von der Antike bis zur Gegenwart die Bühnentechnik sowie die formale und inhaltliche Gestaltung dramatischer Texte deutlich verändert.

Neben der *Lyrik* und der *Epik* ist die *Dramatik* die dritte große Gattung der Literatur. Bei dramatischen Texten unterscheidet man grundsätzlich zwischen dem *Haupt-* und dem *Nebentext*. Der Haupttext ist der auf der Bühne gesprochene Text, zum Nebentext gehören die nicht gesprochenen Textteile (Titel, Untertitel, Personenverzeichnis, Sprechernamen, Regieanweisungen usw.). Im Gegensatz zu den beiden anderen Gattungen ist für die Dramatik eine szenische Realisierung (Inszenierung durch einen Regisseur bzw. Dramaturgen) auf einer Bühne kennzeichnend. Eine Ausnahme stellen *Lesedramen* dar, die meist so genannt wurden, weil zur Zeit ihrer Entstehung eine Aufführung aus unterschiedlichen Gründen (technischen, sozialen, politischen) nicht möglich war. Gegenüber den Gattungen Lyrik und Epik ist der als Rede oder Gegenrede die Handlung vorantreibende *Dialog* das wesentliche Merkmal der Dramatik (→ S. 174). Eingeteilt in *Akte* (anfangs häufig 5 oder 3 Akte) und *Szenen* bzw. *Auftritte* (→ S. 170 f.) sind den Textpassagen Figuren zugeordnet, die als psychologische Charaktere, typisierte Ideenträger oder einfache *Typen* ausgestaltet sein können (→ S. 173). Kernstück vieler Dramen ist in der Regel der *Konflikt*, der je nach Form des Dramas im Schluss des Dramas gelöst oder bei modernen Dramen mit offenem Schluss ungelöst bleibt.

Die Interpretation bzw. die Analyse dramatischer Texte stellt besondere Ansprüche an den Leser bzw. Zuschauer, da ihn in der Regel kein vermittelnder oder kommentierender Erzähler begleitet, sodass er selbst aus den Regieanweisungen bzw. dem Bühnenbild (→ S. 171 f.) und den Dialogen die Handlung erschließen muss. Während Aufmerksamkeit und Konzentration bei den *aristotelischen Dramen* vor allem durch die komplexen und anspruchsvollen Dialoge gefordert werden, geschieht dies in den *nichtaristotelischen Dramen* durch die meist episoden- und sprunghafte Gestaltung des Handlungsgangs.

Die Entwicklung der Spielstätten

Die Anlage und die räumliche Beschaffenheit der Spielstätten sowie die technischen Möglichkeiten wirkten sich nachhaltig auf die Gestaltung der Dramen aus. Die Amphitheater sind frühe Zeugnisse der hoch entwickelten Theaterkultur der Antike. Bekannte und noch heute gut erhaltene Beispiele sind das Dionysos-Theater auf der Athener Akropolis sowie zahlreiche griechische Theateranlagen im Mittelmeerraum (z. B. Ephesos in der Türkei und Orange in Südfrankreich). Diese Spielstätten waren architektonisch sehr weit entwickelt. So konnten die Zuschauer (ausschließlich Männer) von jedem der 17.000 Plätze im Dionysos-Theater aus jedes gesprochene Wort verstehen. Hinter der halbkreisförmig angelegten Bühne (Proskenion) befand sich die sogenannte Skene (Bühnengebäude), hier traten die Spieler auf und ab. Da ein Ortswechsel nicht vorgesehen war (→ Lehre von den „drei Einheiten", S. 167), war auch kein Bühnenumbau notwendig. Auch den Chor haben die griechischen Autoren (Sophokles, Euripides, Aristophanes) erfunden. Seine Aufgabe bestand daran, das dargestellte Geschehen zu kommentieren/ reflektieren oder zu erklären.
In der griechischen Antike dienten die Theateraufführungen vorwiegend der Stabilisierung der politischen Verhältnisse. Dies geschah sowohl durch die Inhalte als auch die Form der jährlich stattfindenden Theaterfeste. Die Zuschauer verließen „gereinigt" die Vorführung. Themen und Texte der griechischen Autoren sowie die Machart der Dramen dienen noch heute anderen Autoren als Vor- oder Leitbild für die eigene Auseinandersetzung (Beispiele: Antigone, Iphigenie).
Im Gegensatz zu dieser hohen Kultur des Dramas fanden im Mittelalter die Schauspiele im Allgemeinen auf öffentlichen Plätzen statt, wobei die Dekorationselemente schlicht und mobil sein mussten. Das änderte sich erst mit Beginn der Neuzeit, da die Spielstätten zunehmend in geschlossene Säle verlegt wurden. In Anlehnung an das antike römische Theater bestanden die Bühnen aus einem Bühnenhaus im Hintergrund und einer freien Vorderbühne. Diese konnte allerdings durch Vorhänge verschlossen werden. Die Konstruktion der Drehbühne erweiterte diese neuen Möglichkeiten noch einmal erheblich, da mehrere Bühnenbilder gleichzeitig vorbereitet sein konnten und Ortswechsel schnell und mehrfach wiederholt durch die Drehung der Bühne zu realisieren waren. Diese Entwicklung kennzeichnet vor dem Hintergrund gesellschaftlicher Veränderungen den Übergang vom aristotelischen zum nichtaristotelischen Drama (→ S. 168 f.).
Im Vergleich zu den antiken Theaterbühnen verfügen unsere heutigen modernen Bühnen über eine sehr komplexe Bühnentechnik. Dazu gehören z. B. der Einsatz filmischer Mittel und die Einbindung von Videoinstallationen sowie die digitale Steuerung der Licht- und Toneffekte. Moderne Theaterstücke können daher völlig anders konzipiert werden bzw. auch bewusst auf die Ausschöpfung dieser Möglichkeiten verzichten.
Parallel zu den großen Bühnen gibt es in vielen Städten kleinere Studiobühnen, auf denen auf begrenztem Raum und mit schlichten technischen Mitteln experimentelle Inszenierungen dargeboten werden. Die Reduktion des technischen Aufwands und die unmittelbare Nähe zum Publikum werden dabei nicht als Manko, sondern als Herausforderung betrachtet. Dies gilt in gewisser Weise auch für die freien Theater.

Formen des Dramas

Das aristotelische Drama (geschlossene Form)

Aristotelische Dramen bzw. Dramen der geschlossenen Form orientieren sich stark an der Dramaturgie des antiken Theaters und speziell an der Poetik des griechischen Philosophen Aristoteles (384 – 322 v. Chr.), dem diese Form des Dramas auch ihren Namen verdankt. Die Art der Dramen – in erster Linie der Tragödie – wurde bis ins 19. Jahrhundert ganz wesentlich durch Beobachtungen und Aussagen des Aristoteles geprägt, die dieser in seiner Schrift *Poetik* festgehalten hatte. Seine Ausführungen zum antiken griechischen Drama besaßen vor allem in der Zeit des französischen Klassizismus und im Verlauf der Weimarer Klassik dogmatischen Charakter. Zu den Aussagen des Aristoteles, die die Konzeption der Dramen dieser, aber auch noch späterer Zeiten bestimmten, gehören vor allem

- die Lehre von den „drei Einheiten“,
- der Aufbau des (antiken) griechischen Dramas,
- die Ständeklausel und
- die Lehre von der Katharsis.

Die Lehre von den „drei Einheiten“

Mit Bezug auf die Gegebenheiten des griechischen Amphitheaters setzte Aristoteles fest, dass eine Aufführung nur bei Tageslicht – also höchstens in der Zeit von Sonnenaufgang bis Sonnenuntergang – stattfindet und wegen der besonderen Beschaffenheit der damaligen Bühnen nur an einem Ort spielt. Daraus folgte, dass nur einsträngige Handlungen ohne Nebenhandlungen dargeboten wurden. Aus diesen auf die spezifische Bühnensituation zugeschnittenen Aussagen entwickelten sich viel später als Forderung für die Gestaltung von Dramen und speziell Tragödien die „drei Einheiten“:

- Einheit der Zeit
- Einheit des Ortes
- Einheit der Handlung

Der Aufbau des griechischen Dramas

Die von Aristoteles beschriebenen griechischen Dramen waren in der Regel aus drei oder fünf Akten aufgebaut, wobei die einzelnen Akte jeweils eine spezifische Funktion besaßen. In seiner Schrift *Die Technik des Dramas* (1863) hat Gustav Freytag entsprechende Aussagen des Aristoteles systematisiert.

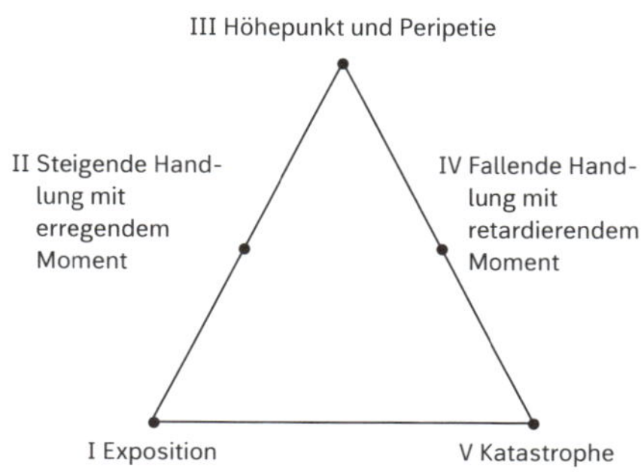

1. Akt	**Exposition**	Einführung in Ort, Zeit, Hauptfiguren und zentrale Motive
2. Akt	**Steigende Handlung**	Die Handlung spitzt sich zu durch Interessenskonflikte, Intrigen usw.
3. Akt	**Höhepunkt/ Peripetie**	Die Zuspitzung der Handlung bzw. des Konfliktes erreicht ihren Höhepunkt, sodass es zu einem Wendepunkt (Peripetie) kommt, der zum Erfolg oder Scheitern der Hauptfigur führt.
4. Akt	**Fallende Handlung**	Auf dem Weg zum Untergang bzw. zur Rettung kommt es zu Verzögerungen (retardierenden Momenten), die der Steigerung der Spannung auf den Ausgang dienen.
5. Akt	**Katastrophe**	Häufig verbunden mit dem Tod der Hauptfigur kommt es in der Tragödie zum Untergang, der aber in der Regel einen moralischen und ideellen Sieg darstellt. In der Komödie folgt demgegenüber nach der fallenden Handlung die Rettung bzw. die Lösung des Konflikts.

Der Aufbau vor allem der älteren Dramen entspricht häufig diesem Aufbauschema. Bei Dreiaktern entfallen die Akte II und IV.

Die Ständeklausel

Für die Figuren galt bis zur Entwicklung des bürgerlichen Trauerspiels vor allem durch Gotthold Ephraim Lessing (1729 – 1781) die Ständeklausel. Sie meint, dass in der Tragödie nur Personen hohen oder gehobenen Standes auftreten durften, da nach Aristoteles der Gegenstand der Tragödie die Nachahmung einer abgeschlossenen Handlung von einer bestimmten *Fallhöhe* (bedeutendes Schicksal) darstellen muss. Das Personal der Tragödie bestand daher vor allem aus Göttern, Königen und adligen Personen. Für die Komödie, deren Bedeutung wesentlich niedriger eingestuft wurde, galt diese Ständeklausel nicht.

Die Lehre von der Katharsis

Die Gesamtkonzeption der Dramen sollte gemäß der aristotelischen Katharsis-Lehre dazu beitragen, beim Zuschauer *Mitleid* und *Furcht* zu erregen, wovon man sich eine *reinigende Wirkung* durch die Identifikation mit den Dramenfiguren versprach.

Das nichtaristotelische Drama (offene Form)

Mit dem Begriff *nichtaristotelisches Theater* werden im Allgemeinen alle dramatischen Stücke bezeichnet, die den aristotelischen Regeln nicht bzw. nur sehr bedingt entsprechen. Die Dichter des Sturm und Drang z. B. haben sich ganz bewusst über das feste und statische Regelwerk der Dramen der geschlossenen Form hinweggesetzt, indem sie die Einheit des Ortes und der Handlung durch die Verwendung von *Fetzenszenen* aufgaben und Prosa statt Versdichtung nutzten. Sie lehnten die dem strengen Formalismus

frönenden französischen Dramen inhaltlich und formal ab und nahmen sich die offene Form der Dramen von William Shakespeare zum Vorbild.
Entsprechende Umbrüche hat es im Verlauf der Entwicklung des Dramas immer gegeben, auch z. B. während der Epoche der Klassik. Ebenfalls sind die Dramen Christian Dietrich Grabbes (1801 – 1836) und Georg Büchners (1813 – 1837) aus der Epoche des Jungen Deutschlands zu den nichtaristotelischen Stücken zu zählen. Aber erst im 20. Jahrhundert erreichte das nichtaristotelische Drama mit dem epischen Theater Bertolt Brechts und dem absurden Theater einen eigenen und durchaus maßgeblichen Stellenwert.

Das bürgerliche Drama

Das bürgerliche Drama ist vor allem ein bürgerliches Trauerspiel. Die zentralen Figuren sind Bürger, es geht um bürgerliche Probleme, die in der Form eines Trauerspiels (also tragisch) dargestellt werden. Damit verabschiedet sich diese Form von der sogenannten Ständeklausel, die die Tragödie für den Adel vorbehalten hatte. Für die Bürger blieb nur die Komödie, in der sie mit ihren Schwierigkeiten und Unzulänglichkeiten verlacht wurden. Das aufstrebende Bürgertum im 18. Jahrhundert gab sich mit dieser Rolle nicht länger zufrieden. Als Reaktion darauf entstand das bürgerliche Trauerspiel.
Es dient zunächst der Darstellung von Willkürakten des Adels, z. B. in „Emilia Galotti“ (1772) von G. E. Lessing oder in „Kabale und Liebe“ (1783) von F. Schiller. Im Verlauf der Handlung kommt es zu Konflikten zwischen den Figuren, die auf ihre unterschiedlichen Ziele, Gefühle und Moralvorstellungen zurückzuführen sind.
Von besonderer Bedeutung ist ab hier die Figur des Intriganten, der den meist Adligen hilft, ihre Interessen durchzusetzen. Typisch für diese Rolle ist Marinelli aus Lessings „Emilia Galotti“, der dem Prinzen hilft, Emilia in seine Gewalt zu bekommen. Zum Ende distanziert sich der Prinz jedoch von seinem Helfer und bezeichnet ihn als Teufel, dessen Blut es nicht wert ist, sich mit dem Blut seines Opfers zu vermischen.

Das epische Theater

Bertolt Brecht (1898 – 1956) wendet sich mit seiner Dramaturgie des epischen Theaters besonders gegen die klassischen drei Einheiten des Ortes, der Zeit und der Handlung, gegen die Einfühlung des Zuschauers und die Katharsis. Stattdessen will er durch seine Art von Theater erreichen, dass der Zuschauer eine Distanz aufbaut und zur kritischen Reflexion angeregt wird. Um zu verhindern, dass der Zuschauer sich in das gespielte Stück hineinversetzt, sich mit den Figuren identifiziert, mit ihnen mitempfindet und mit ihnen leidet, verwendet das epische Theater verschiedene *Verfremdungseffekte*. Dazu gehören die Einbindung von Liedern und Songs in das Geschehen auf der Bühne (*Montagetechnik*), die Verwendung von Bildern, Texten und Spruchbändern auf und vor der Bühne, die teilweise direkte Ansprache der Zuschauer durch die Schauspieler sowie das Improvisieren. So entsteht beim Zuschauer keine Illusion, es wird ihm nicht die Identifikation mit den Figuren erlaubt. Dem Zuschauer soll jederzeit bewusst sein, dass er nur ein Theaterstück sieht. Diesen Zweck soll auch die Kargheit der Bühnenausstattung unterstützen.

Elemente dramatischer Texte

Handlung

Im Gegensatz zur Epik entfalten Dramen die Handlung in der Regel weniger aus aktionsstarken Begebenheiten, sondern häufiger aus inneren Konflikten der Figuren.
Die Entwicklung des Dramas und die gravierenden Veränderungen in der Bühnentechnik (→ S. 166) wirken sich deutlich auf den Aufbau und die Gestaltung der Handlung aus. Die Handlung in den meisten aristotelischen Dramen (geschlossene Form) verläuft linear und besteht nur aus einem Handlungsstrang (Ausschnitt des Ganzen). Bei den nichtaristotelischen Dramen (offene Form) entwickelt sich die Handlung in der Regel nichtlinear und besteht aus mehreren Handlungssträngen bzw. Einzelsegmenten (Ganzes in Ausschnitten).
Je nach Zuordnung des Dramas (Entstehungszeit) ergeben sich für die Analyse einer ausgewählten Szene also unterschiedliche Beobachtungsschwerpunkte:

Lineare Handlung – Ein Ausschnitt des Ganzen

- Aristotelische Dramen, bei denen es sich meistens um 3-Akter oder 5-Akter handelt, entsprechen im Allgemeinen einem *festen Aufbauplan*. In der Regel gibt es von daher nur einen Handlungsstrang und Nebenhandlungen sind eher die Ausnahme. Die einzelnen Szenen sind fester Bestandteil der Funktion, die der jeweilige Akt im Aufbauplan des Dramas einnimmt. Die einzelne Szene ist daher der *steigenden* oder *fallenden* Handlung zuzuordnen.
- Der (tragische) *Konflikt*, der in einem Streit der Meinungen und Wertvorstellungen, in der Widersprüchlichkeit der Charaktere oder in dem Gegeneinander der Handlungsziele begründet sein kann, stellt das Kernstück der dramatischen Handlung dar.
- Die *Exposition* ist in den aristotelischen Dramen ein zentrales Strukturelement, deren Aufgabe es ist, den Zuschauer auf die bevorstehende Bühnenhandlung vorzubereiten. Die Exposition kann gleichermaßen vergangenheits-, gegenwarts- und zukunftsbezogen sein, indem sie den Zuschauer/Leser über die Vorgeschichte der Handlung unterrichtet, ihn mit Ort, Zeit und Personen des Stücks vertraut macht und bereits mögliche Konflikte andeutet.
- Die Übergänge von der einen zur anderen Szene werden durch die Beibehaltung des Schauplatzes, durch den Verbleib einer Figur auf der Bühne oder andere Mittel miteinander eng verklammert.
- Neben- bzw. Parallelhandlungen werden meist nur durch die Technik der *Mauerschau* (*Teichoskopie*) oder des *Botenberichts* eingebunden. Das heißt, dass eine erhöht stehende Figur unmittelbar von einem Ereignis berichtet, das gerade für die anderen unsichtbar (quasi hinter einer Mauer) stattfindet bzw. dass jemand eine Botschaft überbringt, in der über eine andere Handlung berichtet wird.
- Der *Schluss* bringt die Lösung des Konflikts, die je nach Form des Dramas häufig mit dem persönlichen Untergang (z. B. Tod oder endgültiger Ausschluss aus der Gesellschaft) des Protagonisten verbunden ist (*Tragödie*) bzw. zu einem unverhofft glücklichen Ende geführt wird (*Komödie*).

Nichtlineare Handlung – Das Ganze in Ausschnitten

- Die nichtaristotelischen Dramen bzw. die Dramen der offenen Form lassen sich keinem festen Aufbauplan zuordnen, zumal sie aus einer sehr unterschiedlichen Anzahl von Akten und Szenen bestehen können. Die Handlung verläuft meist nicht linear, sondern sprunghaft, indem einzelne Episoden aus einem oder auch mehreren Handlungssträngen herausgegriffen werden.
- Eine Exposition wie in den aristotelischen Dramen ist meist nicht vorhanden, sondern das Geschehen entfaltet sich häufig im Sinne eines *analytischen Dramas*. Das heißt, die für den *Konflikt* entscheidenden Ereignisse werden nicht erst durch den Gang der Handlung vermittelt, sondern stellen von Anfang an die Handlungsvoraussetzung dar und werden im Verlauf des Dramas nach und nach aufgedeckt.
- *Neben-* bzw. *Parallelhandlungen* sind möglich, da die zeitliche Ausdehnung der Handlung deutlich länger als im aristotelischen Drama sein kann (keine Bindung an die Einheit der Handlung) und häufig *Zeitsprünge* und *Ortswechsel* beim Übergang von der einen zur anderen Szene vorliegen. Die Technik der Mauerschau bzw. des Botenberichts spielt daher kaum noch eine Rolle. Die Gleichzeitigkeit von Handlungen wird im Nacheinander der Szenenabfolge dargestellt.
- Im Gegensatz zum aristotelischen Drama bleibt der *Schluss* häufig offen und die Lösung des Problems wird an die Zuschauer/Leser delegiert.
- Die Handlung entfaltet sich in ihrer Gesamtheit nicht aus einer klar strukturierten Abfolge von einzelnen Szenen und Akten, sondern aus teilweise eher isolierten *Einzelszenen*, die sehr kurz und unvermittelt sein können (*Fetzenszenen*), um schlaglichtartig Aspekte der Handlung zu thematisieren.

Raum- und Zeitgestaltung

Die Gestaltung des Raumes und der Zeit sind an der Entfaltung der Handlung beteiligt, da es schon einen erheblichen Unterschied bedeutet, ob das gesamte Drama nur an einem oder an mehreren Schauplätzen spielt bzw. ob es nur den begrenzten Zeitraum eines Tages oder eine Zeitspanne von mehreren Wochen, Monaten oder auch Jahren umfasst. Für die Analyse einer Szene ist es also wichtig, die Raum- und Zeitgestaltung im Kontext des gesamten Stückes zu beachten.

Raumgestaltung

- Die Angaben zum Raum (synonym verwendet werden *Schauplatz* und *Handlungsort*) sind in den aristotelischen Dramen meist wenig konkret, da stärker als in den nichtaristotelischen Dramen die Handlung durch die Dialoge und nicht durch einen aktionsstarken Raum vorangetrieben wird. Der zeitliche Hintergrund, in den die Handlung einzuordnen ist, bestimmt dabei die Vorstellung des Raumes.
- Die häufigen und meist schnell aufeinanderfolgenden *Ortswechsel* in nichtaristotelischen Dramen bedingen, dass dort oft genauere Angaben zum Raum gegeben werden, denn der Zuschauer/Leser muss die Möglichkeit haben, die Ortswechsel gedanklich nachzuvollziehen. Hinzu kommt, dass der Raum sich wesentlich deutlicher auf das Agieren der Figuren auswirkt.

- Zu *Requisiten* und *Kostümen* werden in dramatischen Texten nur selten direkte Aussagen getroffen. Die konkrete Ausgestaltung ist Bestandteil der jeweiligen Inszenierung, die sich in der Regel aber an dem zeitlichen Hintergrund orientiert.
- Je nach dramaturgischem Konzept ergibt sich aus dem Zusammenspiel von Bühnenraum, Requisiten und Kostümen eine sehr geschlossene und realitätsnahe Ausgestaltung der Bühne oder es wird durch Reduktion bzw. Verfremdung des Bühnenbilds bewusst gemacht, dass es sich bei der Darstellung um eine Inszenierung handelt. Vor allem das epische Theater und zeitgenössische Theaterstücke bevorzugen die zweite Variante.

Zeitgestaltung

- Je nach Grundkonzeption und zentraler Thematik eines Dramas wird die Zeit, in der die Handlung spielt, mehr oder weniger stark präzisiert. Dramen, in denen eher grundlegende menschliche Konflikte oder Ideen und Werte im Mittelpunkt stehen, sind zeitlich nicht konkret gebunden. Dramen, die historische Ereignisse bzw. gesellschaftliche Probleme aufgreifen, müssen den zeitgeschichtlichen Hintergrund durch die Dialoge bzw. die Gestaltung der Bühne verdeutlichen. Besonders im epischen Theater werden die aktuellen zeitlichen Bezüge durch die Präsentation von Prospekten (Plakate, Zeitungsartikel, Spruchbänder usw.) im unmittelbaren Umfeld der Bühne hergestellt.
- Die zeitliche Struktur eines Dramas wird geprägt durch das Verhältnis zwischen *Spielzeit* sowie *gespielter Zeit*. In Analogie zur Erzählzeit und erzählten Zeit (→ S. 163 f.) in der Epik bezeichnet die *Spielzeit* den Zeitraum, den eine Aufführung umfasst, während *gespielte Zeit* den Zeitraum angibt, den die Handlung umfasst. In aristotelischen Dramen ist dies unter Berücksichtigung der Einheit der Zeit in der Regel ein Tag, in nichtaristotelischen Dramen können dies Tage, Wochen oder Jahre sein. Aus dem im gesamten Drama vorliegenden Verhältnis zwischen Spielzeit und gespielter Zeit ergibt sich eine eher *zeitraffende* (Spielzeit ist kleiner als gespielte Zeit) oder *zeitdehnende* (Spielzeit größer als gespielte Zeit) Handlung. Eine Besonderheit dramatischer Texte besteht darin, dass die einzelne Szene immer *zeitdeckend* ist, da im Dialog der Figuren Spielzeit und gespielte Zeit übereinstimmen. Bei der Analyse einer dramatischen Szene ist deshalb zu berücksichtigen, wie die Szene sich in das zeitliche Kontinuum des gesamten Stücks einbettet.
- Besonders in den nichtaristotelischen Stücken mit einer längeren gespielten Zeit und folglich häufigeren Zeitsprüngen wird die zeitliche Zuordnung einer Szene durch Formulierungen, die Verknüpfungen herstellen oder Anspielungen auf vorausgehendes oder nachfolgendes Geschehen enthalten, kenntlich gemacht. Der Hinweis z. B. auf eine Aktivität, die eine Figur in Zukunft ausführen will (z. B. „um das zu klären, muss ich XY aufsuchen“), verklammert zeitlich die Szene mit einer anderen, in der dieser Plan konkretisiert wird.

Figuren und Figurenkonstellationen

Die Figuren im Drama können grundsätzlich als *Charaktere* bzw. *Typen* bezeichnet werden. Von einem Charakter spricht man, wenn die Figur im Drama differenzierter dargestellt wird, sodass man verschiedene Eigenschaften und Verhaltensweisen kennenlernt. Von einem Typ oder Typus spricht man dagegen, wenn eine Figur mehr oder weniger nur auf einen Aspekt (z. B. Geiz, Gewalttätigkeit usw.) reduziert wird.

- Die *Namen* bzw. die *Bezeichnung der Figuren* können bereits deutliches Indiz für die Figurenzeichnung sein, wenn z. B. *sprechende Namen* (*Oberlin, Schufterle, Grimm, Gottlieb Biedermann* usw.) verwendet werden oder den Figuren nur Funktionsbezeichnungen (*Doktor, 1. Handwerksbursche* usw.) zugewiesen werden. Der Anordnung der Figuren im Personenverzeichnis, eventuell ihren Namen und den vielleicht beigefügten Angaben zu ihrem Status lassen sich unter Umständen bereits Informationen darüber entnehmen, welche Rolle die Figuren im Stück spielen bzw. in welcher Beziehung sie zueinander stehen.
- Als *Protagonisten* bezeichnet man Figuren des Dramas, die die Handlung tragen. In der griechischen Tragödie waren das zunächst nur der Spieler und ein Gegenspieler (Protagonist und Antagonist), später kamen weitere Figuren hinzu (Haupt- und Nebenfiguren). Die Hauptfiguren werden häufig auch mit den Begriffen *Held* oder *Anti-Held* bezeichnet, je nachdem, ob sie selbstbewusst, eigenverantwortlich und aktiv am Verlauf des eigenen Schicksals beteiligt (Held) oder eher passiv und leidend fremden Mächten und Kräften ausgesetzt sind (Anti-Held). Erst mit Aufhebung der Ständeklausel in den nichtaristotelischen Dramen werden auch Anti-Helden zu den Hauptfiguren der Dramen.
- Da in dramatischen Texten kein Erzähler die direkte Charakterisierung (→ S. 162) der Figuren übernehmen kann, charakterisieren sich die Figuren durch ihr Verhalten und vor allem durch das gesprochene Wort selbst bzw. werden indirekt durch die Aussagen anderer charakterisiert. Speziell im zweiten Fall ist dabei zu berücksichtigen, dass diese Art der Charakterisierung nicht objektiv ist, da sie aus der Perspektive einer anderen Figur vorgenommen wird.
- Die Figuren in einem Drama werden erst wirklich lebendig und dadurch charakterisiert, dass sie in der Interaktion mit anderen Figuren gezeigt werden. Jede Figur ist eingebunden in eine *Figurenkonstellation*, die z. B. bestimmt wird durch den Grad der Zuneigung, Abneigung oder Feindschaft zu einer anderen. Um Charaktereigenschaften zu verdeutlichen, werden einzelnen wichtigen Figuren *Gegenspieler* oder *Kontrastfiguren* gegenübergestellt.
- *Gestalt, Mimik, Gestik, Körperhaltung* und *-bewegung* sowie die *Kleidung* charakterisieren eine Figur. Allerdings finden sich dazu in den Dramentexten nur wenig konkrete Hinweise (Regieanweisungen), sodass der Leser entsprechende Vorstellungen aus der Handlung und vor allem aus dem gesprochenen Wort selbst entwickeln muss. Dem Zuschauer einer Aufführung wird diesbezüglich bereits eine Interpretation angeboten. Bei der Analyse einer Dramenszene muss also deutlich werden, ob es sich bei Aussagen zum äußeren Erscheinungsbild um eine eigene Interpretation oder um konkrete Vorgaben handelt, die durch Textbelege nachgewiesen werden können.

Sprache und Dialogführung

- Der Dialog ist das zentrale Merkmal dramatischer Texte, denn das Drama lebt vom gesprochenen Wort. Die Analyse einer Dramenszene muss deshalb im besonderen Maße auf die inhaltliche Aussage und die formale Gestaltung der Dialoge (Ausdrucksweise, Wortwahl, Satzbau usw.) eingehen.
- Das Prinzip der Ständeklausel prägt im aristotelischen Drama auch die Sprache, sodass der Sprachstil der Figuren getragen bzw. gehoben ist und bis hin zum *Pathos* reichen kann. Die Sprache der Figuren ist kunstvoll gestaltet, reich an Bildlichkeiten und anderen rhetorischen Mitteln (→ S. 114 ff.). Der Text ist häufig in Blankversen geschrieben. Vorherrschend ist ein *hypotaktischer Sprachstil*.
- In nichtaristotelischen Dramen werden Stilebenen und die Ausdruckshaltung gemischt und es findet eher eine Orientierung an der Alltagssprache statt (verschiedene *Soziolekte, Jargon, spontane Äußerungen, „Aneinandervorbeireden“*). Anders als beim geschlossenen Drama, wo das Bewusstsein die Sprache dominiert, dominiert hier die Sprache über das Bewusstsein. Ausrufe, elliptische und *parataktische Satzkonstruktionen* sind Ausdruck einer lebendigen, spontanen und emotionalen Sprache, die die Figuren deutlich charakterisiert.
- Die gründliche Analyse der Dialoge muss *kommunikative Strukturen* mitberücksichtigen, da der Dialog immer eine Form der Interaktion ist. Das bedeutet, dass nicht nur inhaltlich geklärt wird, *was* genau gesagt wird, sondern auch *wie* diese Inhalte kommuniziert werden. Dazu gehört, dass man Aussagen zum Sprachstil, d. h. zur Wortwahl, zum Satzbau und zu den verwendeten rhetorischen Figuren trifft. Qualitativ wirksam werden entsprechende Aussagen aber erst, wenn sie nicht nur beschrieben, sondern in der Deutung funktionalisiert werden.
- *Sprechtempo, Tonfall* und *Lautstärke* werden in dramatischen Texten nur selten durch Regieanweisungen präzisiert und müssen daher aus dem dargestellten Geschehen erschlossen werden, sollten aber im direkten Zusammenhang mit der sprachlichen und kommunikationstheoretischen Analyse berücksichtigt werden.
- Um den Zuschauer an Gedanken einer Figur teilnehmen zu lassen, finden *Monologe* bzw. die Technik des *Beiseitesprechens* Anwendung. Beide Formen sind, wenn auch etwas realitätsfern, typische dramaturgische Elemente, da es eher ungewöhnlich ist, dass eine Person längere Zeit laut für sich selbst spricht (Monolog) bzw. dass eine Person quasi hinter vorgehaltener Hand ihre Gedanken laut preisgibt (Beiseitesprechen), während andere anwesend sind. Das Beiseitesprechen wird in der Regel durch die Regieanweisung „beiseite“ deutlich angegeben.
- In den Dramen der offenen Form, speziell im epischen Theater (→ S. 169), wird der Zuschauer direkt angesprochen, indem z. B. eine Figur die Rolle quasi verlässt und sich unmittelbar an das Publikum wendet. Im *Monodrama*, einem monologischen Einpersonenstück, werden diese Techniken prägendes Gestaltungsmittel, da es Dialoge im eigentlichen Sinne hier nicht mehr gibt.

Literarische Texte in Prüfungsaufgaben

Lyrische, epische und dramatische Texte in Prüfungsaufgaben

Die Aufgabenstellung zu einem Gedicht, einem Roman- bzw. Novellenauszug oder einer Dramenszene besteht aus zwei zusammenhängenden Aufgabenteilen:
- Der Analyse und Interpretation zu einem Ausschnitt aus einem literarischen Werk bzw. einem ganzen Gedicht, teilweise mit der Fokussierung auf einen bestimmten Untersuchungsaspekt und unter Zuhilfenahme zur Verfügung gestellter Sekundärtexte in Teilaufgabe a).
- Dem Erörterungsteil mit vergleichender Perspektive oftmals zu einem übergeordneten Thema und freier Wahl eines passenden Vergleichswerks in Teilaufgabe b).

Kompetenzen

Der Prüfling muss bei der Bearbeitung zeigen, dass er
- Kerngedanken zur Aufgabenstellung sinnvoll ordnen und in einer Gliederung aussagekräftig formulieren kann,
- dabei die eventuelle Vorstrukturierung der Aufgabenstellung, insbesondere die Teilaufgaben, widerspiegeln kann,
- das Wesentliche eines anspruchsvollen Textes mit eigenen Worten sachgerecht wiedergeben kann,
- eine funktionale, auf Inhalt und Wirkung bezogene Analyse von Texten durchführen und deren Darstellungsmittel einbeziehen kann,
- literaturtheoretisches Basiswissen und poetologisches Vokabular anwenden kann,
- Elemente und Strukturen als Möglichkeiten der Handlungsführung erarbeiten sowie Raum-Zeit-Verhältnisse analysieren kann,
- die Mehrdeutigkeit von literarischen Texten erkennen kann,
- Motive und Absichten, Haltungen und Verhaltensweisen, Entwicklungen und Diktion von Figuren erschließen kann,
- unterschiedliche Redeformen (Dialog, Monolog, Chorlied im Drama, Erzählerbericht, Beschreibung, Reflexion, lyrischer Sprecher) unter Berücksichtigung kommunikativer und sprachlicher Aspekte untersuchen kann,
- textexterne und intertextuelle Bezüge erkennen kann,
- Techniken des Zitierens und referierenden Sprechens anwenden kann,
- die geschichtliche Bedingtheit eines Werkes und des eigenen Verstehens und Urteilens erkennen kann sowie
- verschiedene Typen des Dramas, des epischen Textes und des Gedichts bestimmen und unterscheiden kann.

Der aspektbezogene Vergleich eines Textes (vor allem Gedichts) bzw. Textausschnitts (vor allem Roman- und Dramenausschnitts) mit einer Ganzschrift sollte folgende übergreifende Aspekte berücksichtigen und dabei gemäß selbst gewählten sinnvollen Vergleichskriterien Gemeinsamkeiten und Unterschiede herausstellen und begründen:
- begründete Einordnung in die literarischen Epochen, zu denen die Texte gehören (soweit dies möglich und gefordert ist)

- die Form der Gattung, denen die Texte zuzuordnen sind
- funktionale sowie inhaltliche Einbettung der Textauszüge in den Kontext des gesamten Werks (soweit das möglich ist, oftmals helfen hier auch die abgedruckten Zusatzinformationen zum Textausschnitt)
- Herausarbeitung des thematischen Schwerpunktes und gegliederte Inhaltswiedergabe in Sinnabschnitten des Textes bzw. Textauszugs
- Textbeschreibung (formal-sprachliche Auffälligkeiten, Erzählsituation usw.)
- Darstellung des Themas/Motivs und dessen jeweilige Entwicklung
- Darstellung der Raum- und Zeitgestaltung sowie der Handlungsführung im dramatischen bzw. epischen Text
- Charakterisierung der Figuren, deren Sprache und Milieuzugehörigkeit sowie der Figurenkonstellation
- Analyse der Dialoge unter sprachlichen und kommunikativen Schwerpunkten
- Bei einem Gedichtvergleich erfolgt die Deutung des zweiten Gedichts durch den Vergleich mit dem ersten Gedicht. Das heißt, es werden beim zweiten Gedicht vor allem diejenigen Aspekte hervorgehoben, die sich für einen Vergleich mit dem ersten Gedicht eignen.

Originalaufgaben in *Finale:*
→ S. 10ff., S. 18ff., S. 28ff., S. 57ff., S. 65ff., S. 76ff.

TIPP

- Die Zeitform, in der sie Ihre Interpretation verfassen, ist das Präsens.
- Alle Aussagen müssen begründet und anhand von Textstellen belegt werden.
- Zitieren Sie nicht zu viel, sondern geben Sie wichtige Handlungsaspekte in eigenen Worten wieder.
- Schreiben Sie sachlich. Ironie und Umgangssprache sind fehl am Platz.
- Verwenden Sie Fachausdrücke!
- Nicht vergessen: Sprache, Aufbau, Inhalt gehören zusammen und erfordern gegenseitigen Bezug. Es ist nicht ausreichend, einzelne Stilmittel zu benennen, wenn Sie nicht angeben können, wozu diese dienen oder was diese deutlich machen können.

Analyse und Interpretation literarischer Texte

Aufbau einer Analyse: Kurzübersicht

Ihre Vorüberlegungen bzw. Vorarbeiten (→ S. 107) münden in eine Gliederung und diese wiederum in eine schriftliche Ausarbeitung eines homogenen Sachtextes. Dabei kommt es vor allen Dingen darauf an, die folgenden Aspekte, die im Schema übersichtshalber „künstlich“ getrennt aufgeführt sind, in der schriftlichen Ausarbeitung zusammenzuführen, also nicht hintereinander „abzuhaken“.

<table>
<tr><th colspan="4">Einleitung</th></tr>
<tr><td colspan="4">– Hinführung zur Themenstellung durch Aktualisierung bzw. Darstellung der besonderen Relevanz
– äußere Textmerkmale: Autor, Titel, Entstehungszeit, -ort
– wenn möglich und gefragt: erste Epochenzuordnung
– Thema des Textes bzw. Textauszugs</td></tr>
<tr><th colspan="4">Hauptteil</th></tr>
<tr><td colspan="4">– Wiedergabe des erzählten/dargestellten/erlebten Geschehens in gegliederter Inhaltsangabe
– Kontextualisierung: inhaltlich und funktional (wenn möglich)</td></tr>
<tr><th></th><th>Epik</th><th>Lyrik</th><th>Drama</th></tr>
<tr><th>Inhalt</th><td>– Eigenschaften der Figuren, Figurenkonstellation
– Handlungsverlauf, Konfliktpotenzial
– (Leit-)Motive
– Gestaltung von Zeit und Raum
– Intertextualität</td><td>– Kommunikationsangebot (Wer spricht?)
– Stimmung
– Leitmotiv und dessen Entwicklung
– Intertextualität</td><td>– Eigenschaften der Figuren, Figurenkonstellation
– Handlungsverlauf, Konfliktpotenzial
– (Leit-)Motive
– Gestaltung von Zeit und Raum
– Intertextualität</td></tr>
<tr><th>Form</th><td>– Erzählform (Ich-/Er-/Sie-Erzähler)
– Erzählverhalten (auktorial, personal, neutral)
– Wechsel von Erzählerbericht und Figurenrede usw.</td><td>– Vers
– Metrum
– Strophe
– Reim
– Rhythmus
– Gedichtform</td><td>– Regieanweisungen
– Inszenierung
– Szenenaufbau
– Haupt- und Nebentext
– Spannungsbogen</td></tr>
<tr><th>Sprache</th><td>– Wortwahl
– Satzbau
– Bildlichkeit
– rhetorische Mittel</td><td>– Wortwahl
– Satzbau
– Bildlichkeit
– rhetorische Mittel</td><td>– Figurenrede
– Sprechakte
– Dialoganalyse
– Wortwahl, Satzbau
– rhetorische Mittel</td></tr>
</table>

Schluss
Reflexion und Beurteilung: – ideal: inhaltlicher Rahmen mit Einleitung – kurze Ergebniszusammenfassung – ggf. Vergleich mit anderen Texten desselben Autors oder mit demselben Motiv bzw. Thema, evtl. Gegenwartsbezug herstellen – eigener Zugang, subjektive Rezeption

Eine Analyse eines literarischen Textes verfassen

Einleitung

In der Einleitung sollten Autor (Name, evtl. Lebensdaten), die Textsorte (Gedicht, Roman, Erzählung, Novelle, Kurzgeschichte, Tragödie, Komödie usw.), der Titel des Textes, (Erst-) Erscheinungsjahr, die Epoche bzw. literarische Strömung, aus der der Text entstammt und auf die er sich bezieht, vorgestellt werden.
Insbesondere bei kürzeren Texten bietet sich die Methode der *Titelassoziation* als erster Zugriff auf den Text an. Die daraus abgeleiteten *Leseerwartungen* können ein gelungener Einstieg in die folgende Analyse sein.
Dann erfolgt die Nennung des *Themas* (nicht zu verwechseln mit dem Inhalt!).
Zentrale Fragen:
- Worum geht es?
- Was ist zentrales Problem des Textes bzw. Textauszugs?

Hauptteil

Der Beginn des Hauptteils besteht zweckmäßig aus einer knappen, aber präzisen gegliederten *Inhaltswiedergabe* (strukturiert, Präsens, Verzicht auf Einzelheiten, Verzicht auf direkte Rede sowie Zitate, in eigenen Worten). Auf dieser aufbauend kann dann die eigentliche Deutung des Textes erfolgen. Eine Inhaltsangabe entfällt nur bei kurzen Gedichten, weil sich bei diesen Themenformulierung und Inhaltswiedergabe zu sehr überlappen.

Wenn es sich bei dem vorliegenden Text um einen Auszug aus einem längeren literarischen Text handelt (nicht um einen Roman- oder Dramenanfang: hier wäre der mögliche expositorische Charakter zu beachten), muss diese Textpassage in zweierlei Hinsicht *kontextualisiert* werden:
a) *inhaltlich* (Was geschieht vorher? Was unmittelbar danach?)
b) *funktional* (Welchen Stellenwert besitzt der Textauszug innerhalb des Gesamttextes? Welche Funktion im Hinblick auf die Entfaltung eines Konflikts, auf die Handlungsweise der Protagonisten o. Ä. kommt ihm zu?)

Zentraler Bestandteil der Ausarbeitung ist die aspektorientierte Detailanalyse, die zentrale Aspekte (entweder in der Aufgabenstellung vorgegeben oder selbst festzulegen) und Beobachtungen zu Deutungen bündelt. Wünschenswert ist es hier, die Aspekte, die man im Folgenden genauer untersuchen möchte, vorab zu benennen und ihre Auswahl

in wenigen Zeilen zu begründen. Die Darstellung sollte kohärent sein und nicht in ein bloßes Abhaken der festgelegten Analyseaspekte münden.
Bei einer vergleichenden Betrachtung von mehreren Werken folgt am Ende des Hauptteils die Analyse des nicht durch einen Textauszug vorliegenden Werks, und zwar gemäß der in der Aufgabenstellung genannten Vergleichsperspektive.

TIPP zur Interpretation

Unauflösbare Widersprüche oder mögliche Deutungsvarianten sollten benannt werden. Es gibt nicht *die* eine Interpretation!

Bei **epischen Texten** untersucht man
- die Erzählsituation (u. a. Erzählverhalten, Erzählform, Erzählperspektive),
- die Figuren (u. a. Figurenkonzeption und -konstellationen),
- die Redeformen (z. B. Wechsel von Erzählerbericht, Erzählerkommentar, innerem Monolog, erlebter Rede und direkter bzw. indirekter Figurenrede),
- die Zeitstrukturen (z. B. Unterschiede im Erzähltempus, Rückblenden, Vorausdeutungen, Zeitdeckung, Zeitdehnung, Zeitraffung),
- die Motive (Stimmungen, Symbole, Farben usw.),
- die (besondere) Schauplatzgestaltung und
- sprachliche Besonderheiten (vor allem rhetorische Stilmittel).

Bei der Analyse **lyrischer Texte** helfen folgende Leitfragen:
- Welches Gesamtbild, welche Stimmung wird erzeugt?
- Wie kommt diese Stimmung zustande?
- Welches Leitmotiv trägt sie?
- Welche Entwicklungen kennzeichnen das Gedicht bzw. einzelne Verse/Strophen?
- Wer spricht? (lyrisches Ich, gestaltloses Sprechen)
- Welches Bild entwirft das lyrische Ich von sich selbst, vom lyrischen Du, von der Welt?
- Welche Redesituation (Appell, Anklage, Lobpreisung, Selbstgespräch, Beobachtung usw.) liegt vor?
- Was kann aus den formalen Beobachtungen zu Vers, Metrum, Reim, Rhythmus usw. geschlossen werden?

Bei längeren Gedichten sollten die Strophen in ihrer gedanklichen Abfolge vorgestellt werden. Bei der Detailanalyse muss immer die Funktion der jeweiligen lyrischen Gestaltungsmittel aufgezeigt werden, z. B. welche Stimmung damit transportiert wird. Es reicht nicht, diese Mittel nur zu benennen; das gilt auch für die sprachliche Gestaltung:
- Welche (klangvollen, fremden, ungewöhnlichen ...) Wörter werden eingesetzt?
- Was leistet der Satzbau (bzw. die Wortstellung) zum Verständnis?
- Welche Bilder und Stilfiguren werden verwendet? Wie sind sie zu deuten?

Bei der Analyse von **dramatischen Texten** sollten Sie folgende Aspekte berücksichtigen:
- Handlung, Raum- und Zeitgestaltung sowie Figuren und Sprache; dazu sollten Sie die Erschließungsfragen im Anschluss beachten.
- Regieanweisungen; sie können konkrete Angaben zum Handlungsort, zu den Requisiten bzw. zum Verhalten und Sprachduktus der Figuren enthalten.
- Aufbau der Szene und innerer Spannungsbogen (z. B. Veränderungen im Verhalten oder in der Dialogstruktur, Auf- und Abtritte von Figuren)
- Dialoge der Figuren (sprachliche Gestaltung und kommunikative Funktion)
- Form des Dramas (geschlossene vs. offene Form)

Erschließungsfragen für die Analyse dramatischer Texte

- Gibt es direkte Hinweise zum Handlungsort und zur Raumgestaltung im Text? Wie kann/muss man sich den Raum vorstellen, in dem die Figuren agieren?
- Sind Anfang bzw. Ende der Szene durch einen Ortswechsel gekennzeichnet?
- Werden Bezüge dieser Szene zu anderen über den Schauplatz hergestellt?
- Gibt es wichtige Requisiten, die den Schauplatz näher bestimmen?
- Wie ist die Szene in die zeitliche Struktur des gesamten Dramas eingebettet?
- Liegen beim Übergang von der vorausgehenden Szene zur nachfolgenden Szene Zeitsprünge vor? Wie werden diese Zeitsprünge deutlich gemacht? Gibt es in den Formulierungen der Figuren zeitliche Verklammerungen?
- Ist die Szene Teil einer linearen bzw. nichtlinearen Handlung? Gehört sie zur Haupt-, Neben- oder Parallelhandlung?
- Wie beeinflusst die Szene den weiteren Handlungsverlauf? Welche Funktion und Bedeutung hat die Szene für die Entwicklung der Handlung? (Diese Fragen lassen sich nur bei Kenntnis des gesamten Dramas beantworten.)
- Wie ist die zu interpretierende Szene mit der vorausgehenden und nachfolgenden Szene verbunden? Gibt es Zeitsprünge oder Ortswechsel im Übergang von der vorausgehenden bzw. zur nachfolgenden Szene?
- Wo liegt und worin besteht der tragische Konflikt?
- Gibt es einen Intriganten? Wie und für wen agiert er und mit welcher Folge (für wen) tut er das?
- Handelt es sich bei den agierenden Figuren eher um Charaktere oder Typen? Kann eine der Figuren als Protagonist der Handlung bzw. als Held oder Anti-Held bezeichnet werden? Machen die Figuren eine Entwicklung durch?
- Wie ist die einzelne Figur in die Figurenkonstellation des gesamten Stücks bzw. in die Szene eingebunden? Gibt es direkte Gegenspieler oder Kontrastfiguren?
- Wer übernimmt die Rolle des Intriganten? Worin besteht die Intrige und mit welcher Folge für Handlung, Konflikt und andere Figuren wird sie ausgearbeitet?
- Wie und wodurch charakterisieren sich die Figuren selbst bzw. werden sie von anderen charakterisiert?
- Welchen Anteil hat die Sprache an der Charakterisierung der Figuren?
- Auf welchem Sprachniveau entwickelt sich das Gespräch? Handelt es sich um eine gebundene oder eher freie und emotionale Sprache?
- Welche Wirkung wird durch den Satzbau und die Wortwahl erreicht?

- Welche rhetorischen Figuren werden verwendet und welche Funktion haben sie?
- Wie müssten Sprechtempo, Tonfall und Lautstärke in einzelnen Passagen der Dialoge gestaltet sein?
- Welche kommunikativen Strukturen werden in den Dialogen deutlich? Wie groß sind die Redeanteile der Figuren? Welche Figur ergreift die Initiative im Gespräch und welche Figur beendet es?
- Gibt es Tendenzen zur Monologisierung der Dialoge?

TIPP zur literaturhistorischen Einordnung

Die Einordnung in die historisch-literarische Epoche mit sozial- und geistesgeschichtlichen Hintergründen, eventuell unter Einbeziehung der Biografie des Autors, sollte Bezüge zum analysierten Text herstellen. Bloß Wissen zu einer literarischen Epoche „abzuspulen“, etwa zum Barock oder zur Lyrik nach 1945, ist unzureichend.

Schluss

Im Schluss geht es nicht um eine bloße Meinungsäußerung (nach dem Motto: „Wie hat mir das Gedicht, der Roman oder das Drama gefallen?“), sondern
- um eine kurze Zusammenfassung der Ergebnisse,
- gegebenenfalls um Vergleichsaspekte, die über den Text hinausgehen: andere Werke des Autors, Texte aus der gleichen Epoche oder zum gleichen Themenzusammenhang, bei dramatischen Texten auch unterschiedliche Inszenierungen,
- gegebenenfalls um den eigenen Zugang, die (subjektive) Rezeption als Wertung, wobei die (eigenen) Kriterien offenzulegen sind und eine mögliche Bedeutung des Textes für die (eigene) Gegenwart formuliert werden kann,
- um die Aktualität und den Bezug des Dargestellten zur Gegenwart sowie
- um das Fazit des Vergleichs.

Idealatypisch ist die Kreierung eines inhaltlichen Rahmens mit dem Einleitungsgedanken.

Sachtexte

Was ist ein Sachtext?

Unter Sachtexten versteht man in der Regel alle nichtfiktionalen Texte. Das heißt, Sachtexte beziehen sich direkt auf Sachverhalte aus der Wirklichkeit. So ist für den *Reisebericht* der Bezugspunkt das Land, das er beschreibt, für die *Gebrauchsanweisung* der Gegenstand, den sie erklärt, für die Analyse eines *fiktionalen Textes* der Text, den sie untersucht. Damit haben Sachtexte in praktischen Handlungskontexten einen Gebrauchswert.
Sachtexte umfassen ein breites *Textsortenspektrum*. Dabei kann es sich um geschriebene oder gesprochene Sachtexte handeln (z. B. Nachrichten, Wissenschafts- oder Kultursendungen). Darüber hinaus unterscheidet man zwischen *kontinuierlichen* Sachtexten (Fließtexten) und *diskontinuierlichen* Sachtexten (Diagramme, Schaubilder, Tabellen usw.). Hilfreich ist es, bei der Klassifizierung von der (vermuteten) Intention des jeweiligen Verfassers und der damit verbundenen Funktion des jeweiligen Sachtextes auszugehen.

Welche Funktionen können Sachtexte wahrnehmen?

informieren darstellen instruieren	**argumentieren erörtern**	**appellieren**	**regulieren**
Typische Textsorten – Nachricht – Textanalyse – wissenschaftliche Untersuchung (z. B. literatur- oder sprachtheoretischer Text) – Gebrauchsanweisung – ...	**Typische Textsorten** – Kommentar – Leserbrief – Rezension – Kritik – ...	**Typische Textsorten** – Werbung – Flugblatt – Wahlrede – ...	**Typische Textsorten** – Gesetzestext – ...

Hinweis

Die meisten Textsorten umfassen sowohl informierende, argumentierende als auch appellierende Elemente. Bei jeder Textsorte steht jedoch eine Funktion im Vordergrund. Wer einen Leserbrief schreibt, will vor allem seine Haltung zu einem Sachverhalt darlegen und nicht in erster Linie sachlich informieren. Dennoch enthält ein Leserbrief selbstverständlich informierende und evtl. auch appellierende Elemente.

Sachtexte – Ein Überblick über wichtige Textsorten

Folgende Textsorten werden im Unterricht der Sekundarstufe II häufig behandelt. Dabei hängt die Wahl der Textsorte maßgeblich von der Intention des Verfassers ab.

Abhandlung (in wissenschaftlicher und populärwissenschaftlicher Form): insbesondere literaturwissenschaftliche oder literaturhistorische Texte, sprachwissenschaftliche oder sprachhistorische Texte, Darstellung von Modellen (z. B. Kommunikationsmodelle)

Essay: geistreiche, anspruchsvolle und persönlich gefärbte Abhandlung zu einem allgemein gesellschaftlichen Thema oder zu einem literarischen Text

Glosse: satirisch witzige, manchmal auch bissige Auseinandersetzung mit einem aktuellen gesellschaftspolitischen oder kulturellen Thema; die Grenze zwischen Glosse und Kommentar ist fließend

Kolumne: regelmäßig – zumeist unter einer festgelegten Überschrift – erscheinender, kommentierender Kurzartikel, der zu einem aktuellen Problem Stellung nimmt

Kommentar: subjektive, oft analysierende Stellungnahme zu einem politisch-gesellschaftlichen oder kulturellen Thema; Kommentare sollen zur Meinungsbildung anregen

Leserbrief: subjektive persönliche Stellungnahme von Lesern zu ausgewählten Artikeln und Kommentaren einer Zeitung

Rede: insbesondere politische Reden mit allgemein gesellschaftlichen bzw. kulturellen Themen

Rezension und Kritik: kritische subjektive Auseinandersetzung mit einer zumeist aktuellen kulturellen Leistung, z. B. Buchbesprechung, Theater- oder Filmkritik; die Sprache der Kritik richtet sich nach dem Adressatenkreis, die Rezension eines Popkonzertes hat einen anderen Stil als eine Theaterkritik

Texte der neuen Medien: insbesondere Auszüge aus Blogs, Chats, Foren oder sozialen Netzwerken, in denen mehrere Personen über ein Thema diskutieren; diese Texte besitzen zumeist interaktiven Charakter

Elemente von Sachtexten

Die Textstruktur von Sachtexten ist durch immer wiederkehrende Bauelemente gekennzeichnet.

- Bei *informierenden Sachtexten* werden, ausgehend von einem Aufhänger, der die Aufmerksamkeit der Leser binden soll, die verschiedenen Teilbereiche eines Themas nacheinander entfaltet. Die Teilbereiche werden häufig mit Zwischenüberschriften gekennzeichnet.
- Bei *argumentierenden Sachtexten* stellt der Verfasser seine Position zu einem bestimmten Thema mittels Thesen, Argumenten und Beispielen dar. Dabei bezieht er mögliche Gegenpositionen und damit verbundene Argumente in seine Überlegungen ein.

Die Übergänge zwischen informierenden und argumentierenden Sachtexten sind fließend. Die Fachbegriffe werden auch bei der Sachtextanalyse zur Kennzeichnung der einzelnen Bauelemente eines Sachtextes unter Angabe ihrer Funktion verwendet.

Informierende Sachtexte	Bauelemente von Sachtexten	Argumentierende Sachtexte
Information über das Thema des Textes	**Titel**	Information über das Thema des Textes
mögliche Eingrenzung des Themas auf einen Aspekt, z. B. eine spezielle Forschungsfrage	**Untertitel**	Verdeutlichung der Position, die der Autor gegenüber dem Thema einnimmt
Aspekt, der die Aufmerksamkeit der Leser binden soll, z. B. ein Zitat	**Aufhänger**	Aspekt, der die Aufmerksamkeit der Leser binden soll, z. B. ein Zitat
	Aufbau	
Abfolge des Gedankenganges, Aufeinanderfolge einzelner Aspekte (roter Faden)	**Makrostruktur**	Formulierung der These und evtl. der Antithese, Darstellung von Argumenten und Gegenargumenten nach ihrer jeweiligen Gewichtung und ihren thematischen Zusammenhängen
Detailinformationen der einzelnen Sinnabschnitte bezogen auf das Thema	**Mikrostruktur**	Detailinformationen zu einzelnen Argumenten, Veranschaulichung durch Beispiele
Bündelung der Ergebnisse	**Zusammenfassung**	Bekräftigung der These mit Hinweis auf die gewichtigsten Argumente
Ableitung von Folgen aus den Arbeitsergebnissen	**evtl. Schlussfolgerung**	Ableitung von Folgen aus den Arbeitsergebnissen

Die sprachliche Gestaltung von Sachtexten

Die Aussageabsicht, der Adressatenkreis und damit verbunden die Wahl der Textsorte (→ S. 182 f.) bestimmen die sprachlich-formale Gestaltung eines Sachtextes. Der Leitartikel einer Tages- oder Wochenzeitung, der wesentlich zur öffentlichen Meinungsbildung beitragen soll, verlangt eine andere sprachliche Gestaltung als ein populärwissenschaftlicher Artikel, der über die neueren Entwicklungen auf einem bestimmten wissenschaftlichen Gebiet informieren soll; ein literaturwissenschaftlicher Interpretationsansatz folgt anderen sprachlichen Gestaltungsnormen als eine Rezension.
Der gezielte Einsatz ausgewählter sprachlich-formaler Gestaltungsmittel verstärkt die jeweilige Aussageabsicht. Deshalb müssen die sprachlich-formalen Gestaltungsmittel immer mit Blick auf ihre Funktion beschrieben werden.

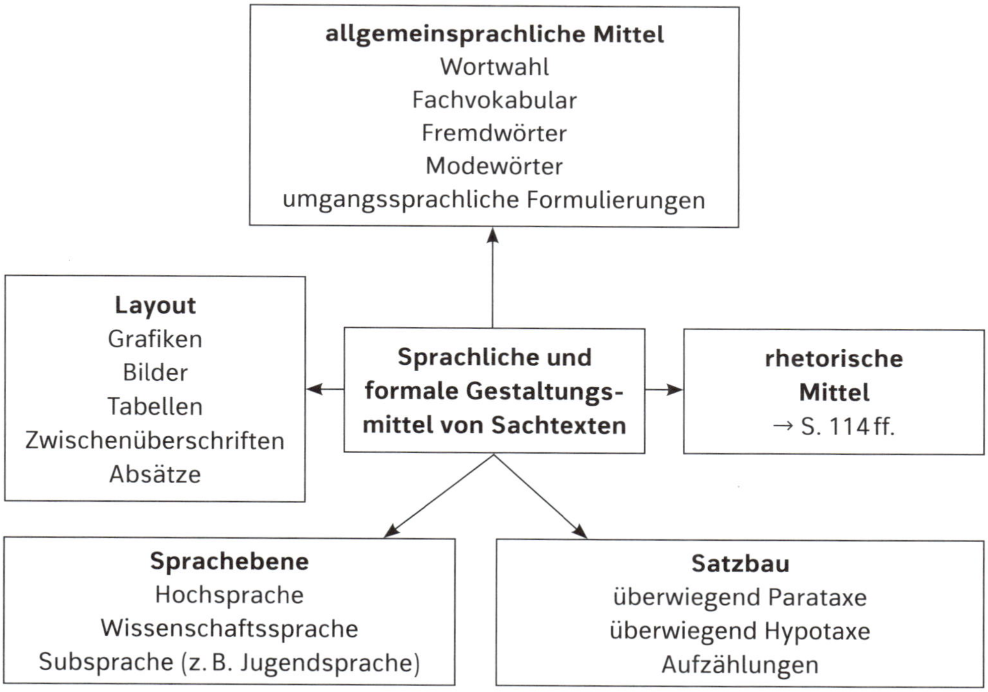

Sachtexte in Prüfungsaufgaben

In den Prüfungsaufgaben für das Abitur im Fach Deutsch finden Sie Sachtexte, die eine informierende, argumentative oder appellative Funktion als Schwerpunkt haben.
- Bei hauptsächlich *informierenden Sachtexten* handelt es sich in der Regel um wissenschaftliche oder auch populärwissenschaftliche Darstellungen.
- *Argumentative Sachtexte* sind häufig Kommentare, Essays oder Glossen.
- *Appellative Texte* sind vorwiegend (Auszüge aus) Reden.

Die Themenbereiche sind bevorzugt fachbezogen wie Literatursprache, Medien und Lesen; es kommen aber auch Texte zum Einsatz, die Wertvorstellungen, grundlegende gesellschaftliche Probleme oder kulturelle Fragestellungen thematisieren.

Inhaltliches Vorwissen zu einem bestimmten Themenbereich erleichtert zwar die Auseinandersetzung mit dazugehörigen Sachtexten außerordentlich, durch die Vielfalt der möglichen Themen ist es allerdings nicht möglich, sich auf diesen Aufgabentyp gezielt inhaltlich vorzubereiten. Die notwendigen Techniken des Analysierens und Erörterns lassen sich jedoch erfolgreich einüben.

Grundsätzlich unterscheidet man folgende Aufgabenarten:
- Textanalyse als untersuchendes Erschließen pragmatischer Texte
- Texterörterung als erörterndes Erschließen pragmatischer Texte

Kompetenzen

Der Prüfling muss bei der Bearbeitung der Prüfungsaufgaben zeigen, dass er
- Sachtexte sowohl mithilfe von Texterschließungsstrategien selbstständig erschließen als auch Sachtexte mithilfe von Schreibstrategien eigenständig verfassen kann,
- verschiedene prüfungsrelevante Textsorten erkennen und anhand ihrer textsortenspezifischen Merkmale unterscheiden kann,
- Text- und Argumentationsstrukturen erkennen und verbalisieren kann,
- Zusammenhänge zwischen der Intention des jeweiligen Autors, der Textsorte und der sprachlichen Gestaltung des Textes und der möglichen Wirkung auf den Leser aufzeigen kann und
- zu einem aufgezeigten Sachverhalt und dessen Darstellung sachlich fundiert und argumentativ schlüssig Stellung nehmen kann.

<u>Beispiel- und Originalaufgaben in Finale:</u>
→ S. 40 ff., S. 87 ff.

Analyse von Sachtexten

Aufbau einer Sachtextanalyse

Ihre Vorüberlegungen bzw. Vorarbeiten (→ S. 107) münden in eine schriftliche Ausarbeitung, die folgende Teile umfassen sollte:

Einleitung	– motivierender Einstieg – äußere Textmerkmale: Autor, Titel, Textsorte, Entstehungszeit, -ort – Thema des Textes
Hauptteil	<u>Inhaltliche Aspekte</u> – sprachlich eigenständige Wiedergabe des Textinhalts (Herausarbeitung der zentralen Thesen) <u>Formale Aspekte</u> Erarbeitung des Textaufbaus: – Funktion von Titel und ggf. Untertitel – Abfolge des Gedankengangs – Verknüpfung einzelner Gedanken – Argumentationsgang (These/Antithese, Argumente, Beispiele) – Schlüsselbegriffe Sprachliche Aspekte – Sprachebene, Sprachstil – Wortwahl, Satzbau – rhetorische Mittel
Schluss	Reflexion und Beurteilung: – Zusammenfassung – Beurteilung der Aussageabsicht und Wirkung

TIPP

Textwiedergaben sind grundsätzlich im Präsens zu verfassen (bei Vorzeitigkeit von Geschehen ist auf das Perfekt auszuweichen). Textinhalt und Textstellen, die vom Autor übernommen wurden, müssen stets gekennzeichnet werden, entweder durch den Gebrauch des Konjunktiv I (ggf. II) oder durch entsprechende Formulierungen (*nach Ansicht des Autors …; der Autor kritisiert, dass …* etc.).

Eine Sachtextanalyse verfassen

Einleitung

In der Einleitung erfolgt mit der Benennung der äußeren Textmerkmale und des Themas eine erste Einordnung des Textes:
- Was weiß ich bereits über den Autor und seine Position zu dem Thema?
- Welche Rückschlüsse kann ich aus der Textsorte ziehen?

Hauptteil

Im Hauptteil gilt es, die zentralen inhaltlichen, formalen und sprachlichen Aspekte zu klären.

Inhaltliche Aspekte

Mit der Formulierung des Themas wird die Grundidee des Textes erfasst. Alle weiteren inhaltlichen Aussagen müssen sich auf das Thema beziehen lassen.

- Welche Hinweise zum Thema lassen sich beim ersten Lesen aus Titel, Untertitel, erstem und letztem Abschnitt sowie – falls vorhanden – den Zwischenüberschriften entnehmen?
- Welche zentralen Aussagen zum Thema enthalten die einzelnen Sinnabschnitte?
- Wie kann ich die Sinnabschnitte mit jeweils einem Satz zusammenfassen?
- Welche Schlüsselbegriffe (Wortfeld eines Begriffs, mögliche Gegenbegriffe) durchziehen den Text?
- Welche Rückschlüsse kann ich daraus ziehen?

Formale Aspekte

Der Textaufbau gibt Aufschluss über die Gedankenführung des Textes.

- Welche zentrale These wird aufgestellt?
- Welche Argumente stützen die These?
- Welche Beispiele werden zur Veranschaulichung herangezogen?
- Welche Gegenpositionen werden berücksichtigt?
- Wie lauten die Schlussfolgerungen?

Sprachliche Aspekte

Die Machart des Textes zeigt, auf welche Weise ein Autor seine Ziele verfolgt. Wichtige Erschließungsfragen können z. B. sein:

- Argumentiert der Autor sachlich (z. B. sachliche Formulierung der eigenen Position sowie Berücksichtigung von Gegenpositionen)?
- Greift der Autor andere Positionen an (z. B. durch Herabsetzung anderer Positionen, Übertreibungen, Untertreibungen usw.)?
- Welche rhetorischen Mittel setzt der Autor zur Unterstützung seiner Aussageabsicht ein?

Entsprechende Textsignale werden im Text markiert.

Schluss

In diesem Teil werden die Ergebnisse zusammengefasst und beurteilt.
Folgende Fragen können dabei hilfreich sein:

- Wird der Sachtext dem Wirklichkeitsausschnitt, auf den er sich bezieht, gerecht?
- Wie ist die Wirkung des Textes zu beurteilen?
- Sind der Inhalt, die Textsorte und die sprachlich-formale Gestaltung adressatenorientiert ausgewählt und entsprechend verfasst?

Der Kommentar – Eine häufig verlangte Prüfungsaufgabe im Bereich des Verfassens von Sachtexten

In der bayerischen Abiturprüfung wird im Aufgabenformat V sehr häufig der Kommentar als „Variante 2“ im Bereich des Verfassens von Sachtexten (Variante 1 = Erörterung) verlangt. Hierbei sind unterschiedliche Kontexte, wie ein Kommentar für eine Zeitung, vorstellbar.

Der Kommentar ist geprägt durch eine inhaltlich und sprachlich anspruchsvolle Gestaltung. Er verbindet die angebotenen Materialien zu einer sprachlich ausgefeilten, gegebenenfalls flott und unterhaltsam lesbaren Argumentation und kann als Sachtext auch Elemente des Essays enthalten. Eine souveräne Auseinandersetzung mit Thema und Materialien wird erwartet, eine unkritische Übernahme von Darstellungen der abgedruckten Primärtexte erfüllt die Anforderungen ebenso wenig wie eine paraphrasierende Ausarbeitung.
Damit legt der Kommentar (Variante 2) einen anderen Schwerpunkt als die erörternde Variante 1. Er verlangt eine espritreiche, pointierte Darstellung bei angemessener stilistischer Gestaltung unter klarem Adressatenbezug.

Der Bezug zur Textvorlage wird üblicherweise eher thematisch als durch direkte Textzitate hergestellt, wobei diese – unter Einhaltung der üblichen Zitierregeln – durchaus verwendet werden dürfen.
Persönliche Wertungen, spezifische Schwerpunktsetzungen und über die Textvorlage hinausführende eigene Überlegungen prägen die inhaltliche Gestaltung des Kommentars. Besonders textsortengerecht ist dieser dann gestaltet, wenn er die Thematik in größere Zusammenhänge, z. B. aktuelle (populär)wissenschaftliche Auseinandersetzungen, einordnet.
Die Argumentation sollte knapp und treffend vorgenommen werden, weitschweifige Ausführungen passen nicht zu einem Kommentar. Das kann so weit gehen, dass einzelne Argumente eher summarisch aufgeführt als ausführlich entfaltet werden. Die Kernüberlegungen müssen dennoch differenziert dargestellt werden, Gegenargumente können aufgegriffen und zugleich entkräftet werden. Lebendigkeit in der Darstellung kann auch durch die Einfügung erzählerischer Passagen erreicht werden.

Für den Kommentar lässt sich keine Standardgliederung angeben, da die pointierten persönlichen Argumentationen dazu viel zu vielfältig verlaufen. Nichtsdestotrotz muss sich dem Leser eine Gliederung folgerichtig und stichhaltig erschließen.

Der meinungsbildende Charakter eines Kommentars spiegelt sich auch in der sprachlichen Gestaltung wider. Der Stil sollte angereichert durch rhetorische Mittel, Adressatenbezug und pointierte Verve die Überzeugungskraft der eigenen Position mit Argumenten unterstreichen. Normalerweise wird trotz des persönlichen Charakters nicht in der 1. Person verfasst, durchgängige Ironie ist ebenso unüblich, wenn auch ironische Elemente in einen ansonsten sachlich-nüchternen Stil eingebaut werden können. Eine gewisse Polemik ist erlaubt, allerdings sollte diese schwierige sprachliche Figur nur sparsam bzw. wohldosiert eingesetzt werden. Durch einen gezielten Einsatz verschiedener Sprachrepertoires kann sich der Prüfling als überzeugender Kommentator erweisen.

Hinweise zur Bewertung

Ein Kommentar, der mit der Note „gut“ bewertet wird, lässt eine differenzierte Analyse von Gedankengang und Argumentation der Materialbasis erkennen. Er erkennt auffällige stilistische Gestaltungsmittel und deren Wirkung. Der Prüfling zeigt eine klare persönliche Position, die sich akzentuiert mit der Position der Verfasser der Materialien auseinandersetzt. Er verwendet zielgerichtet unter Beachtung der Textsorte Kommentar und des Adressatenbezugs sprachliche Gestaltungsmittel und verleiht seinem Kommentar damit sprachlich-stilistischen Esprit. Der Text ist klar, eigenständig gegliedert sowie terminologisch präzise und sprachlich korrekt verfasst.

Beispiel- und Originalaufgaben in Finale:
→ S. 49 ff., S. 96 ff.

Stichwortverzeichnis